姚丽娟◎主编

当代中国社会问题研究

知识产权出版社
全国百佳图书出版单位

图书在版编目（CIP）数据

当代中国社会问题研究/姚丽娟主编. —北京：知识产权出版社，2016.1
ISBN 978 - 7 - 5130 - 3855 - 3

Ⅰ.①当… Ⅱ.①姚… Ⅲ.①社会—中国—文集 Ⅳ.①C91 - 53

中国版本图书馆 CIP 数据核字（2015）第 247159 号

内容提要

该书汇集了中央民族大学民族学与社会学学院老、中、青三代教师的新近研究成果，涵盖了社会学、民族学、人类学、人口学、社会工作和心理学等多个学科领域，研究方法也涉及定性和定量两大类。从某种程度上也可以说，这些成果是民族学与社会学学院家庭成员内部的一次学术聚会，具体研究主题包括社会组织、社会分层、民族文化、少数族群、民族政策、人口问题，社会工作理论与实务等方面。这些研究成果对于促进社会学与民族学及其人类学的跨学科交融具有典范意义。

责任编辑：冯 彤　　　　　　责任校对：董志英
装帧设计：张革立　　　　　　责任出版：刘译文

当代中国社会问题研究

姚丽娟　主编

出版发行：知识产权出版社有限责任公司	网　　　址：http：//www.ipph.cn
社　　址：北京市海淀区马甸南村 1 号（邮编：100088)	天猫旗舰店：http：//zscqcbs.tmall.com
责编电话：010 - 82000860 转 8386	责 编 邮 箱：fengtong@ cnipr.com
发行电话：010 - 82000860 转 8101/8102	发 行 传 真：010 - 82000893/82005070/82000270
印　　刷：北京嘉恒彩色印刷有限责任公司	经　　销：各大网上书店、新华书店及相关专业书店
开　　本：787mm×1029mm　1/16	印　　张：19.75
版　　次：2016 年 1 月第 1 版	印　　次：2016 年 1 月第 1 次印刷
字　　数：320 千字	定　　价：58.00 元

ISBN 978 - 7 - 5130 - 3855 - 3

序

　　中国古代哲学中蕴含强烈的轮回观，人们赋予时间以生命的意义，六十年为一甲子，三十年为一世，十二年为一周天。这样一来这些冰冷的数字符号背后承载了"周而复始、生生不息、永续发展"的意涵。以这样的哲学观看，中央民族大学的社会学发展也开启了一个新的轮回：中央民族大学开展广义社会学研究和教学（包含民族学、人类学等）已有63年的历史，狭义社会学（社会学）也走过了15年的历程。不论从哪个层面，我们都到了一个"一元复始"的发展境况。而如何能够实现"万象更新"，或许是每一个社会学人都要考虑和面对的问题。

　　曾几何时，我们大师云集，学术至上，美美与共，包容和鸣，几代学人正是在这样的环境中成长、成熟、成人、成家与成名。如果非要找寻一种证据印证我们辉煌的缘由，恐怕只能用"德艺双馨、多学科交融"来归结。其中德艺双馨，就是"人品要正、学问要好、学术要精"。多学科，就是"打破专业壁垒、跨学科交叉、兼收并蓄，互相融合，团结合作"。这些看似很简单朴实的做法，造就了中央民族大学社会学学科的一度辉煌。然而，今天我们似乎正在越来越偏离这种做法：我们追求学"术"，但不顾及品德修行；强调"竞争"，却忘记了"合作"；突出了"各美其美"，而弱化了"美人之美"。这些都不能不引起我们的警觉与醒思。我们有一批风华正茂的年轻学者，他们正处于"为人、治学"的起步阶段，如果没有良好的品行，缺少既独立宽松又合作共融的治学环境，无论对于他们的成长，还是对于我们的学科发展来说，都没有益处。从这个角度来说，我们年纪较长的学者，更需甘做人梯托俊彦，但求薪火有传人。

　　基于这样的关怀、抱负和指向，我们组织了老中青三代民社人，横跨社会学、民族学、人类学、社会工作、心理学等诸多学科，汇编了这本书。从某种程度上讲，这也是我们大家庭内部的学术聚会，它汇集了近几年作者在各自领域的最新成果。孟子说"独乐乐不如众乐乐"，因此我们出版出来与大家共享。该书能够出版离不开中央民族大学民族学与社会学学院的鼎力支持，更离不开民族学与社会学学院全体老师们的无私贡献，在此一并致谢。最后，预祝中央民族大学民族学与社会学学院大家庭能够"薪火相传，蒸蒸日上"。

姚丽娟

中央民族大学社会学系系主任

2015 年 10 月 18 日于文华楼

目　　录

技术与组织关系研究的演进与反思

王旭辉

（中央民族大学民族学与社会学学院　北京　100081）

技术与组织的关系研究是组织研究领域的一个经典主题。然而，在社会学的学科发展和研究演进脉络中，对于技术的讴歌、迎合和轻视、批判这两极一直并存甚至是针锋相对。❶ 那么，社会学研究者究竟如何讨论技术与社会文化之间关系，又如何具体展开技术与组织关系研究？本文将分别从国内外相关研究演进角度，对技术与组织关系的已有研究进行系统梳理，进而整体性反思技术与组织关系研究的既有视角、分析框架。

一、国外研究的历史演进及视角转换

无疑，技术的社会性是技术社会学研究得以存在的前提。然而长期以来，技术使社会发生变化与社会对技术进行塑造这一观点，却往往被假定为社会学考察与分析的前提性问题，没被纳入社会学应该直接参与的重要领域。总体而言，在国外，"技术与组织关系"研究领域经历一个从抽象理论分析到经验研究、中层理论研究并重的转变过程，并呈现出从技术权变论到社会建构论、互动论的研究视角演进。同时，"科学、技术与社会"（STS）研究领域的一系列研究带动了大量研究者从社会组织角度分析技术进步和组织变迁问题。

（一）早期研究

西方学者公认，作为社会学奠基人之一的马克思首先对技术进行了研究。

---

❶ ［日］仓桥重史. 技术社会学 [M]. 王秋菊，陈凡，译. 沈阳：辽宁人民出版社，2012：1.

但在马克思之后，社会学家就很少涉足此领域了。客观而言，进入 20 世纪以后，技术活动逐步进入了社会体制化阶段，社会对技术活动的影响越来越大，但是在"技术的社会形成论"出现之前却很少有研究者注意这方面的研究，学界对于技术的理解几乎为技术决定论所垄断，以至于形成"技治主义"和"技术社会"思潮。

由于当时人们普遍把技术仅仅看成科学的应用，研究者也主要在论述科学问题时附带性地谈到技术，因此，这些研究还不足以使技术的社会研究成为一个专门的领域。实际上，一直到一系列《组织研究手册》公开出版，西方学者对技术和组织关系的研究热情才逐渐提升。以经济学为例，20 世纪 50 年代以前，除马克思、凡勃伦、熊彼特等人外，对技术变迁、技术与组织关系的系统研究并未受到主流经济学家的重视。事实上，直到 20 世纪 50 年代中期，在熊彼特等少数学者关于技术创新的探索性研究基础之上，经济学家才开始系统分析技术变迁与经济增长、组织演进之间的密切关系。

同样，20 世纪 50 年代之前，社会学乃至整个组织研究领域对于技术和组织关系的研究，也主要从宏观变迁角度看待技术变革对人类社会组织方式、社会组织历史变迁的影响，强调现代技术的效率发挥必须借助科层组织形式和个人主义价值观。❶ 显然，韦伯等人早就对现代工业技术和科研基层组织之间的关系问题展开过讨论，并认为科层组织结构是现代技术的内在特征。而工业社会学和组织社会学的一些早期研究者则关注生产技术，尤其是一线操作技术对工作组织方式和工人行为模式及地位的影响。

进入 20 世纪 50 年代中后期，伴随着"组织结构"在组织社会学研究中从环境性变量（自变量）向因变量的转变，技术与组织的关系研究才逐步成为组织社会学研究的一个重要内容，并逐渐形成了"技术权变论"和"社会建构论"这两个研究传统。尤其值得一提的是，20 世纪 60 年代，布劳纳（Robert Blauner）的《异化和自由》以及伍德沃德的《工业组织：理论和实践》分别讨论现代技术对人和组织的"异化"、技术对组织结构的影响等问题，极大地推进了技术和组织关系研究。

学界一般认为，在早期对技术和组织关系的研究中，伍德沃德 1958 年的

---

❶ ［美］理查德·斯格特. 组织理论［M］. 黄洋，等，译. 北京：华夏出版社，2002：98.

研究（Woodward，1958）和阿斯顿大学工业研究所的系列研究最具代表性，经验性地探讨了技术对于组织结构和管理类型、特征的重要影响。而在笔者看来，第一篇系统讨论技术和组织关系的学术作品却是汤普森和贝茨两人于1957年合写的《技术、组织和管理》一文。在这篇文章中，两位作者将技术和作业环境（任务环境）列为影响组织结构的两大因素，印证了技术对组织结构、组织任务等级序列以及管理过程的影响。并从理论层面指出，组织对技术的依赖性越强，就越可能受到技术的约束，在面对变革时，组织结构的可选择空间也就越小。随后，汤普森在他的《行动中的组织》一书中，又提出以技术核心和边界扩展部门的二元分析框架对组织结构进行讨论，可以在技术层次上清楚地理解组织的封闭系统特征，在制度层次上理解组织的开放系统性质，而管理层次的重要功能则在于勾连相对分离的技术和制度这两端。❶ 基于这种系统结构观，组织设计及组织实际运转中的一个核心议题就是通过调整组织边界或者组织设计，以保护其技术内核。

（二）技术权变论和社会建构论

20世纪中后期之后，技术和组织的关系研究进入一个相对繁荣的发展阶段，而新技术社会学对"技术的社会型塑"的强调，也带动了技术的社会建构、技术系统、行动者网络等研究路径的发展。后人对于"技术决定论"和"社会决定论"两个研究传统的区分，尽管有牵强之嫌，但它们之间的争论焦点的确构成了这一阶段技术与组织关系研究的重要线索，也基本上反映了20世纪90年代之前这一研究领域的概貌。技术决定论认为，技术是独立于社会之外的要素，技术变迁会导致社会变迁。但为了避免引起不必要的误解，本书采用更少决定论色彩的"技术权变论"和"社会建构论"指称这两个研究流派。

1. 技术权变论

20世纪50年代以来，无论是产业结构还是产业动态演变都受到其所应用的技术本质的深刻影响，循着汤普森和伍德沃德所开拓的研究领域、研究思路，大量的技术和组织关系研究成果不断问世。而首当其冲的，正是"技术

---

❶ ［美］詹姆斯·汤普森. 行动中的组织——行政理论的社会科学基础［M］. 敬乂嘉，译. 上海：世纪出版集团上海人民出版社，2007：16.

权变论"视角下的一系列经典研究。首先应该指出的是，技术权变论主导下的技术和组织关系研究大多遵循帕森斯、汤普森的"三层次模型"（技术层、管理层和制度层），尽管他们并不断言或排除其他因素对组织结构的影响，但却明确指出技术是影响组织结构的最主要权变因素。

实际上，纵观有代表性的经验研究，一方面，"技术权变论"研究者强调技术自身属性、技术逻辑对于人类组织建构以及组织中人际关系的影响，从技术效率的角度讨论不同类型技术如何与特定的组织结构形式相对应；另一方面，对于多数研究者而言，他们仅将技术视为影响组织变迁的众多因素中的一种，而并不否认还有其他因素会影响到组织变迁。

如果对"技术权变论"视角下的相关研究进行脉络性梳理，我们就不难发现，在"技术权变论"的众多研究中，伍德沃德的经验研究最早指出技术是组织结构的决定性影响因素——组织的技术特征差异正好对应组织结构的现实多样性，并系统阐述了技术复杂性与管理层级、管理幅度、集权化程度等组织结构要素之间的对应关系。❶ 显然，在伍德沃德看来，绩效制约成了技术对组织结构要求的内在机制。另外，作为"技术权变论"的另一代表性人物，佩罗也明确提出了分析作为因变量的组织结构和作为自变量的技术两者之间关系的基本框架，并从四种技术类型、技术特征角度，对其对应性的组织结构进行了类型化的分析。

通过文献回顾我们发现，"技术权变论"经典研究最重要的意义在于其指明了不同层面、不同类型技术特征与组织结构类型以及具体特征之间的对应关系。然而，它们在结论上的差异却远比所达成的共识多得多。同时，由于相关研究者并不关心技术特征和组织结构之间对应关系的实际发生机制问题，对于同样技术条件下的组织结构多样性问题解释力匮乏。20 世纪 70 年代之后，学界对单向"技术决定论"的批评日益增多，提出了一系列旨在修正技术决定论的技术社会理论模型。正是对上述问题的一种回应，也为新研究范式的出现埋下了伏笔。

2. 社会建构论

20 世纪 80 年代以来，具有"新技术社会学"之称的技术的社会建构论

---

❶ Woodward, Joan, *Management and Technology*. London：H. M. S. O.，1958：51.

备受关注。越来越多的技术史和组织研究者认识到，技术创新、技术进步并不依照单纯的技术决定论或经济效率论逻辑，正如哈贝马斯所言，技术进步的方向在很大程度上依然是由那些从社会生活的强制性再生产中自发生产出来的社会利益决定的❶。

与"技术权变论"相反，以平奇（Pinch）和比克（Bijker）为代表的一部分研究者将技术创新视为变异和社会行动者选择交替的演化过程，并主张从有关社会群体（Relevant Social Group）、诠释可塑性（Interpretative Flexibility）以及闭合机制（Closure Mechanism）这三个基本概念对技术进步的演化过程进行分析❷。在此视角之下，研究者往往从技术的社会实践属性着眼，突出组织及其内外各类行动主体对于技术体系、技术应用的建构作用，强调技术选择、技术应用方式往往是出于社会控制功能或利益诉求，并关注技术属性如何在使用者的应用及建构过程中被改变。

社会建构论的探索更多地集中在微观和经验领域，但它最终偏离了哲学的方向而走向了技术社会学。在此背景下，许多研究者不满意以往对技术与社会关系的宽泛讨论，力图突破技术与社会的边界，从整体化型式的角度展开研究，并促成新技术社会学作为一门经验学科的成熟。然而实际上，社会建构论并不是通用某一研究范式的整体，而主要包含四种不同理论分析取向：第一种取向以英国科学技术哲学研究领域的爱丁堡学派为代表，着重从主观意义建构层面，分析某一技术的释义也就是意义是如何产生并保持一致的；第二种取向以（新）马克思主义技术观为旗帜，重点分析劳方和资方在技术变迁中的社会地位和权力关系变动；第三种研究取向则是"战略选择"范式，研究者认为技术选择和应用方式取决于有选择权的决策者和使用者的社会背景及其"战略选择"过程；第四种研究则多从跨文化、跨地区、跨国家比较的研究视角，关注政治环境、社会文化环境等宏观社会政治条件对技术进步过程、新技术应用效果的影响。

---

❶ ［德］哈贝马斯. 作为"意识形态"的技术与科学［M］. 李黎，郭官义，译. 上海：学林出版社，1999：108.

❷ Pinch T. J. and W. E. Bijker, 1984, The Social Construction of Facts and Artifacts: or How the Sociology of Science and the Sociology of Technology might Benefit Each Other, *Social Studies of Science*, 14: 1984: 428 – 429.

通过梳理相关研究可知,"社会建构论"的研究思路突出了行动者的社会行动在技术和组织关系研究中的重要性,社会行动者的诉求以及彼此之间的互动关系控制或影响着对技术的认知、选择、应用方式及应用后果,进而形塑技术本身和技术进步的整个过程。但需要指出的是,社会建构论并不严格遵循所谓的"社会决定论"模型,这些研究者并没有假定社会互动、社会利益是解释技术与组织关系的唯一机制,只是在关系链条中,实际忽略或低估了另一端因素的重要性,有意或者无意地忽略了技术自身物质属性与技术效率逻辑的影响。

(三)"结构化"视角下的研究推进

如果综合回顾上述两个阶段的经典研究,就不难发现研究者提问方式的转换——从关注技术变革的后果是什么到探讨技术如何发挥其影响作用:"技术权变论"者强调组织要适应技术,主要回答的问题是组织结构对技术特征、技术结构要求的被动适应关系;而"社会建构论"者则强调组织对技术的选择和制约作用,重点关注社会组织因素对技术选择和应用效果的影响。遗憾的是,这两种分析思路都意图将技术和组织之间的关系简化为单一方向的因果模型,未能明确指出技术和组织两者之间的实际关联机制,而对于两者之间非因果逻辑关系的探讨正是后续理论和经验研究的契机。这种研究思路注定要饱受争议,亟待出现新的理论范式和解释框架。

20 世纪 80 年代以来,人类历史发展进入一个全新阶段,新的技术和组织方式不断涌现,一方面促使研究者们更为关注革新、突生性等动态性问题,另一方面也带动了整个技术和组织关系研究领域的概念更新——革新(Innovation)、学习(Learning)以及突生(Emergence)等概念开始被采用。而信息技术科学、管理学和社会学等学科之间则开始在技术与组织关系研究中相互借鉴,并在研究框架上体现出了某些融合趋势,这在一定意义上推动了技术和组织关系研究的新进展。

概括而言,20 世纪 80 年代末、90 年代初,虽然技术和组织关系研究的整体状况并未发生本质性改变,但在以下三个方面却发生了比较明显的变化:第一个方面与信息技术的推广与应用有关,研究者以信息技术迅速扩散为契机,集中讨论信息技术应用与组织结构、组织绩效以及组织间关系之间的相互影响。第二个方面以巴里(Barley)和奥利科夫斯基(Orlikowski)的"结构化"理论为代表，研究者强调技术具有物质性和社会性所交叠形成的"二重性"（Duality），并从技术使用者、技术提供者在具体技术应用过程中与技术的互动关系角度，关注技术应用过程中的结构化（Structuration）问题。第三个方面则与企业核心能力理论的兴起和发展相关，这一视角下的研究者关注企业组织核心能力的重要性及其构建机制，而核心能力的背后实际上则是组织的技术优势及组织制度创新。

在组织和技术关系研究领域，无论是权变技术论，还是社会建构论，在一定意义上遵循单向决定论分析逻辑。然而实际上，在这两类技术和组织关系单向视角研究占据主导地位的同时，仍有很少一部分研究者试图同时从技术和组织（社会）两个方面双向"互动"的角度展开研究。社会—技术系统论因为其对社会和技术两种因素的同时强调，在双向互动论视角研究中很具代表性。通过已有研究文献可以发现，社会—技术系统论者尝试从技术的组织（Technical organization）和工作的组织（Work organization）两个系统出发，展开研究。遗憾的是，虽然社会—技术系统论研究者将分析划分为工作系统、组织系统和宏观社会系统三个层次，但其研究却多集中在较为宏观的技术与社会关系层面，并且偏重通过技术系统的改变调整整个社会—技术系统，未能形成有效的双向互动分析框架和证据链条。可以说，20 世纪 80 年代末之前，"双向互动论"分析视角下的技术和组织关系研究进展缓慢。

随着人类技术进步步伐的加快，尤其是信息技术的发展，一部分研究者开始将"结构化理论"分析框架扩展到技术和组织关系研究领域。总体上，结构化理论视角下的研究试图将技术、行动者和制度结构这三类要素融入在同一个分析框架中，为我们勾勒出一个三方互动的"技术和组织关系"研究模型。而近期最具代表性的研究成果，则主要由巴厘和奥利科夫斯基两人完成。巴厘 1986 年以 CT 扫描仪在一家市区医院和一家郊区医院各自放射科的应用为例，分析了技术作为医院组织结构化诱因的"触发器"（Trigger）角色，并最终导致两者的组织结构变迁差异。而奥利科夫斯基则更为明确地提出了技术结构化模型（Structuration Models of Technology）。按照这一理论模型，我们需要综合考虑技术对行动者的结构性制约和行动者对技术的社会建构两个层面，提出了行动者、技术、组织的结构化（制度）因素之间存在的相互制约关系模型。而这种关系模型的建立则以技术的两个核心特征为基础：

技术二元性和诠释弹性。

总体上，如果说权变理论所关注的是正式组织的形式化、静态结构特征，那么，结构化取向研究所关注的则是组织参与者的行动结构和动态的结构变迁过程。❶ 在结构化理论看来，不同特征的技术、不同的技术应用情景、不同的技术引入动机和诱因，都会导致差异性的技术应用过程及后果。基于此，对技术和组织之间关系的研究就需要融合几方面因素——行动者的能动性和选择性、特定技术的物质特性和功能逻辑、技术应用环境，以突出和强调行为主体与技术之间的多元关系。❷

（四）技术创新视角下的技术与组织关系研究

在技术和组织关系研究领域，另外还有一类颇具代表性的研究——技术创新研究。其虽然在组织社会学研究中很少被提及，却也是非常重要的文献资源。这一类研究主要从技术创新角度，在组织变革理论基础上，研究技术发明、引进、扩散、应用和组织变迁之间的关系，重点讨论技术创新的组织机制，并分析技术创新的组织后果。一般而言，这种基于技术创新的技术和组织关系研究，会将技术创新的影响内化为组织的岗位设置、部门结构和控制机制调整。而技术创新自身的范围也十分宽泛，包括设备、工艺、工作方式和操作流程等多种维度。❸

总体上，20 世纪 70 年代末期之前，技术创新研究一直集中于熊彼特的单一企业创新问题，其分析框架未有根本性改变，并且绝大多数研究的中心问题是分析技术创新是源于"技术推动"还是"需求推动"。而且，在这一研究阶段，技术创新往往还包含一定的组织创新和制度创新意涵，而非单纯的技术进步。到 20 世纪 70 年代后期，技术创新和组织关系研究才出现突破性的变化，相关研究成果的类型和数量开始成倍增长。

在此背景下，研究学者对技术创新过程中的具体组织因素影响日益关注，从而推动了技术创新管理研究的快速发展。这其中，一个很重要的发展方向

---

❶ 张燕，邱泽奇.技术与组织关系的三个视角 [J]. 社会学研究. 2009（2）.

❷ Orlikowski, Wanda J. and Stephen R. Barley, 2001, Technology and Institutions: What Can Research on Information Technology and Research on Organizations Learn from Each Other? *MIS Quarterly* 25（2）: 145 – 165.

❸ [美] 理查德·L. 达夫特. 组织理论与设计 [M]. 王凤彬，等，译. 北京：清华大学出版社，2008：481.

就是把研究切入点放在企业间及企业内部不同部门间关系与技术创新之间的相互影响上，并区分技术创新的大环境和小环境。同时，另外一种常见的研究思路则是根据技术创新的不同阶段，讨论相应的组织方式调整问题。例如，有的研究者将技术创新的过程分解成发明、革新和扩散三个阶段，而每个阶段则具有不同的创新机制和相应的组织架构。

从长远来说，在决定技术创新模式的诸多因素中，经济效率、效益因素起到决定性的作用，但我们并不能据此就否认社会、政治或文化因素对于技术创新模式、过程及后果的影响❶，组织创新、制度创新是技术创新必不可少的重要条件。在大部分技术创新研究者看来，资本、技术和知识积累只有通过企业组织结构对其整合后才能够从企业内部直接贡献于技术创新和新技术应用活动。

总体而言，已有的技术创新和组织关系研究，重点关注技术创新在组织内部以及组织间的产生、采纳和传播过程，而且主要从资源配置效率的角度分析技术创新的投入和产出问题，并不深入讨论新技术引入之后的具体技术应用和组织匹配过程，也较少讨论技术创新如何转化为组织的胜任力（Accoutability）、核心技术能力和组织优势。另外，技术创新研究也比较容易忽视组织中相关利益主体的选择和建构作用。无疑，在当前的技术创新研究领域，有相当多的研究者关注技术创新和制度创新、组织创新之间的关系问题，并从三者如何实现匹配关系和一体化过程的角度考虑技术进步和组织变迁问题。

二、国内研究的整体概况和最新进展

（一）国内技术和组织研究的整体概况

正如国内学者邱泽奇所言："国内研究技术进步的文献很多，但与组织变迁关联起来的文献却极少。"相对而言，社会学视角类的研究则更为有限，而且多从社会关系网络对产业集群技术扩散的影响以及技术进步对于工人地位和利益影响的角度展开讨论。总体而言，自20世纪70年代以来，国内关于技术和组织关系的研究主要集中在四个方面：一是新技术尤其是外来引进技术在产业集群或组织间的扩散过程及其后果。二是技术更替、技术进步对产

---

❶ ［美］罗杰斯. 创新的扩散［M］. 辛欣，译. 北京：中央编译出版社，2002：195.

业组织、产业内各企业组织变迁的影响。三是技术变迁、技术应用与组织成员行为模式、行动结构变动的关系。四是技术引进和自主创新问题，主要关心外部制度环境、组织结构对组织自主技术创新过程及方式的影响。具体而言，国内研究具有如下基本特征。

首先，从大家所关注的具体问题来看，当前国内研究者对于技术和组织关系的讨论与以下几个主题密切相关：发达国家制造业外移、技术扩散与中国制造业的技术分工、产业结构调整；中外技术合作、合资企业的技术学习和技术进步，主要关注中方自主技术能力的实现及提升机制；信息技术扩散与应用，主要关注信息技术应用与中国传统企业组织的生产效率提升、组织结构变迁、员工工作方式的相互影响；企业的研发机构建设和研发机制调整。

与以上主要研究热点相关，在国内的技术和组织关系研究中，一部分研究者把组织看作黑箱，在技术进步与组织效率、社会组织变迁之间建立线性关系模型。另一部分研究者虽然关注技术创新的组织环境和组织条件，但主要从宏观制度和技术环境层面展开讨论。例如，林毅夫认为，企业技术结构的选择取决于相应的要素投入结构，而企业的要素投入结构只有与本地的产业经济结构相吻合，才能在技术结构选择上达到成本最小化的目的，进而实现持续增长。

其次，从分析层次上看，国内相当多研究者主要是从宏观或中观层面，例如，从生产力和生产关系角度、产业制度环境和技术环境层面，讨论技术进步与社会组织结构变迁之间的关系。大致而言，国内对技术在组织中具体应用过程的经验研究还较少，而且，技术和组织关系研究多集中在对高新技术尤其是信息技术与组织结构之间关系的分析上，对于一般性生产技术的关注较少。另外，还有一部分研究从行业组织和产业组织层次，研究技术变革与组织结构变迁之间的关系，比如，讨论汽车工业技术变迁和汽车产业组织结构调整。

最后，通过梳理相关文献可以发现，国内相关研究尤其重视从中国社会经济体制改革的基本背景着手，讨论我国企业的技术和组织关系问题。这类研究既强调宏观社会经济体制改革对于国内企业技术进步和组织结构调整过程的根本性影响，也认为与效率提升幅度同样重要的另一个问题，是如何在制度逻辑约束下分配技术进步收益，实现相关方的普遍受惠。

（二）"互构论"视角下的最新研究进展

作为国内技术与组织关系研究的代表，北京大学学者邱泽奇及其研究团队从技术、技术特征的概念界定出发，选取不同行业及技术类型的生产制造型企业，以信息技术的引进与应用方式、过程及后果为例，从"互构论"视角探讨信息技术应用与组织变迁之间的关系，推进了自"结构化理论"以来的技术和组织结构关系讨论。

目前，这一框架下的一系列研究已经取得明显进展，这些经验研究已经就技术应用与组织间关系、组织结构、组织内部群体关系、社会结构中相关利益主体等方面的相互作用过程展开了系统讨论，并且涉及技术扩散、技术导入、技术应用这三个技术进步阶段中技术变化和组织变迁之间的相互影响机制，极大地推动了技术和组织关系的理论探讨和实证研究。整体而言，"互构论"视角下的研究具有两个最为显著的特征。

首先，这些研究以技术作为社会机会及社会行动媒介的研究策略，强调相关行动主体在技术选择和应用过程中的能动作用，认为技术对组织的建构正是通过各参与者之间以及参与者与组织之间的互动来实现的，而组织结构对技术的约束作用也必然经由参与者的行动来体现。

其次，以吉登斯对于可支配资源的属性特征分类为基础，"互构论"视角下的研究实际上认为组织的结构有两个面向——技术结构和组织结构，这是对于组织的目标和形式而言具有关键意义的两类重要结构。虽然仍未有充分的证据可以说明这种二分法的逻辑完备性，也无法证实技术结构与组织结构之间的匹配性能令组织有更佳表现❶，但我们却可以通过分析技术结构刚性和组织结构刚性的约束边界，从"技术结构"和"组织结构"这两类结构的约束条件和变动过程着手，讨论它们之间的相互制约和建构关系，这可以说是对当下技术与组织关系研究的极大推进之一。

客观来讲，目前"互构论"视角下的一系列研究仍存在以下值得深挖的问题：一方面，已有研究大多从技术结构的刚性或弹性角度来谈技术和组织之间的"互构"关系问题，对于与之相对应的组织的结构弹性和刚性的影响因素则没有专门而深入的讨论；另一方面，已有研究主要从信息技术引入和

---

❶ 张启政. 现代组织原理 ［M］. 香港：香港商务印书馆有限公司，1995：375.

应用角度，借助技术提供方和技术使用方所分别代表的技术结构和组织结构要求，来讨论技术应用和组织结构变迁之间的关系，而对于传统生产技术进步与组织结构变迁之间的关系模式讨论则相对不足，对于其他行动主体的参与和影响分析也较为欠缺。同时，以往讨论多从某一类特定技术出发，探讨技术和组织之间的关系问题，其讨论范围或所涉及的往往是组织的某个侧面，对企业内部不同技术构成的技术体系则较少涉及。

三、对于国内外研究的评价和反思

（一）对已有研究的简要评述

通过以上文献回顾，我们可以看到，就组织层面的经验研究而言，总结起来，与其说是技术—组织研究，不如说是技术—组织结构研究，即诸多研究对组织变量的关注集中在组织结构上——前期关注形式结构，后期关注行动结构。总体而言，国内外已有研究主要存在以下几类问题或分歧。

首先，不同研究者对于技术的概念界定和操作化存在明显差异，这也是造成技术和组织关系研究没有统一范式或一致性观点的重要原因。虽然研究者可以具体从技术与组织结构、技术与组织过程、技术与组织绩效等关系维度展开分析，但无论选择哪一条分析路径，都无法避开技术概念界定差异所造成的相互交流困扰甚至是误解。与此相应，将技术视为控制变量、因变量还是自变量也会直接影响到研究者对分析框架的选择和具体解释模式。

其次，已有研究框架的决定论色彩往往过于浓重，单向因果模型以及后来的双向因果模型仅仅指出了两者对应性关系的存在，实际上并非一种可以确定的因果关系逻辑，未能就各自的约束边界以及两者关系背后的具体组织逻辑进行系统阐述。就这一点而言，迫切需要我们发展出一种非决定论的逻辑的分析框架，以揭示技术和组织两者间的双向作用机制，并实现时序基础之上的因果关系分析。

最后，技术和组织关系研究长期以封闭视角为主，容易忽视两者关系模式的阶段性以及层次性差别。研究者通常倾向于测量技术的某一个维度或层次，例如机械化或信息技术，却妄图在整体上对技术和组织关系进行讨论，这与当下组织往往是多技术复合体的现实并不相符。然而实际上，技术和组织关系总体上可以区分为三个分析层次："人—技术"之间关系、"组织—技术"之间关系、社会制度与技术之间关系。基于上述三个分析层次之间的显著差异，研究者就需要非常明确自己所主要关注的具体分析层次。

（二）不同学科的研究视角差异

大体而言，在技术和组织关系研究领域，比较有代表性的研究视角主要包括以下几种：权变理论、战略选择模型、马克思主义批判研究视角、符号互动论、交易成本经济学视角、行动者网络分析方法、实践理论以及结构化理论。那么，这些代表性的理论视角主要受到什么学科的影响，不同学科的研究视角和关注重点又有什么差别？

在一定意义上，主流经济学家对技术与组织关系、技术进步问题的研究是在生产函数 $q = f(K, L)$ 的基础上展开的。生产函数被视为技术关系的抽象概括，被用来表明特定数量投入（即生产要素）之间组合所可能产出的产值。换句话讲，他们主要关心资本和劳动力在生产过程中的使用效率问题，所描述的是投入要素 K（资本投入）、L（劳动力投入）与产出量 q 之间的技术关系，而技术因此就被定义为生产要素的特定组合，并据此将技术进步粗略地划分为资本节约型技术进步、劳动节约型技术进步和中性技术进步三类。但如此一来，这种做法却也往往忽视一种生产要素替代另一生产要素的制约条件，漠视组织与效率之间的复杂关系，进而略去了从技术进步到效率提高、组织绩效改善之间的实际组织环节、动态组织过程。不过，新制度主义经济学派对于技术和组织关系研究无疑有更多关注和推进。在新制度主义学派的研究脉络中，有关技术和组织关系的相关讨论主要从组织、市场和网络中间组织这三种制度形式、交易结构之间的替代或交互关系层面展开，进而讨论技术进步对于组织结构变迁的意义，并探讨制度结构对于技术变迁的影响。

在社会学研究脉络下，有关技术发明、扩散、采纳和应用的文献则以制度主义（Institutional theory）为主导，而这类研究又通常将技术不起决定性作用的非营利组织为研究对象（至少在某些特定的发展阶段是如此）。然而，在实证研究中，社会学家却更容易采纳技术决定论立场，倾向于利用技术进步逻辑来解释社会组织变迁现象，这在很大程度上是因为研究者把技术当作社会系统的外生变量、限定性因素。社会学视角下的技术和组织关系研究，虽然承认效率和绩效考虑对于理解技术选择、技术应用甚至是整个技术进步过程的重要性，但是却同时强调不同组织主体利用其技术存量和相关资源实现特定目标的过程，关注不同群体或个人的利益变动、利益均衡问题。

当然，除了讨论技术和组织关系问题的经济学与社会学视角研究之外，管理学和人类学视角下的相关研究也有一定的代表性：总体上，管理学视角下的研究倾向于认为组织中的技术不仅仅是追求效率和绩效的工具，同样是一个战略管理问题和组织结构设计问题。这其中，又以战略结构理论学派为代表。不过，人类学研究则不太关注某一企业或其他类型组织的具体技术创新的过程、机制和后果，而更关注技术创新从一个社会（人群）向另一个社会（人群）的扩散；同时，还有大量研究者从技术与巫术、科学、地方知识体系之间的关系层面展开经验分析，强调技术的文化意义和社会属性，而较少从物化技术层面进行研究。

新中国成立后的新疆研究状况
内容分析报告

菅志翔

（中央民族大学民族学与社会学学院　100081）

一、研究目的、研究范围和方法

（一）研究目的

中华人民共和国成立以来，我国政府部门关心学术研究，最主要的目的在于考察学术生产是否符合国家的整体战略部署、法律制度和各项政策的要求，在党和国家允许的范围内为国家和社会服务。尤其在人文与社会科学领域，是否在意识形态上与党中央保持一致、在社会影响方面有利于国家的长治久安，是政府关心的主要方面。从这个角度来看，我国的新疆研究一直处在科研和宣传部门的有效管理下，因此，从政治立场和宣传的角度评估新中国成立以来的新疆研究不是本项课题的任务。

从现代化启动和社会动员的人口特征角度来看，无论在其原发地还是在后发展社会，无论是一个社会的主动追求还是被迫适应，现代化都首先由知识分子发动，之后才蔓延到黎民大众之中，而且现代化的过程几乎都控制在社会中相互间紧密结合的政治精英、经济精英和知识精英的手中。因此，知识生产往往是观察一个社会的现代化过程，这一过程中大众的知识面貌、理解方式和行为方式以及这一过程的走向的重要领域。

中华人民共和国成立60年来，少数民族知识分子的知识生产以及与少数民族有关的各项研究所生产出来的历史、文化、社会、政治知识，已经在少数民族干部群众中产生深刻影响。当前我国安定团结的民族关系政治局面以及少数民族社会和民族地区发展过程中出现的各种各样的问题，或多或少，或深或浅，都与少数民族群体的自我意识和人们用来认识和分析现实问题的社会历史文化知识有关，亦即与我国民族研究和少数民族知识分子的知识生产状况有关。

从这种视角考察新中国成立以来的新疆研究，对于当前的民族工作具有重要意义。从这一视角出发，相对于科研管理和宣传部门，国家民族工作部门在民族研究方面的管理职责主要包括两个方面：第一个方面是，关注具有文化和历史特殊性的少数民族群体在我国社会主义现代化进程中的状况，了解并深入理解和解释他们的特殊处境、特殊困难和问题及其产生和发挥影响的作用机制，为国家各级政府及相关部门制定相应的专门政策服务；第二个方面是，关注在现代化进程中国家的统一和各民族的团结是否得到加强，这意味着在重视各民族特殊性的同时，在各民族中建立国家认同和公民意识，并在社会主义市场经济条件下保障各族公民个人及各民族文化和谐相处。也就是说，国家民族工作部门的科研管理的目标应该是：既要保证相关领域的知识生产能够满足少数民族和民族地区社会和经济发展的需要，保证全体国民对我国各少数民族有全面深入的认识，又要保证有关"民族"的知识生产始终与维护国家统一、增强民族团结、增进各民族间的相互了解和接纳的需要相一致。

由于知识生产出来以后，需要经过社会的筛选、传播和消化，才能对人们的思想观念和行为方式产生影响，进而影响整个社会的发展进程和未来走向，因此，与知识生产相对应的社会实效，往往滞后产生。我们可以借助这种特征，透过分析知识生产状况来预测社会心理和观念行为的未来趋势。

基于这种理解，本项研究的目的主要有如下几点。

1. 考察有关新疆的人文和社会科学研究的知识生产状况；

2. 考察全国范围内的新疆研究状况，以此来分析我国知识界对新疆的认识水平；

3. 考察有关新疆的知识生产与国家建构、新疆各民族的国家认同的关系；

4. 评估新中国成立以来的新疆研究及其影响。

（二）研究范围

从社会学的角度来看，在第一个方面与本项研究直接相关的，是我国的新疆研究是否为新疆各民族认识自己的历史和文化、理解现阶段中国社会正在发生的巨变、准备迎接本民族社会的巨大转型提供了全面、恰当、丰富的知识和思路，为随着流动人口的增加而成为全国人民生活一部分的多语言、多文化日常互动提供了充足的正确的价值理念、具有相应深度的知识储备和行为指导。由于各地各族人口在全国范围流动的规模和频率都随着社会经济的发展而加大，这需要我们不仅关注新疆一个地区的研究状况，也要关注全国范围内对新疆的社会、历史和文化的研究状况，以此考察作为我国各民族相互关系基础的知识状况。

而民族工作部门科研管理的第二个方面是在抓好第一个方面工作的基础上，在中华民族现代文化建构中，担负起处理好国家主导意识形态与包括汉族在内的各民族传统信仰、国家主体文化与包括汉族在内的各民族文化、国家历史叙述与包括汉族在内的各民族具体的历史记忆、全民共享现代文化与包括汉族在内的各民族的历史文化、现代公民意识与各族社会传统的身份意识及其之间的关系等一系列现代国家建构中必须处理好的重大关系的责任。围绕民族工作的这一职责，本项研究将考察新中国成立以来新疆研究在相关方面的状况，评估相关学术生产与国家建构需要之间的关系。

基于这一思路，本项研究所做的是内容分析，以新中国成立以后的学术出版物为研究对象，包括正式出版的学术图书和学术期刊以及研究项目。课题主要考察的文种包括汉文、维吾尔文、哈萨克文、蒙古文和柯尔克孜文，考察的学科涵盖了人文学科和社会科学各主要分支，时间范围为 1949～2012 年。

由于时间、人力和财力的限制，我们在 CSSCI 期刊中选择了 70 种学术期刊❶进行研究分析，在可以查阅到的范围内，统计了所选期刊自创刊以来所发表的与新疆有关的所有文章（见表1），总结新中国成立以来新疆研究关注的主要议题、相关研究的学科和地域分布以及学术生产的数量，以期得到关于新疆研究的学术论文的整体面貌。在此基础上，本项研究还将尝试探讨学术生产与社会意识和大众心理的关系、社会结构与知识结构的关系、知识结构与知识生产和社会心理的关系，以期提出问题，为进一步的研究提供思路。对于新中国成立以后出版的研究新疆的学术性图书的研究，也按照上述方法进行分析。由于学术期刊的网络资源丰富，本报告的内容分析将以学术期刊为主。

---

❶ 选择期刊时考虑到了期刊的代表性。但由于人力限制，实际研究的期刊未能覆盖最初选择的样本，造成分属地分学科期刊覆盖不完整。例如，中央所属机构学术刊物中缺经济学等问题。

（三）研究方法和设计思路

本项研究对新中国成立以来新疆研究的评估，以内容分析为主，通过对不同专业领域用不同文种发表或出版在不同地域的涉及新疆研究的出版物的内容结构的比较，来描述和评估新中国成立以来我国的新疆研究状况，不涉及具体研究的学术水准的评估，也不涉及具体的学术观点。

1. 地域范围的确定：本研究中的图书分析资料出自《全国总书目》，其研究结论覆盖全国。基于"更具有全国性的期刊会更多地关注其所在地区范围之外的其他地区的研究"这一假设，我们在 CSSCI 中选取期刊时首先选择了在刊名中没有地域限制的学术期刊。因此，统计结果反映出的所选期刊的地域分布，也部分地反映出我国不同专业学术研究重镇的地域分布。由于我们在选择期刊时具有这样的倾向性，通过地域分布的分析得到的结果可能会有一定偏差，这在报告的相关部分将会进行讨论。

2. 文种选择：在我国涉及新疆研究的学术成果主要以汉文、维吾尔文、哈萨克文以及其他少数民族语文出版或发表。我国 56 个民族生活在同一片国土上，在同一个经济体中为创造更加美好的生活共同努力，随着人口流动和社会交往，人们的生活中会越来越多地面对文化多样性问题，各民族都应当对其他民族的历史、文化、社会和经济生产方式有全面了解，学会相互尊重和沟通。考察少数民族文字的学术出版物中有关新疆的研究状况，也是了解我国各少数民族之间的相互了解和关心程度的一个窗口。但是，由于受到课题团队工作语言结构的限制，本项研究主要进行的是汉文出版物的统计分析，兼有少量维吾尔文学术期刊的分析。维文的研究案例可以在一定程度上说明维吾尔族以及以维吾尔语文为工作语言的知识生产状况。由于蒙古族是我国为数不多的几个具有完整的本民族语言文字教育和出版系统的少数民族，对几种内蒙古版的学术刊物的相关统计可以作为一个案例，折射出我国各少数民族之间的相互关心和比较研究的状况。

理论上讲，在本项研究中，少数民族文字的学术出版物应当被赋予与汉文相应的权重。但由于内容分析需要具备一定的专业训练，能够熟练使用少数民族语文在社会研究领域从事研究的人员十分稀少，虽然我们尽了最大努力寻找合适的参与者来做基础的内容统计，但结果很不尽如人意。这也反映出我国民族研究领域的一种现实格局——即使在认识上能够做到重视对少数民族的充分关注，在实际操作中也很难实现相应的工作构想。本项研究遇到的困难本身也反映出 60 多年的知识生产所累积的一种结构性现实。

3. 专业范围：新疆不论在国土面积、地理位置、资源分布、地缘政治，还是在人口结构和文化构成上，都是我国具有突出战略地位的一个省级自治地区，也是一个具有悠久历史和多样性、复杂性的大型区域社会。因此，对新疆的研究应该从人文和社会科学的各个方面展开，各专业方向都有从各自的研究角度切入来开展新疆研究的责任。按照 CSSCI 的专业划分，本项研究涵盖了被归入人文和社会科学学术期刊范围的专业方向，能够反映新疆研究的专业分布状况。由于研究工作量巨大，课题组成员不可能分地域对所有专业进行统计，这影响了数据的比较分析。

由于文献调查范围很广，本项研究课题组组成员以中央民大社会学系社会学和民族社会学专业的 18 名硕士研究生为主，开展有关图书和期刊的内容统计和分析。没有他们的紧张投入，本项研究的研究设计就无法实现。但受时间紧张和检索条件的限制，多数选中期刊的内容统计是不完全统计，这影响了我们对统计结果的进一步分析和判断。

4. 时间跨度：本项研究考虑到对新中国成立 60 多年来新疆研究状况的分析，在数据资料统计上也充分注意到时间点的代表性问题。由于我国绝大多数学术期刊和图书都出版于改革开放以后，改革开放前的学术生产处于严格的计划体制管理下，不仅数量少，种类也不多，且全国各地和各民族之间的差异性也极小，与改革开放之后的学术生产状况相比，实际上没有太多的内容分析价值❶，因此，本报告研究的重点，实际上是改革开放以后新疆研究的状况。

由于上述研究设计、条件现实和研究者自身的缺陷，本报告在研究深度和涵盖面方面的不足之处难以避免，因此在讨论中提出的观点仅供参考。

二、新疆维吾尔自治区的新疆研究

新中国成立以来，新疆已经建立起包括汉语、维吾尔语、哈萨克语以及

---

❶ 改革开放是我国社会转型的关键节点之一，虽然从内容分析的角度看分别研究两个时间段并加以比较的分析价值不大，但从文本分析角度看，比较改革开放前后相关学术研究在理论方法、观念意识、话语方式以及叙事结构上的变化，是理解我国民族关系演变和判断其走向的一个非常重要的研究思路。这项研究的难度和工作量都十分巨大，应当另立专项研究。

其他少数民族语种的完整的现代教育体系、科研体系和出版体系。新疆的大中专院校和科研院所与全国其他地区一样，在当地社会文化事业中占有重要地位。在 2009 年新疆的城镇单位就业人口中，教育和科研单位从业人员所占比例达 15.17%，略高于同期全国城镇就业人口中教育和科研从业人员所占比例（15.00%）。其中科研单位和高校的科研人员 14339 人，占专业技术人员的 3.48%，而全国这一比例是 3.58%。从这两个数据来看，在新疆当地从事知识生产的科研机构和科研人员的规模发展状况与全国水平非常接近。但考虑到多民族、多语种、多种经济生产方式并存的基本区情，新疆的这些数据应当远高于单一使用汉语的省区，才能满足当地社会发展的基本需求——因为在相同的基础设施和社会基本设置条件下，只有各民族的知识普及、信息服务和文化调适到位，社会生活和经济活动才能均衡健康地运行。

由于相关统计资料缺乏，我们无法分析新疆科研单位和科研人员的专业结构，以此来了解新疆科研学术领域的知识生产的专业分布，而分析新疆学术类期刊及其中相关研究论文的发表状况，则可以大致勾勒出新疆当地人文学科和社会科学研究的发展状况。当然，这种研究策略的缺陷是，只能做描述性分析和理论推测，努力展现一个层面的现状并提出更深一个层面的问题，而不能做实证的说明性和解释性研究，这就使相关对策的提出只能基于工作经验和学术直觉，且较为宏观和笼统。也就是说，基于这项研究尚不能做进一步的强调准确性、针对性和可操作性的对策研究。正是考虑这层问题，本项研究的一些相对具体的对策建议只能根据分析中遇到的问题，就事论事。

（一）数量

1. 学术期刊

根据新疆维吾尔自治区新闻出版局 2011 年 4 月的工作报告❶，全疆共有期刊 207 种，其中学术类期刊 37 种，占新疆期刊总数的 17.87%。

在收录中文社会科学引文索引 2010 ~ 2011 年来源期刊目录（CSSCI）的 700 种学术期刊中，新疆期刊有《新疆社会科学》《新疆大学学报（哲学人文社会科学版）》《新疆师范大学学报（哲学社会科学版）》《西域研究》《当代

---

❶ http://www.xjpp.gov.cn/cszz_news.aspx? Id = 554, http://shashou008.banzhu.net/article/shashou008 - 62 - 2185128.html.

传播》5 种，占该索引收录期刊总数的 0.7%。新疆区内出版的 37 种学术类期刊中，收录该索引的这 5 种占 13.5%❶。

以这 5 种收录最新版 CSSCI 的刊物为例，我们可以看到，新疆的学术期刊的办刊规模、刊发学术论文的数量与全国整体水平非常接近❷。从表 1 可以看到，虽然新疆的这 5 种期刊都不属于办刊历史很久的期刊，但它们刊发的学术文章的数量还是相当可观的。中国知网收录的学术期刊包括自 20 世纪初创办的刊物，所有刊物总计平均每种刊发文章 4156 篇。以此为参照，新疆的5 种核心期刊中有三种发文数量接近这一平均数。

表 1 新疆的全国核心期刊刊发文章的数量和结构

学科领域	期刊名称										总计	
	新疆社会科学		新疆大学学报		新疆师范大学学报		西域研究		当代传播			
	篇数	%	篇数	%	篇数	%	篇数	%	篇数	%	篇数	%
哲学人文	686	24.7	2366	51.6	1743	43.8	1192	76.8	232	5.8	6219	36.7
社会科学	1075	38.7	1122	24.5	1251	31.4	98	6.3	251	6.2	3797	22.4
信息科技	41	1.5	423	9.2	359	9.0	42	2.7	3230	80.2	4095	24.3
经济与管理科学	976	35.1	674	14.7	631	15.8	220	14.2	313	7.8	2814	16.6
篇数合计	2778	100.0	4585	100.0	3984	100.0	1552	100.0	4026	100.0	16925	100.0

2. 图书

通过对《全国总书目》的检索统计到，1949～2003 年出版的汉文图书，在政治、经济、语言、文学艺术、考古、历史、地理、教育、宗教 9 类图书

---

❶ 据中国知网自己的统计（http: //acad. cnki. net/Kns55/brief/result. aspx? dbPrefix = CJFQ），截至 2011 年 6 月，该网共收录国内学术期刊 7700 多种，全文文献总量 3200 多万篇。其中，核心期刊收录率 96%；特色期刊（如农业、中医药等）收录率 100%。如果以该网收录的期刊总数来比较，CSSCI 收录期刊的比例不到全国总数的 10%，新疆版学术期刊收录的比例高于全国。

❷ 当然这是基于新疆与全国其他省区的同质性假设做出的判断。事实是，包括新疆在内的我国各民族省区都有各自的特殊性。在国家政治层面和经济技术层面考虑问题时，从这种同质性假设出发，遇到的问题可能会相对少一些，而在社会、文化和教育领域忽视了各地的差异性，尤其是少数民族地区的特殊性，对问题的判断可能会偏离现实，各项政策的实际效果可能就会南橘北枳，甚至南辕北辙。由于我国的国家统计、部门统计和行业统计体系中的民族统计信息极不完备，基于现有统计资料所进行的分析，即使是专门的民族研究，也只能基于同质性假设进行，这是我国的少数民族的特殊状况不能为全社会所认识、不能有效纳入各部门的工作视野中的一个重要原因，需要予以高度重视。这是一项看似与民族工作无关的事务，但却是整个社会正确认识国情、充分重视少数民族特殊性的前提条件。当前的民族工作应当把重点放在这些基础领域的建设上。

中，可以明确判断是研究新疆的共 589 种，其中，新疆版图书 420 种，占这类图书总数的 71%，占同期全国出版图书总数的 0.027%。

在中国国家数字图书馆收录的 1980～2010 年出版图书中，以主题词和出版社相结合的方法，检索到包括主题词为"新疆""新疆维吾尔自治区"（两者经比较差异主要在舆图的收集量方面）、"边疆""西北""恐怖主义"等的图书，以及通过限定出版社等方式人工筛选出新疆研究相关图书，共检索到 860 条图书记录，其中新疆出版的图书 640 种，占 74%。

两种检索方法得出的结论非常一致。由于第二种检索方式对越晚近的图书信息越具有敏感性，新疆版图书数量的变化也反映出近年来新疆研究的学术著作的出版呈逐年增加的趋势。

（二）文种结构

在中国知网的来源期刊中，按出版地统计，共收录在新疆出版的期刊 79种，其中一种是英文版，但不包括民文版期刊。这种状况使得该网对自己收录文献状况的描述"特色期刊收录率 100%"具有反讽意味——在具有 56 个民族的多民族国家中，民族文字出版的期刊既不是一般性期刊，又不是特色期刊，知识界对多民族基本国情的无知或无视，由此可见一斑。

中文社会科学引文索引 2010～2011 年来源期刊目录中也没有少数民族文字学术期刊。也就是说，在汉语信息系统的一般性学术检索中，以少数民族文字发表的学术作品没有被纳入视野，或者说被排除在外。这种状况使不懂民族语言的研究者无从了解少数民族学者使用本民族语言所进行的研究工作，开展学术交流和比较研究。在汉语学术圈与少数民族语文的学术圈之间，存在着一般学者无法跨越的信息沟通障碍❶。也正是由于这种状况的存在，本项研究无法系统地对用民族文字发表的学术论文进行内容分析。

---

❶ 这个问题可以通过加强文献信息资料服务中少数民族文种的信息转译工作来解决。一方面需要所有民文期刊刊出汉文目录，另一方面需要在文献信息资料服务部门，如各大图书馆和信息服务网站，增加可以熟练使用民文和汉文的专业人员。有了这两方面的基础，有关部门就可以要求相关的信息服务和学术评估机构提供民文信息检索服务这一现代多民族国家应当达到的基本要求。只有在国家的相关信息服务部门做到有效涵盖我国少数民族语文信息检索服务的前提下，才有可能要求包括学术研究在内的各部门、各行业充分重视我国的族群问题，并将对族群问题的关注程度作为一项基本指标纳入学术、社会及政策评估体系中。从本报告的分析将可以看出，这项看似没有什么直接效益且服务人口很少的设置，实际上对于加强国家整合具有十分重要的作用。

根据新疆维吾尔自治区新闻出版局 2011 年 4 月的工作报告❶，全疆共有期刊 207 种，用 7 种文字出版发行。其中汉文 94 种，维吾尔文 70 种，哈萨克文 33 种，蒙古文 5 种，柯尔克孜文 2 种，俄文 1 种，英文 2 种。少数民族文字期刊占总数的 53%。

在 2012 年通过中国邮政乌鲁木齐局发行的新疆版 163 种杂志中❷，少数民族文字杂志为 103 种（详见附表 2），占新疆当地主办期刊的 63.2%。其中，维吾尔文期刊共 59 种，占 57.3%；哈萨克文期刊 36 种，占 35.0%。在 163 种期刊中，学术类期刊共计 63 种，其中少数民族文字版期刊 31 种，占新疆版学术类期刊总数的 49.2%，占新疆版少数民族文字期刊总数的 30.1%（新疆版汉文期刊中学术类的比例是 53.3%）。在新疆版维吾尔文期刊中学术类占 32.2%，哈萨克文、蒙古文和柯尔克孜文的这一比例分别是 25%、33.3% 和 50%❸（见表 2）。

表 2　新疆出版少数民族文字期刊统计表

文种	维吾尔文		哈萨克文		蒙古文		柯尔克孜文		合计	
	种	占本文种%	种	占本文种%	种	占本文种%	种	占本文种%	种	%
学术类	19	32.2	9	25	2	33.3	1	50	31	30.1
时政综合类	14	23.7	8	22.2	2	33.3	0	0	24	23.3
生产科技类	6	10.2	4	11.1	1	16.7	0	0	11	10.7
教育、科普和生活类	7	11.9	7	19.4	0	0	0	0	14	13.6
文学艺术类	13	22.0	8	22.2	1	16.7	1	50	23	22.3
合计	59	57.3	36	35.0	6	5.8	2	1.9	103	100

---

❶ http：//www.xjpp.gov.cn/cszz_news.aspx? Id = 554，http：//shashou008.banzhu.net/article/shashou008 – 62 – 2185128.html.

❷ 资料来源：中国邮政报刊订阅网（http：//bk.chinapost.com.cn/catalogSearch.do? method = findCatalog）。

❸ 新疆版汉文期刊只占全国发行的汉文期刊的一小部分，汉文读者可以在全国范围内获得自己需要的信息。而新疆维吾尔文、哈萨克文和柯尔克孜文期刊却是我国这些语言文字期刊的全部。由此可见少数民族语种的信息传播能力及其专业覆盖面。少数民族语种媒体的数量至少应当满足民族语言文化传承和培养语言转用能力的基本要求。这也是一个需要专门调查研究的重要问题。

在维吾尔文和哈萨克文期刊中，学术期刊的比例都高于其他类别的期刊，其次是时政综合类和文学艺术类。从期刊的数量和种类结构来看，少数民族学者在平面媒体中的学术发表和其他话语空间还是比较大的。笔者多次实地调查的观感是，新疆少数民族作者只要勤于耕耘，发表并不是问题，甚至使用民族语言写作比用汉语写作更容易发表。一定数量学术期刊的维持，可以说明学术生产的数量。

（三）专业结构

在中国知网的来源期刊中，按出版地统计，共收录在新疆出版的期刊 79种。按学科分类统计，其中人文社会科学类 25 种，占该网收录新疆期刊总数的 31.6%。在对新疆的 5 种 CSSCI 核刊发表的文章的学科分类统计中可以看到，人文哲学类文章占比例最大，达 36.7%；其次是科技信息类，占24.2%；社科类占 22.4%，经济和管理科学类占 16.6%（见表 3）。由于人文哲学、科技信息以及经济和管理科学领域的绝大部分研究成果都不是仅关注一个区域（如新疆）范围内具体的社会状况的，我们可以据此估计，在新疆当地出版的学术文章中，大概只有 1/4 是用社会科学方法研究现实社会问题的。

表 3 是新疆版少数民族文字学术期刊的学科分布，人文社科类占 54.8%，接近 2/3。考虑到自然科学和医学有着广泛的研究领域和社会需求，这种分布说明新疆以民族文字为工作语言的学术研究大部分集中在人文学科和社会科学领域，这个领域集中的学术资源是相当丰富的。

表 3　新疆少数民族文字学术期刊的学科分布

文种	维吾尔文		哈萨克文		蒙古文		柯尔克孜文		合计	
	种	占本文种%	种	占本文种%	种	占本文种%	种	占本文种%	种	%
人文社科类	9	47.4	6	66.7	1	50	1	100	17	54.8
自然科学	5	26.3	0	0	0	0	0	0	5	16.1
医学	4	21.1	2	22.2	0	0	0	0	6	19.4
语言学	1	5.3	1	11.1	1	50	0	0	3	9.7
合计	19	61.3	9	29.0	2	6.5	1	3.2	31	100

新疆是我国语言文字使用情况最复杂的地区，在社会生活、信息传播以及教育系统中的语言现象是认识和把握新疆社会文化动态、社会心理和民族

关系的非常重要的面向，需要认真加以研究。但在我们采用的 2008～2009 年度 CSSCI 学术期刊中，语言学期刊共计 30 种，新疆没有一种入选。教育学方面也一样，全国共计收录 51 种，新疆无一种入选。在维吾尔文、哈萨克文和蒙古文期刊中，语言学类的专业期刊都只有一种，且都是《语言与翻译》这一种刊物的不同文版。在我们所能检索的范围内，新疆本地版的语言学专业学术期刊实际上只有这一种，用汉、维、哈、蒙四种文字出版。

对于新疆当地的新疆研究成果的专业结构，可以通过分析具有代表性的期刊发表文章的内容结构来做更详细的考察。

（四）《新疆社会科学》

《新疆社会科学》是新疆当地最具代表性的权威刊物，是新疆本版学术刊物中的"领导者"。在该刊自创刊到 2011 年期间，笔者每隔 6 年选取一年度❶全年刊发的文章，进行内容结构的统计分析。由于人文社科领域的研究课题往往涉及多个研究方向，在专业上普遍具有交叉性。在统计中，每篇文章都根据其内容选择一到三个关键词，再对关键词进行学科归类。如《新疆中亚留学生的汉语学习特点研究》一文，其内容涉及政治学（国际关系）、教育学和语言学；《延安时期党的民族宗教政策探析》一文则涉及历史学、政治学和宗教学。由于在我国的学术体系中，民族学是一个以研究对象来确立的"学科"，凡与少数民族和民族地区相关的研究或涉及民族问题的研究都可视为"民族学"，几乎与其他所有学科都存在交叉的问题。新疆研究在地域范围上讲属于民族地区，在社会事实层面讲，几乎都涉及少数民族或民族关系，在社会行动者层面上看也都涉及少数民族或族际互动，因此，可以整体地归入当前我国学术管理体系中所定义的"民族学"中，单列出来没有统计意义，并会影响学科分类统计数据的效度。与之相应，学术意义上的人类学研究、民族学研究、民俗研究以及文化研究等，却没有其他相应的学科用来进行归类统计，本项统计中的民族学实际上指人类学、民俗研究、文化研究及民族志。例如，民族区域自治制度研究归入政治学，民族区域自治法研究归入政

---

❶ 这样选出的是 2011 年、2005 年、1999 年、1993 年、1987 年（以上每年各出版 6 期）和 1981 年 6 个年度。由于该刊 1981 年只出版一期，无法考察改革开放初新疆社科领域的研究状况，为更准确反映 20 世纪 80 年代初该刊的状况，笔者补充统计了 1982 年度，并将 1981 年度和 1982 年度的 5 期统计结果合并计算。

治学和法学，马克思主义民族理论归入马克思主义和政治学，等等。例如《现代维吾尔语"抽象名词＋siz结构"的宗教文化透视》的关键词学科归类为语言学、宗教学和民族学（文化研究），《"泛突厥主义"文化观评析》归入政治学、民族学（文化研究）、哲学。由这里列举的例子可以看出，统计的学科归类是非常宽松的，"只要沾点边"就统计，每篇文章最多统计三个关键词。这样一来，不会因统计口径的严苛而出现低估问题。

上述所选7个年度的《新疆社会科学》共35期，刊发文章810篇，这些文章的内容结构统计结果见表4。

表4 《新疆社会科学》刊发学术文章的内容结构*

文章涉及专业方向**	新疆研究	一般性研究***	合计	本专业中新疆研究所占%	各专业所占%
经济学	190	167	357	53.2	31.0
政治学	72	138	210	34.3	18.2
历史学	74	18	92	80.4	8.0
社会学	48	41	89	53.9	7.7
法学	8	64	72	11.1	6.2
民族学	23	23	46	50.0	4.0
哲学	1	41	42	2.4	3.6
教育学	21	13	34	61.8	2.9
宗教学	14	19	33	42.4	2.9
中国文学****	30	2	32	93.8	2.8
语言学	22	8	30	73.3	2.6
管理学	2	18	20	10.0	1.7
马克思主义	0	20	20	0.0	1.7
新闻学与传播学	3	12	15	20.0	1.3
环境科学	8	6	14	57.1	1.2
考古学	13	0	13	100.0	1.1
人文、经济地理	11	1	12	91.7	1.0
心理学	4	6	10	40.0	0.9
艺术学	3	3	6	50.0	0.5

续表

文章涉及专业方向 **	新疆研究	一般性研究 ***	合计	本专业中新疆研究所占%	各专业所占%
图书馆、情报与文献学	2	2	4	50.0	0.3
统计学	0	1	1	0.0	0.1
体育系	0	1	1	0.0	0.1
外国文学	0	0	0	—	0.0
合计统计频次	549	604	1153	47.6	100.0

* 本表数据是对文章关键词代表的研究对象或研究方法所属学科出现的频次统计及计算结果。资料来源于中国知网的期刊目录。

** 学科分类采用 2010～2011 年度 CSSCI 期刊目录中的分类。其中社科综合和高校学报类不是学科分类，未加采用。

*** 研究对象为一般性抽象概念、全国性综合对象或不属于新疆当地。

**** 新疆的中国文学研究以新疆各少数民族文学研究为主，并涉及汉文学与少数民族文学以及各少数民族文学的比较研究。而一般性中国文学研究指新疆区外的或纯汉语文学研究。

新疆人文和社会科学研究中，经济学和政治学占了近一半。由于经济研究往往从传统的马克思主义政治经济学出发，这两个学科实际上主要从事的是马克思主义政治经济学和宏观经济研究。从经济学研究的重要交叉领域管理学和重要研究工具统计学出现的频次上，这一点也可以得到应证。而能够反映社会科学研究的学科训练程度的心理学、社会学、统计学、语言学、人类学等学科的出现频次，则反映出相关研究在视角和方法上的特点。新疆是一个多民族省区，改革开放以来在社会生活的各个面向面临着全新的历史机遇和前所未有的严峻挑战，新疆社会经济发展中的问题，不仅仅是经济问题、政治问题，同时也体现在社会、文化、心理等多个层面，需要包括政治、经济、司法、教育、文化、社会服务等各个社会部门的协调发展和通力合作。新疆研究的这种专业分布结构显然与现实需要之间存在巨大差距。

新疆与中亚五国、阿富汗、巴基斯坦和蒙古接壤，在语言文学和历史文化方面有许多相通之处，新疆学者研究这些国家的文学艺术具有天然的便利条件。但是，在我们统计的 7 个年度里，《新疆社会科学》竟然没有发表一篇有关外国文学的论文。这说明，新疆当地学者文化关注和比较研究的视角还有结合地区优势进一步拓展的空间。

表5 《新疆社会科学》刊发论文专业结构变化趋势

学科	统计项目	年 份					
		1981、1982	1987	1993	1999	2005	2011
经济学	合计	17	61	119	71	41	48
	新疆研究	11	29	55	38	28	29
	一般研究	6	32	64	33	13	19
	本专业中新疆研究所占%	64.7	47.5	46.2	53.5	68.3	60.4
	在各专业中所占%	14.8	29.9	52.9	45.5	24.6	16.8
政治学	合计	20	43	37	25	35	50
	新疆研究	12	14	4	8	18	16
	一般研究	8	29	33	17	17	34
	本专业中新疆研究所占%	60.0	32.6	10.8	32.0	51.4	32.0
	在各专业中所占%	17.4	21.1	16.4	16.0	21.0	17.5
历史学	合计	34	28	1	1	12	16
	新疆研究	29	27	1	1	7	9
	一般研究	5	1	0	0	5	7
	本专业中新疆研究所占%	85.3	96.4	100.0	100.0	58.3	56.3
	在各专业中所占%	29.6	13.7	0.4	0.6	7.2	5.6
社会学	合计	4	5	16	13	21	30
	新疆研究	1	2	13	13	13	6
	一般研究	3	3	3	0	8	24
	本专业中新疆研究所占%	25.0	40.0	81.3	100.0	61.9	20.0
	在各专业中所占%	3.5	2.5	7.1	8.3	12.6	10.5
法学	合计	2	10	16	13	12	19
	新疆研究	0	0	0	3	2	3
	一般研究	2	10	16	10	10	16
	本专业中新疆研究所占%	0.0	0.0	0.0	23.1	16.7	15.8
	在各专业中所占%	1.7	4.9	7.1	8.3	7.2	6.7
本年度5专业合计	合计	67	147	189	123	123	163
	新疆研究	43	72	89	63	78	63
	一般研究	24	75	100	60	45	100
	5专业中新疆研究所占%	64.18	48.98	47.09	51.22	63.41	38.65
	本年度各专业合计	115	204	225	156	167	285

一般来讲，人文社会科学研究的关注点往往与全社会的热点和动向密切相关，并且有相互塑造的效应。表 5 反映了《新疆社会科学》自创刊以来所发文章专业结构的变化趋势。经济学研究在 20 世纪 90 年代占到半壁江山，很好地反映了那个年代"一切以经济建设为中心"的社会潮流。与经济学的热门形成反差的是历史学，数据显示整个 90 年代新疆历史学的研究处在谷底。以新疆民族文学为主的中国文学研究的状况比历史学更为惨淡，在 90 年代的两个年度里竟然没有涉及。而这一时期法学研究则相对活跃一些，之后 10 年法学研究的相对萎缩倒是一个需要进一步解释的问题。

6 个时间点上的统计基本反映出，新疆当地学术研究专业结构的变化从历史学和政治学转向经济学的可能性非常大，内容统计过程中的直观印象也是政治学和历史学取向的经济问题研究在经济学研究中占的比例非常高。

2011 年与 2005 年相比，表 5 中统计的 5 个关注度最高的专业方向的比例都呈下降的趋势。而相应的一些过去一直偏冷的专业方向的研究成果有上升的趋势，其中宗教学、教育学、民族学、新闻学和传播学、语言学、中国文学的增长较为可观。这显示出，新疆学术界正在调整研究的关注点和学科专业结构，向着更加均衡的方向发展。

（五）《新疆大学学报（哲学社会科学版）》维文版

课题组中只有一位能使用维吾尔语文的成员，虽经多方努力寻找能够承担课题任务的维吾尔族研究生参与，但都没有形成可供使用的成果。这位维吾尔族成员对《新疆大学学报（哲学社会科学版）》维文版做了统计分析[1]。在所检索的 31 期 483 篇文章中，占比例最高的是语言文学专业，文章数为 155 篇，占 32.1%；其次是西域文化研究，文章 103 篇，占 21.3%；接下来是经济与政治研究，文章数分别为 58 篇与 45 篇，占 12.0% 与 9.3%；历史研究 35 篇，占 7.2%；其余学科文章所占比例都小于 5.0%，其中教育 3.1%，社会学 2.3%，宗教研究 0.4%。语言文学、区域文化和历史研究占到该刊发文总数的 60.6%[2]。新疆大学是新疆唯一一所综合性大学，理论上讲，它的

---

[1] 仙米西努，《新疆大学学报》哲学社会科学维文版分析。

[2] "西域"是一个历史地理概念，在我国的学术概念中，"西域文化"属于历史范畴。作为一个学术性的当代地理概念，"西域"主要被用来彰显与"新疆"有所不同的政治和文化内涵，包含着非常复杂甚至往往是截然相反的取向。"西域文化研究"这样一个栏目及其所占的比例，以及与"历史研究"并列这样一种结构，给笔者的统计归类带来困惑。恰当的归类和更准确的判断需要进行文本分析，这已超出笔者能力所及。

学报刊发非语言文学、区域文化和历史类论文的比例应该是新疆各类大学学报文科版中最高的。据此我们也可以估计，在人文社科领域，新疆各大学以民族语文发表的研究成果中，语言文学、区域文化和历史研究所占的比例可能超过 2/3，而研究社会、经济、政治领域现实问题的成果则低于 1/3，其中对教育、社会和宗教这些热点的研究成果所占比例都远低于 5%❶。

为了弥补民族语言能力方面的缺陷，2010 年暑假期间，我们在新疆乌鲁木齐市、伊宁市和阿勒泰地区走访了一些重要的哈萨克族知识分子，通过他们了解使用哈萨克文进行的相关知识生产状况。我们所了解到的情况是，人文社科领域的哈萨克族知识分子除个别人之外，都是从事语言文学和历史文化研究的，哈萨克文的社会学、经济学和政治学研究至今几乎还是一片空白。

用少数民族语言发表的学术成果中，经济学和政治学研究只占 1/5，语言文学和历史研究超过 2/3；用汉语发表的学术成果中经济学和政治学研究占近一半，历史学和文学、语言学总计只有 1/7。新疆维吾尔文和哈萨克文的学术研究的内容结构与汉文版的《新疆社会科学》形成鲜明对比❷，少数民族与非少数民族的"二元结构"在学术生产方面同样存在。这种现象说明，长期以来，我国少数民族知识分子培养的专业结构有很大偏差，学科建设中没有做到充分考虑多民族的基本国情，因此，二元结构当中的一元——民族系统——的内部化运作难以有效促进研究事业的健康均衡发展。

如果说学术期刊是应学术交流和传播的需要而创办的，那么，这类期刊

---

❶ 根据笔者的实地调查体验，造成这种学术研究状况的一个重要原因可能是相关领域的研究在新疆多被贴上了"敏感"的标签。而这些基本的社会研究议题之所以变得"敏感"，主要原因是多数研究缺乏相关专业领域的学科训练，不能按照学术规范对问题进行超然事外的、实证的分析，而极易流入就现象谈现象、发表感性言论的窠臼，"敏感"也就在所难免。关于学术研究，我国有明确的指导思想，即"学术无禁区，宣传有纪律"。因此，笔者认为学术研究中的"敏感"领域，尤其是民族研究方面的"敏感"问题，多数是由于研究队伍的专业结构极不合理造成的——由于缺乏研究问题所需要的专业素养，一般的社会现象得不到充分的学术说明，人们感知到的"社会问题"往往以政治口号和情绪宣泄的方式出现在所谓学术研究中。这样的"研究"不仅不能解决问题，而且成为制造问题的重要场所。因此，调整并强化相关领域的专业结构不仅仅是一个教育和科研系统的问题，需要从我国国家建构（nation - building）的高度来认识。

❷ 《新疆社会科学》还出版维吾尔文版和哈萨克文版。由于人员结构的限制，课题组无法对这两种期刊做内容分析。维文版和哈文版的《新疆社会科学》与汉文版的《新疆社会科学》有着相同或类似的内容结构还是事实上的"《新疆社会科学（语言文学和文化研究版)》"，不得而知。

的专业结构也反映学术生产的结构。从表3中可以看到，在维吾尔文学术期刊中人文社科与自然科学类基本各占半壁江山；而哈萨克文期刊中大致是3/4人文社科、1/4医学；蒙古文和柯尔克孜文期刊均不涉及理工科。民文期刊的这种专业结构使我们只能得出这样的假设：在我们的学术出版中没有覆盖的那些领域，要么客观上不存在相关专业的研究活动，要么相关的研究只能借用其他语言工具，参阅汉文或外文文献，以汉文和外文发表。对《新疆社会科学》（汉文版）的内容分析显示，少数民族学者发表的文章所占比例很低❶，除文学、历史、民俗和社会等为数不多的几个专业之外，其他专业很少见到维吾尔和哈萨克学者的论文。也就是说，少数民族学者的汉文研究活动和学术发表很不活跃。

　　如果学术生产的知识可以经由大众读物传播到社会中，并服务于人们的日常生产与生活，那么，非学术期刊的结构则反映出知识分子向社会大众传播的知识的结构。表2显示，在直接为人们的生产和生活服务的生产科技类、教育科普和生活类以及文学艺术类期刊中，文学艺术类的比例较高。哈萨克文期刊中，生产科技和教育科普两类的比例都高于维吾尔文期刊。考虑到哈萨克族和维吾尔族在人口数量和结构上的巨大差异，可以说，哈萨克文知识传播的结构和密度都优于维吾尔文。这在某种程度上也反映出，哈萨克文对其他语种信息的翻译和借用量要大于维吾尔文，前者更具开放性。由于蒙古文出版更多地集中在内蒙古自治区，新疆蒙古族读者可以阅读来自内蒙古的蒙文出版物，他们的知识生产和传播状况不是本项研究所能完成的，在此不做过多讨论。而柯尔克孜文的期刊出版状况在一定程度上反映了这种文字的实际功能，柯尔克孜族的相关状况需视人们的语言使用情况来确定，但都可以通过他们所能借用的汉语、维吾尔语和哈萨克语的情况加以推测。

　　我们还注意到，在新疆当地的学术研究中，法律、管理、传媒以及工商企业经济活动等方面的研究受到的关注普遍不足，而这些专业方向与就业市

---

❶　由于没有作者的民族成分信息，统计中只能根据名式来判断作者的民族身份，无法做到完全统计。

场中受高等教育的文科人员的就业状况和社会进入❶密切相关。这从另一个侧面反映出,科研力量的专业结构和研究关注以及高校中科研教学活动的专业分布与社会实际需要之间存在差距。这些专业领域知识和训练的缺乏,会直接影响学生的就业,并且会对各专业学生的社会进入能力产生重要影响。

从新疆知识界学术生产的专业结构数据中,我们也可以推测出,新疆的大学教育培养的是以文科生为主的大学毕业生,而在社会进入能力方面的知识熏陶和专业训练方面,这些学生并没有受到很好的培养,指导他们的专业教师和可供他们阅读的专业出版物十分有限。因此,他们只能在法律服务、工商企业管理、社会文化服务和管理、大众传媒的营运和管理这些市场能够提供的容纳文科人力资源最多的职业领域以外寻找就业机会。而直接决定一个现代社会服务业水准的这些专业的学术生产能力的现状,也反映并决定了在新疆的少数民族中特别缺少相应专业的人才,少数民族的社会管理和服务业的专门化水平、专业化能力都十分有限,进入全国性同业网络的可能性极低。这会在社会生活中使少数民族受教育人口有"被排斥"的心理感受。如果巨大的智力和心理能量不能在现代市场经济社会中正常运行、发挥效能,

---

❶ 指人口从乡村到城市、从第一产业向第二、第三产业的流动,也指人口从职业地位金字塔的低端向高端的流动,其中有突破社会网络限制、凭借自身能力进入职业地位高的专业群体及各种圈子的含义,也有各种社会群体或圈子乐于接纳新加入成员的含义(英文为 inclusion,与之相对的是 exclusion,社会排斥)。如我们常说的"进入娱乐界"、"打入富豪俱乐部"等,讲的就是社会进入。当前我国少数民族社会经济发展的主要问题不在于群体政治权力不平等方面,而在于社会环境中的障碍和少数民族个体的社会进入能力问题。现有的群体政治权力保障机制不能解决社会进入能力不足和社会环境的问题,通俗地说,有再多的省长和主席,也解决不了一个少数族群社会中没有科学家和大学者、没有大企业家和高级白领、没有高级律师和会计师、没有媒体大亨和大明星等带来的问题。而由于人口规模和社会经济发展状况的限制,只有走出本民族的小圈子,进入全国市场,才能培养和成长起来一批进入各行各业高层的少数民族人才,形成少数民族社会进入的良性循环。本项研究从一个侧面揭示出,我国少数民族在社会进入方面确实存在一些障碍,这些障碍,或者说"社会排斥",并不是政府和社会主观意愿上的,而是结构层面上的,是相关的制度设计忽视市场经济条件下的社会特征而产生的意外后果。前文注释中提到的统计信息中民族指标的缺失、信息服务中民文内容的缺失、少数民族信息获取能力的差异,还有这里讨论的教育中的专业结构偏差,都是社会学意义上典型的结构型社会排斥。这种结构性的问题,如不及时调整,将会波及人们的主观判断和社会认同。结构性问题的影响,无论采取什么样的话语表述和舆论引导,都很难避免,甚至会直接危及公共媒体及相应的政府机构的公信力和合法性。我国实行市场经济有超过一代人的时间了,这种意外后果已经开始产生社会效应。普遍化的社会心态和有关我群和他群关系的意识形态共识一旦形成,就会出现自我复制、自我合理化和合法化以及自我放大的过程,这种意识形态的知识生产和传播的结构基础如果不改变,社会必然会被导入民族主义和独立新中国成立的轨道而难以逆转。因此,进行有效调整的时间窗口会随着代际更替而关闭。

必然会不断产生负面的释放压力。这是政府决策部门在估计和判断形势时不能忽视的一个结构性现实。这个问题可能不仅出现在新疆，其他少数民族自治地方可能也存在类似的现象。而本项研究则揭示出了这样一种"问题产生链条"存在的可能性：现实的结构性压力的一个重要源头，实际上蕴含在新中国成立以来形成的学术体系和相应的研究、教育系统中。

20世纪90年代的社会关注和学术热点，随着时间的推移，成为形成21世纪头10年新疆社会文化面貌和人们的社会心态的基础。汉文的学术研究向经济领域集中，是一种"向钱看"和"向外看"的表现；民文的学术研究偏向语言文学和历史，体现的则是"向内看"和"向后看"的倾向。在人文社科领域学术研究的取向上看，汉语学界和民语学界不仅没有"并驾齐驱"，二者甚至是在"背道而驰"。这期间人文社会科学研究领域存在的缺陷与之后10年间出现的各种社会问题之间的关系，可以用马克思关于意识的反作用理论来理解。社会是一个高度互馈的复杂系统，每一领域的问题可能影响整个社会系统的演化。如果说信息系统是这种互馈中最核心的系统，那么，知识生产又是信息系统的核心。历史学关涉对过去的界定和记忆，决定人们的社会认同，也是人们塑造社会认同的工具；文学作品时时反馈社会生活的方方面面，表达、界定和塑造情感模式和社会心态。整整10年对这两个重要领域的忽视，足以影响一代人的历史观和心理情感。新疆社会在这方面的教训不可谓不深刻。由于体制内我国各地都具有极高的同质性，可以想见，这个问题也不独新疆才有。这一点提示我们，应当对各语种、各学科、各重要专业方向的发展状况、学术生态及其可能产生的现实社会影响做全面评估。

表4和表5也反映了新疆当地研究中对新疆本地的关注程度及其分布。在我们统计的论文的题目中，只要出现新疆的地名、人名、族名、语种或发生在新疆的事件等，我们都归入"新疆研究"统计。在关键词的学科归类频次统计中，新疆当地的学术研究中关注新疆本地的比例占不到一半。最关注新疆本地专题的依次是考古学、中国文学、人文和经济地理学，新疆研究占本专业成果统计频次的90%以上。超过50%的是历史学、语言学、教育学、环境科学和社会学。但是，除了历史学和社会学两个学科之外，其他学科的研究成果所占比例都非常低。也就是说，在新疆当地的学术统计中，关注新疆的专业方向主要分布在研究成果较少的一些专业。这是一个地区的学术对

本地区的关注状况。这种状况可能在一个侧面反映出，对于那些只有新疆当地才会有的特殊的社会、政治、经济、文化现象以及这些现象在经济活动、政治和社会生活各方面的影响和表现，即使新疆当地学界，也没有做到充分重视和深入研究。

在没有出现与新疆有关的关键词的研究成果中，有极小一部分研究我国其他省区的民族志以及中亚各国国际关系问题，其他成果都没有"在地性"（locality）或标为"我国""全国"等。其中有相当一部分是对国家政策和党史、政策的宣传、解读。

通过这种对研究成果关键词的地域分布的简单分类统计，我们可以想象一下，新疆当地的学术研究映射出来的是一个什么样的知识世界图景：关注国家（中国）的一些面向——主要是政治、经济和法律的——属于社会的权利和资源分配范畴；关注新疆的是一些用汉、维吾尔和哈萨克文叙述的片段以及零零碎碎的对其他地方的一点关注。学术成果呈现的这样一种世界图景，并不能等同于知识界的世界图景，更不能等同于经由大众媒体传播的社会的知识世界图景。但这种现象认知策略有助于帮助我们接近人们头脑中的世界。要更全面准确地了解这个世界，需要对大众媒体和网络世界的信息传播做详细的内容分析。这有点类似于人体的营养状况检查，目的在于消化和排泄多余的、僵死的，补充不足和缺失的，以维持机体健康运行。当然，从来不做这项检查的人照样能够存活，只是对自己的健康状况存在的风险没有知觉而已。

三、在京中央所属机构的新疆研究

在我国，由中央各部门主办的研究机构，基本上都是各研究领域发展时间最长、各种资源最密集、学术水准最高的权威性机构。这些机构从各自的专业角度出发，研究全国范围的相关议题，学术视野也较为开阔。作为国家各研究领域的领头羊，中央所属研究机构也负有从国家战略高度出发统领学术大局、为国家建设服务的责任。这些研究机构对新疆的关注程度和相关研究的状况，是我们了解我国知识生产的中央层面对新疆的认识和重视程度的重要窗口。

（一）现状

在我们选取的 70 种期刊中，在京中央所属机构主办的有 25 种，涵盖民族研究、文学、语言学、政治学、历史学、法学、考古学、社会科学、宗教学和教育学 9 个学科（见表6）。

表6　在京中央所属机构主办的部分学术期刊的新疆研究状况

刊　名	统计时间	统计期数	统计文章总篇数	涉及新疆研究篇数	占总篇数%	备　注
民族研究	1979~2009	182	2243	159	7.09	
世界民族*	1979~2009			42		
民族文学研究	1983~2010**	63	1439	132	9.17	只统计了有相关文章的刊期
中国语文*	1994~2010			1		新疆回族
民族语文*	1979~2010			72		社科院民族学与人类学所办
语言文字应用*	1992~2010			7		《语言文字报》社办
政治学研究	2009~2010	7	121	0	0	
中共党史研究	2009~2010	17	203	0	0	
中国法学	1986~2010		1977	0	0	有 10 篇有关少数民族的文章
中国社会科学	1980~2009		2915	3	0.10	缺 2007 年
中国宗教	1995~2010	125	4040	9	0.22	
考古学报	1953~2008	175	943	14	1.48	
考古	1959~2008	495		61		
中国历史文物	1979~2008	180		3		
中国边疆史地研究	1991~2009	72	1200	225	18.75	
当代中国史研究	1994~2009	93	1771	2	0.11	
中国史研究动态	1994~2009	38	289	39	13.49	
近代史研究	1979~2009	174	2920	13	0.45	
中国高等教育研究	1965~2010	437	7305	33	0.45	
教育研究*	1979~2010			1		与民族教育相关7篇　中央教育研究所办

续表

刊　名	统计时间	统计期数	统计文章总篇数	涉及新疆研究篇数	占总篇数%	备　注
课程教材教法 *	1981～2010			1		人民教育出版社课程教育研究所
中央民族大学学报	1995～2010	91	2317	181	7.81	
民族教育研究	1989～2010	117	1369	59	4.31	中央民族大学办
清史研究	1991～2009	76	1220	18	1.48	中国人民大学办
社科院研究生院学报	1985～2009		2020	3	0.15	

* 统计数据缺失严重，为无效统计。但其统计的新疆研究篇数数据可用。

** 2010 年统计截止时间为 5 月。

理论上讲，对新疆这样一个国土面积占 1/6，具有丰富多样性且具有重要战略地位的地区，人文和社会科学领域的任何一个专业都会发现，那里有许多值得专门加以关注和深入研究的议题。考虑到各种刊物的专业性程度不同，办刊对象和宗旨不同，无法规定出一个标准来衡量各种刊物对新疆研究的关注程度是否处于"正常状态"。

首先来看全国性民族研究类学术刊物的新疆研究状况。统计相对完善和规范的《民族研究》《中央民族大学学报》和《民族教育研究》3 种期刊，所发表的新疆研究论文占该刊发文总数的比例分别是 7.09%、7.81% 和 4.31%。如果用发表文章总数来比较，《民族文学研究》的新疆研究发文数的比例也在 7% 左右。这 4 种在京民族类学术期刊中，《民族教育研究》比例偏低，其他 3 种都在 7% 左右。

其次，新疆研究在其总发文数量中占比例最高的是《中国边疆史地研究》，为 18.75%。除民族类期刊之外，新疆研究在发文总数中所占比例超过 0.3% 的刊物有 4 种，其中，历史考古类 3 种，教育类 1 种。

新疆是一个伊斯兰教人口比例较高的省份，宗教对现实政治、文化和社会生活具有重大影响，是我国宗教研究和宗教事务管理领域关注的重点地区之一。由国家宗教事务管理局主办的《中国宗教》，新疆研究只占其发文数的 0.22%，不到民族类期刊这一比例的 3%。可以换句话说，《中国宗教》对新疆问题的关注度只有民族类学术期刊的 3%。为核实这一统计结果，笔者抽检了该刊 2012 年已出版的 4 期和 1995 年以来每年的任意一期共 21 期，只有两篇新疆方面的文章。在这 21 期中，汉传佛教和基督教方面的文章占大多数，且近年来所占比例呈上升趋势，而信教人口以少数民族为主的伊斯兰教和藏传佛教方面的文章比例不大，且越到近期比例越低。虽然收入了 CSSCI 目录，但《中国宗教》并不是严格意义上的学术期刊，所以，该刊发文的内容结构更能说明当前我国宗教研究领域的状况。普及性读物的状况在一定意义上讲是知识生产的结果和传播的现状，而知识生产和传播又是学术和教育发展状况的结果。《中国宗教》杂志的这种状况，只是我国宗教研究方面的结构现实的一个表象。在民族问题与宗教问题混杂的当代世界，研究民族问题而不关注宗教问题，或者反过来，研究宗教问题却不关注民族问题，都无法很好地把握住问题脉动。

而在法学、党史研究和政治学三类的不完全统计中，新疆研究的论文发表为零。《中国社会科学》勉强达到 0.1%——只能说它仅仅是突破了"零"的记录。我们可以说，在抽选到的法学、政治学和社会科学在京权威学术期刊中，对新疆研究的关注度不到民族类学术刊物的 1%。与零记录相比，《中国高等教育研究》对新疆研究的关注度显得难能可贵了。这就是我们通过内容调查得知的在京中央所属机构社会科学领域的新疆研究现状。

由于研究对象为边疆地区，《中国边疆史地研究》可以归入民族研究类学术刊物。在我们所统计的这些在京中央所属机构主办的学术刊物中，对新疆研究的关注程度也呈现出民族类与非民族类的巨大差异。这与新疆当地的新疆研究的民族语言与汉语之间的结构特征类似，也是一种民族研究与非民族研究的二元结构：民族类学术刊物比较关注新疆研究，而相比之下，非民族类学术刊物对新疆研究的关注度极低。同时，从专业结构上看，文史类学术刊物中关注新疆研究的文章比例高，社科类学术刊物的关注度非常低。

在京中央所属机构主办的学术刊物中新疆研究的这种状况没有达到对其进行更细致的分类别分专业内容分析研究的基本条件——非民族类学术刊物所发表的研究成果的数量太少，对其进行内容分析没有统计意义，也就无法做比较研究❶。

如果，位居"中央"的全国性的研究机构对新疆这个具体的地方的研究状况不是孤例，那我们也可以想象一下由专门研究"全国"的研究构成的"全国"图景：一个呈现着各种学科所描述的性质的一块囫囵国土上笼统的整体——这是一个只有简单构造的类似于水母的有机体，根本不是我们生活于其中的在人口、自然空间以及社会世界中都已经深度分化了的复杂系统。用如此简单的一种认知构造去认识我们这样一个巨型的复杂社会，犹如一个成熟的巨人的肩上长着一个婴儿的脑袋。

（二）专项新疆研究

随着三股势力的出现和新疆社会经济问题的凸显，中央各部门都加强了对新疆的调查研究。例如，2005 年和 2006 年，国家民委民族问题研究中心曾组织由北京大学、新疆师范大学、新疆维吾尔族自治区民宗委和本中心研究人员共同参与的《新疆专题研究》，对影响新疆稳定和社会经济发展的多个层面的问题做了比较全面深入的调查研究。这个项目的突出特点是采用实地调查的方法研究敏感问题，研究成果对相关决策产生重要影响。但由于涉及敏感问题，课题成果多数没有公开发表。这是由相关部门投入开展的新疆研究的普遍状况。即有大量对新疆的现实问题的研究不作为学术研究成果公开发表或出版，对学术界以及社会的影响相当有限。由于各部门都会借助研究机构和高等院校的研究力量组织专项研究，这种形式的研究在我国的学术生产中占有相当大的比例，但以公开发表或出版的学术成果为媒介考察新疆研究状况的内容分析无法将这一部分研究包含在内。

不同的是，教育部和国家社科基金资助的项目都可以在网上检索到相关信息，其资助成果一般也都要求公开发表或出版。考虑到国家社科基金对我

---

❶ 考虑到进行专门研究的学术期刊越具有随机性，也就越具有代表性的问题，在做课题设计时笔者允许参与课题研究的同学们根据个人兴趣和自己对于重要性的判断来选择期刊，而没有预先设定选刊标准。在本项课题完成的 16 个分项研究报告中，只有为数不多的几篇可以做得较为详细，多数都只能做概述，而无法进行更加深入的分析，原因就是与新疆相关的可统计对象实在太少，无法形成有效的分析数据。这种情况在各地方主办的学术期刊中也一样存在。笔者在做相关统计时也不得不根据统计数据的可利用程度不断放弃前功、调整路径，从而深切体会到大家在做这项研究时所遭遇的难题、困惑和焦虑。对于年纪只有 20 多岁、还没有什么社会经验，学习和研究的主攻方向不是民族社会学，研究的对象、理论和方法与本项目距离较远的同学们来说，实在勉为其难，能够做到现有程度已是难能可贵。在此，笔者向他们表示感谢和敬意。

国人文和社会科学研究领域的巨大影响力，我们检索了全国社科规划办公布的 2008～2012 年国家社科基金资助项目（见表7）。

表7   2008～2012 年国家社科基金资助项目中新疆研究所占比例

年度	项目名称	立项数	新疆研究项目*数	新疆研究项目所占%
2012	西部项目	540	45	8.33
2012	第一批重大项目（文化类）	35	0	0.00
2011	后期资助项目	295	1	0.34
2011	后期资助项目（第三批）	165	1	0.61
2011	重大项目（第三批）	36	0	0.00
2011	重大项目（第二批）	89	4	4.49
2011	重大项目（第一批）	63	1	1.59
2011	后期资助项目（第二批）	15	0	0.00
2011	艺术学项目	142	6	4.23
2011	教育学项目	167	0	0.00
2011	后期资助项目（第一批）	115	2	1.74
2011	西部项目	483	40	8.28
2011	年度资助项目	2883	44	1.53
2011	其中：民族问题研究	120	13	10.83
2010	年度资助项目	2285	37	1.62
2010	其中：民族问题研究	88	7	7.95
2010	重大招标项目	54	0	0.00
2010	重大招标项目	81	4	4.94
2010	后期资助项目	223	2	0.90
2010	西部项目	402	45	11.19
2009	西部项目	346	37	10.69
2009	重大招标项目	71	2	2.82
2008	年度资助项目	1691	35	2.07
2008	其中：民族问题研究	62	8	12.90
2008	后期资助项目	27	0	0.00
2008	西部项目	294	33	11.22
合　计		10502	339	3.23

* 指直接与新疆研究相关或由新疆学者申请的课题项目。

资料来源：http://www.npopss-cn.gov.cn/GB/219534/index.html.

国家社科基金对新疆研究的资助主要集中在西部项目和年度项目的民族问题研究类中。在这两类项目中，新疆项目都占 10% 左右，应该说比例不低。在全部项目中，新疆研究项目占 3.23%，只有西部项目和年度项目的民族问题研究类的 1/3。这说明，新疆研究在地域范围和专业结构上都比较集中。关注新疆研究的以新疆学术机构为主，其次是北京的相关中央所属机构的研究单位，然后是西北地区陕甘宁青四省区。这个范围之外的新疆研究，只检索到一项考古学项目。我们可以据此说，在国家社科基金的项目分布上看，还是民族地区和民族系统关注民族地区，而那些研究力量相对较强、科研人力资源更加丰富、专业分布更加均衡的学术机构则很少投入力量关注新疆研究——依然表现出"二元结构"。

在检索中，我们发现，国家社科基金项目中支持民族研究的专项项目（如西部项目）的专业结构，与每年的年度项目中"民族问题研究"类的专业分布有着明显的相似性，并且，在年度项目中民族研究少或者不做民族研究的专业，民族问题研究类项目和专项项目中同样不多或者没有。即在民族问题研究类项目中，占比例最大的还是"民族问题研究"[1]。这种专业分布的高度集中，实际上说明，民族问题研究没有被纳入各个专业中，而是放在了"民族问题"中研究。这反映出我国民族研究专业分布的偏差，新疆研究当然也无法例外。这也说明，在新疆当地的学术研究中表现出来的专业结构偏差，是一个全国性的问题。在某种意义上讲，西部项目是年度项目中民族问题研究类项目的重复设置，这个项目的作用更多地体现在加大民族问题研究项目的数量，而对改变民族问题研究的专业结构，则作用不大，并且实际上还会放大现有结构特征。这个问题可以转译为：在我国，主要由少数民族地区和民族研究机构在相当集中的专业方向（民族研究）上研究民族问题。这是一个典型的内部循环。知识生产的内部循环会产生什么样的知识状况，凭借常识就可以判断出来。而在特定的关于"民族"的意识启蒙和社会动员话语中，

---

[1] 与教育部的学科划分不同的是，社科基金项目中没有"民族学"这个大学科，而设有"民族问题研究"来专门处理相当于教育部学科分类中"民族学"的内容。这种学科设置在内容统计上存在的问题，前文已有讨论。对社科基金项目的内容统计反映出，作为一个与所有学科交叉的专门领域，交叉的结果不是促进各专业对民族问题的研究，而是使民族问题研究在既有的结构框架内越来越陷于内部循环。这是另一个需要重视的问题。

知识生产的内部循环的严重后果，也是一个不难理解的问题。国家社科基金项目中都存在这个问题，这说明我们所看到的新疆研究中存在的问题是一个全国性的认识、制度和管理问题。

从新疆研究在民族研究项目中所占的比例可以看出，新疆研究受到了高度重视。为弥补本项研究不能全面检索近年来国内的学术成果，从而无法判断这些项目的实际产出这一缺陷，我们选取了一个项目，作为案例来看项目资助的效果。

我国有史以来在新疆研究方面投入最大的项目是《新疆历史与现状系列研究》项目。

《新疆历史与现状系列研究》项目（简称《新疆项目》），是2004年全国哲学社会科学研究规划办公室正式批准立项的国家社科基金特别项目。项目为期5年，经费为每年600万元人民币。

"新疆历史与现状研究"也是一个总的课题框架，其中又设立了约80项子项目。同《东北工程》一样，《新疆项目》子项目也分为6大类。

第一类子课题是基础研究类，有60多项，最终形成研究专著。

第二类子课题是档案文献类，重点放在档案上。投入最多的档案类子课题是《满文边疆档案》新疆部分的整理，6万余件，预计2010年底开始影印出版。另外一项较大的档案类子课题是《清代新疆档案选辑》，收录清代以吐鲁番厅为主的新疆档案，6万余件，预计2011年进入出版。

第三类子课题是翻译类。选编并翻译了一批国外关于新疆的著作，主要是英文、俄文，有些可能供内部研究使用，不作公开出版。

第四类子课题是数据信息库建设。投入了一定的资金和精力对新疆的历史研究数据信息做了汇总。

第五类子课题是要编写部分普及读物。

第六类子课题是当代中国边疆典型百村调查。第一批出版20种。2010年7月出版，明年7月出齐。❶

这个项目的具体执行单位是中国社科院边疆史地研究所。该所正是前文

---

❶ 《近八年中国边疆研究学科的重大项目》作者：厉声，中国社会科学院边疆研究中心主任、研究员。见 http：//www. tibetology. ac. cn/index. php？option = com_ content&view = article&id = 4798.

分析的刊发新疆研究成果比例最高的中央所属机构学术期刊《中国边疆史地研究》的主办单位。我们对该刊做了较为详细的分析，该刊历年来发文数量的变化、专业结构以及作者结构等方面的特点，可以作为观察这个项目执行状况的一个侧面。

本次研究，查阅了《中国边疆史地研究》创刊以来至2009年年底的所有刊期的所有文章，共74期、1131篇文章（包括该刊的图书介评、学术信息、总论栏目等所有内容，但是征稿启示、补白等与学术无关的文章不在统计之列），从中筛选出所有研究新疆的文章，包括与研究新疆有关的历史上属于西域但是现在不属于新疆的文章，以及标题包含西北的文章，共计225篇。通过分类比较，从论文的内容来看，《中国边疆史地研究》中的新疆研究涉及新疆的各个方面，但关于政治的文章篇数最多，达105篇，占总篇数的46.7%，而研究当地的民族、文化、经济、社会的文章比较少。从作者来看，1991~2009年多产（指共在该刊分表三篇以上，包括合著者）的作者有23人，多产作者的发文数为97篇，占有关新疆文章总数的43.1%。高频作者的单位主要来自西北和北京，其中，新疆社会科学院和中国社会科学院（主要是边疆史地所）的研究人员占到绝大多数❶。

四、全国其他地区的新疆研究

我们抽选的33种新疆以外各地主办的学术期刊，分布在北京、上海、吉林、内蒙古、河南、山东、陕西、甘肃、江西、广东、湖南、湖北、广西、四川、云南15个省、市、自治区，涵盖文化研究、政治学、法学、教育学、考古学、历史学、人文和经济地理学、艺术学以及哲学、社会科学综合类（见表8）。

---

❶ 刘燕玲. 浅谈新疆史地研究——《中国边疆史地研究》（1991~2009）[J]. 新疆研究文分析。

表 8　部分地方性学术期刊的新疆研究状况

刊　名	统计时间 （年）	统计 期数	统计文章 总篇数	涉及新疆 研究篇数	占总 篇数%	备　注
民俗研究	1985～2010	96	2800	4	0.01	估计。山东办
求实	2000～2007		2398	0	0	江西办
政治与法律	1984～2010		3402	0	0	有4篇涉及西部和少数民族的文章，上海办
法制与社会发展*	2000～2007 2009～2010	55		0	0	吉林大学办
教育发展研究*	1981～2010			1		上海。共有7篇西部教育
电化教育研究*	1994～2010			1		兰州
考古与文物	1980～2008	170		25		陕西办
文物	1950～2008	631		52		北京办
敦煌研究	1983～2008	112		18		甘肃
华夏考古	1987～2008	82		2		河南办
地域研究与开发	1982～2010	28	665	25		河南办
人文地理*	1997～2008			14		中国地理学会人文地理研究所、西安外国语学院人文地理专业委员会
经济地理*	1982～2009			30		中国地理学会、湖南
中国历史地理论丛	1985～2009	92	1847	55	2.98	陕西
旅游学刊*	1986～2009			1		北京联合大学
人文杂志	1957～2009		4943	4	0.08	陕西
社会科学研究	1979～2009		4707	3	0.06	四川
社会科学战线	1978～2009		8088	4	0.05	吉林
社会科学	1993～2009		4305	1	0.00	1979年创刊，1993年以前缺。上海办
学术月刊	1957～2009		7220	0	0	缺1967～1978年。上海办
文史哲	1953～2009		4815	1	0.02	山东办
开放时代	1989～2009		1600	0	0	广东

续表

刊 名	统计时间（年）	统计期数	统计文章总篇数	涉及新疆研究篇数	占总篇数%	备 注
北京社会科学	1986～2009		2275	0	0	完全统计
民族艺术研究	1988～2010	126		2	>0.01	估计。云南办。次刊以下为民族类学术期刊
民族艺术	1985～2010	96	2500	19	0.76	估计。广西办
西南民族大学学报	1996～2009	179	11326	7	0.06	成都
中南民族大学学报	1995～2009	88	4232	38	0.90	武汉
汉语学习*	1980～2010			3		延边大学办
云南社会科学	1981～2009		3035	1	0.03	完全统计
内蒙古社会科学（汉文版）*	1980～2010			1		《新疆察哈尔蒙古社会历史概述》
内蒙古大学学报（文科版）*	1959～2010			1		新疆蒙古族学生
内蒙古师范大学学报（文科版）*	1958～2010			2		巴州地区农村劳动力；清代新疆地区蒙古官学
广西民族研究	1995～2009	102	4816	14	0.29	

* 统计数据缺失严重，为无效统计。但其统计的新疆研究篇数数据可用。

** 2010 年统计截止时间为 5 月。

从发稿的篇数来看，历史和地理方向相对更重视新疆研究。在能够计算发稿中新疆研究比例的刊物中，新疆研究比例最高的《中国历史地理论丛》也不到 3%。其他专业方向的学术刊物对新疆的关注甚至谈不上不高。

我国改革开放的前沿地区广东省的《开放时代》并没有向新疆开放。开放的方向，只是向国外开放，没有向国内开放；开放的面向，是信息和经济开放，而不是文化和心态开放。

即使相邻的陕甘，也没有表现出对新疆这个邻居的更多关注。

如果说北京作为学术中心主要代表了中央所属机构的状况，而上海则代表了我国地方性学术中心的状况。新疆研究成果在上海的学术空间里，寥若晨星。

让课题组感到意外的统计结果是，即使是民族地区的学术刊物或地方性民族研究类学术刊物，也都并不重视新疆研究，比例最高的也不到1%；同样是重要民族区域自治地方的内蒙古的三种学术期刊总计发了四篇与新疆研究有关的文章，且都是关注新疆蒙古族的。这是不是反映出一种大家都只研究本地区、本民族的倾向？

如果研究的视野都没有超越本地区、本民族，怎么可能做到心怀全国、放眼世界和重视历史、着眼现实、把握未来？

与在京中央所属机构的研究状况一样，这样的新疆研究发稿数量，无法进行更深入的内容分析——连进行统计分析的数量要求都没有达到，其他也就无从谈起了。

由于特殊的需要，我们在这里关注了各地的新疆研究。地方性学术刊物的这种新疆研究状况，可能反映出以下问题。

1. 区域间的知识交流、相互解读、彼此借用以及比较研究不活跃。

2. 可能全国范围内都存在各地各自孤立地进行学术知识建构的问题。

很难想象，各地对其他地方的研究会与他们对新疆的研究有质的不同。比如，上海可能不会更重视对山东、西藏或者吉林等地的研究而唯独忽视对新疆的研究。所有的省区都没有动力投入学术资源去关注中央和他们当地以外的其他地区。基于全国各地的学术体制是一样的这样一个事实，我们可以把新疆的学术生产中的地方性知识生产和一般性知识生产的结构作为一个例子，以此来认识全国各地的学术生产，各地的学术生产可能都存在类似于新疆的那样一种"知识的世界图景"。局部化、狭隘化的地方性学术，不可能在比较视野中对自我和他者做出关系性的、历史性的理解。知识生产的状况尚且如此，我们到何处去寻求一个人口正在加速流动的社会所需要的理解和处理多元文化关系的知识和能力？

"中央"的学术在生产一个没有各地存在的抽象化的整体，或者说中央。各地又都在以自己为中心来解读和组合一个"全局"，这种知识状态下的"顾全大局"依然是一个"小局"。还有一个更为关键的层面是，由于"各地"被抽离出"中央"，一些地方或一些具有特定背景的力量，就可以借助话语运作的方式，将自己装扮成"中央"，从而形成一种新的权力和关系格局。在这种格局中，地理空间上的距离和文化上的差异就有可能成为重要的工具和资源，形成巨大的推斥力。问题并不是出在主观意愿方面，而是出在结构层面，在一个既有的结构框架中，大家都意外地产生了本来并不想要的甚至是一直在竭力避免的知识面貌。在这个意义上看，新的历史时期的国家整合面临新的任务，作为现代民族国家的公民，我们还任重道远。

五、结 论

上文我们对新疆研究状况所做的内容分析，可以简单地总结为以下几点。

第一，在我国的学术生产中存在明显的三种区隔：民族研究与非民族研究之间的学科区隔、各省区之间互不关注的地域区隔和少数民族文种与汉文之间的民族区隔。

第二，在学术生产中还明显存在三种冲突：专业结构与社会现实需要的冲突；学术管理目标与结构现实的冲突；全国整合的需要和知识生产中地方分散化、中央抽象化的冲突。

第三，这些区隔和冲突中的学术生产，可能会造成知识领域的三种匮乏：社会中普遍缺少理解、分析和判断族群关系社会现象的社会科学基础知识；我们的社会缺乏理解文化多样性和处理各族人民在市场经济条件下和谐相处的社会生活基本知识；知识领域缺少对国家整合和凝聚纽带的强化。

第四，这样一种知识状况下，我们需要考虑四种后果：人们的社会和文化理解力不足，严重影响政府行为、学术生产和公共舆论对多民族国家族群事务的重视、管理和引导能力；历史记忆和社会知识的地域区隔和民族区隔将严重影响全社会的国家想象和各族群的认同取向，有可能直接危及中华民族凝聚力；由于对以新疆为典型的少数民族地区的学术研究没有很好地回答少数民族社会、经济、文化发展的历史和现实问题，在国际知识生产的竞争中，我们正逐渐失去国内族群关系领域的话语权，为外部话语逐渐控制社会思维提供空间；我国的少数民族在既没有自己的现代社会知识生产能力，又缺乏国内有效的知识供给的情况下，可能会从外部寻找知识资源，用以理解本社会的历史和现实，重建或恢复话语能力，这种情况下，容易受到外部话语的左右甚至操纵。

知识生产中的二元结构是我国社会族群事务中的二元结构自我复制的要害，也是影响我国族群关系演变的关键要素之一，必须给予高度重视。需要从学术管理体制和人才培养方面入手，消除造成问题的结构条件，为形成良好的学术生态创造结构基础。

全球化背景下的文化排斥反应

吴　莹[1]　杨宜音[2]　赵志裕[2,3]

1. 中央民族大学民族学与社会学学院　北京　100081
2. 中国社会科学院社会学研究所　北京　100732
3. 香港中文大学社会科学学院　香港

根据纽约州立大学"全球化101"网站,"全球化"研究关注的现象是指:在信息科技的支援下,通过国际贸易与投资,不同国家的人民、商业组织和政府不断互动与融合,对全球环境、文化、政治体制、经济发展与民生造成的影响。过去社会科学家对全球化的研究,主要集中在全球化对经济和社会的影响。到近期,已有较多学者注意到全球化带来的文化交流和冲击(Chiu & Hong, 2006)。这些学者指出,全球化一方面导致政治、经济和文化思想跨国界的迅速传播;另一方面也可能带来侵蚀地方传统文化的恐慌,全球化促进发达国家及发展中国家的经济发展,也可能会强化国家和宗教文化之间积极或消极的互赖关系(Chiu, Gries, Torreli, & Cheng, 2011)。

可是,到目前为止,从心理学视角探讨因全球化而倍增的文化交流和冲击造成的社会心理影响的研究,仍屈指可数。21世纪之初,心理学家Bandura(2001)曾指出,信息技术及全球化给人类行为带来了革命性的影响。他曾呼吁心理学家要关注全球化改变人们命运及生活的心理过程。然而,心理学偏重个体心理研究的微观研究方法,使之在讨论全球化这一宏观问题中几乎失语。例如,截至2011年6月的美国心理学会数据库(psycARTICLES database)中,以"全球化"为关键词的论文仅有32篇,其中实验研究的论文仅有4篇(Chiu et al., 2011)。为填补这一研究空白,本文通过梳理近年实验社会心理学在文化与心理互动的研究,特别是双文化启动效应与文化排斥反应的研究，建立一个理论框架，为研究全球化下的文化心理学寻找出路。

实验社会心理学的长处，在其能以严谨的研究设计和测量，对人们的社会心理活动做较精细的描述。可是，这并不表示实验社会心理学的研究范式和方法不适用于研究像全球化与文化冲击这些宏观的社会现象。反之，若能巧妙地运用实验社会心理学的研究范式和方法（如在本文中介绍的双文化启动效应），或可得到新的启发，补充采用其他研究方法（如访谈、现场观察和调查）取得的成果，加深我们对全球化下文化心理动态过程的了解。当然，实验社会心理学的范式和方法不能取替其他研究方法。全球化是一个多维度和非常复杂的现象，要全面了解它，我们主张采用多种视角和不同的方法。在此前提下，我们在本文中创新地提出一个以心理学实验研究为主，探讨全球化背景下文化心理过程的研究范式。该范式尚未被广泛注意，却能解释人们在同时同地遭遇不同文化的情境中如何反应的过程。

2012 年星巴克入驻杭州灵隐寺，网络上出现了反对外来文化入侵本地佛教文化的评论。人们排斥外来文化流入本地的事件不仅发生在中国，在欧洲和北美也有类似事件发生：2009 年法国民众举行大规模游行反对麦当劳咖啡店入驻卢浮宫；2012 年在洛杉矶发生大规模游行反对在唐人街内设立沃尔玛超市。实际上，文化接触带来的文化冲突或文化排斥行为长久以来一直存在于人类社会，不同学科的研究者对这一问题曾有关注。例如，社会学家亨廷顿（Huntington，1996）曾著书《文明的冲突》，倡言基督教文明与伊斯兰文明的差异可导致东西方文化间冲突，甚至是继苏联解体和冷战后改变国际格局的主要原因。然而，文化间冲突及文化排斥在行为层面上如何发生，具体表现如何，其背后的心理机制是什么，在何种情况下将会出现？这些问题都有待得到心理学的解答。文化排斥反应研究针对以上问题给出了答案，包括文化排斥反应的定义、研究背景、心理机制及其出现的外部条件。本文将按照以上顺序逐一对已有研究进行回顾，并简要评述文化排斥系列研究的意义及未来可能的研究。

一、文化排斥反应（cultural exclusion）

文化排斥反应是与文化融合反应相对应的行为，两者都是文化接触中可能出现的反应。跨文化心理学家 Berry（1979）在对移民文化适应的研究中，将移民的文化适应过程细化为融合（integration）、同化（assimilation）、隔离（separation）和边缘化（marginalization）四种反应，其中隔离反应就是对移入国文化的排斥反应。文化排斥反应研究对此概念的界定与贝利的定义相似，也是指对外文化的排斥和拒绝，但是二者提出的背景有所不同，贝利的研究讨论的是移民对母文化与移入国文化的反应，文化排斥反应研究的是基于全球化背景中，人们身处多种文化情境中对外来文化的反应。

在这里，文化排斥反应具体是指是一种本能的、自动的、快速的反应，伴随着消极情绪体验（例如厌恶、愤怒、恐惧、嫉妒、怜悯等），并且会进一步导致对外来文化疏离、拒绝和攻击的反应。具有文化排斥反应情绪的人往往将外文化知觉成文化威胁。文化排斥反应的实质是在文化接触中害怕内群体文化被污染与威胁的反应，背后的行为动因是为了保护自身文化的纯洁性、完整性。与之相对应的，文化融合反应是一种具有缓慢的、深思熟虑的、需要努力的反应，这种反应状态下人们认为外来文化是一种资源，其实质是解决问题与完成目标的反应。已有研究发现文化融合反应可能会促使创造性思维的产生（Leung & Chiu，2008；Leung & Chiu，2010；Cheng，Leung，& Wu，2011）。为了更好说明文化排斥行为所具有的特点，下表总结了对外来文化的排斥反应与融合反应的差异。

对外来文化的排斥反应与接受反应（Chiu et al.，2011）

排斥反应	融合反应
反应的本质：害怕文化污染或侵蚀的情绪反应	针对解决问题和完成目标的反应
反应的特点：迅速的、本能的、自发的	缓慢的、深思熟虑的、需要努力的
对全球文化或外文化的知觉：文化威胁	文化资源
身份显著性：高	低
文化情感反应：消极的；包括嫉妒、害怕、生气、厌恶、怜悯	积极的；包括欣赏、羡慕
行为反应：排斥性的；包括疏离、拒绝与攻击	接受性的；包括接受、融合与综合
强化动因：保护传统文化完整性与生命力的需求	文化学习心理
减弱动因：认知需求	寻找固定答案与文化共识的需求

资料来源：选自 Chiu，C－y.，Gries，P.，Torelli，C. J. 和 Cheng，S. Y－y. 所著论文 Toward a social psychology of globalization，这篇论文刊登在 *Journal of Social Issues* 2011 年第 67 卷。

二、文化排斥行为产生的前提：双文化启动效应（Joint Culture Activation Effect）

人们在文化混杂的情境中同时同地遭遇两种文化时，对不同文化间差异的知觉会更加敏锐，也会更强调文化的刻板属性，这种对文化差异性的知觉可能使个体将文化作为一个心理框架去理解或阐释当前的经历，研究者（Chiu, Mallorie, Keh, & Law, 2009）将这种现象称为双文化启动效应。当特定的边界条件出现时，双文化启动效应将会激发人们对外文化的排斥反应（Chiu et al., 2011; Li, Kreuzbauer, & Chiu, 2012）。

为了探究这种双文化效应在最小文化接触（minimal intercultural contact）情境中是否出现，研究者们用双文化启动实验范式进行了验证。例如，Chiu 等人（2009）用两项实验验证了双文化启动效应。实验一，以中国大陆人为被试，将之分成单文化组和双文化组，然后给不同组被试分别看不同图片：单文化组的被试看到一组两张并列麦当劳汉堡印刷广告的图片；双文化组的被试看到一组麦当劳广告和中国月饼并列的图片。接着，被试读到两组关于天美时（Timex）手表的广告，广告内容分别包含个体主义价值观和集体主义价值观的信息，被试的任务是评价哪组广告更会被中国人接受。以往研究（Zou et al., 2009）发现，中国人认为中国人比西方人更倾向于接受集体主义价值观，这种主体间的知觉经验可以看作文化内的共识性认知，按照双文化启动效应假设，在双文化启动情境中，这种主体间共享经验作为一种文化刻板属性将会被强化。结果支持假设：在双文化启动下的中国被试认为包含集体主义信息的广告词更容易被中国人接受。Torelli, Chiu, Tam, Au 和 Keh（2011）以美国人为被试复制了这一研究，证明在双文化启动条件下，被试更倾向于认为个体主义的广告词会被美国人接受。也即是双文化启动条件能强化人们对文化间差异的知觉。

Chiu 等人（2009）在实验二，以美国人为被试讨论双文化情境中美国人的文化反应倾向。实验中被试被分成单文化启动组和双文化启动组，分别看两组不同的广告图片。随后，研究人员测量两组被试对文化间的差异的知觉。以往实验结果发现，美国人更会采用特质性归因（disposition attribution），而不是情境性归因（situational attribution），更倾向于采用分析性思维而不是直觉性思维。实验结果证明双文化启动能提高人们对文化间差异的知觉：双文化组的被试更倾向于认为其他美国人会采用特质性归因和分析性思维。

双文化启动效应还表现在双文化呈现能够强化人们对文化差异的知觉，使人们知觉的文化距离增大。Torelli 等（2011）在第二个研究中以美国人为被试，证明双文化启动效应能增大人们对文化距离的知觉。研究中测量了不包括美国文化的 4 种文化在被试眼中的距离。4 种文化分别为：加拿大、墨西哥、英国与波多黎各文化。在实验开始时，双文化组评审贴有英国商标能代表墨西哥文化的商品，单文化组评审贴有英国商标但却没有任何文化标志的商品。随后被试在固定表格中画出 4 种文化的位置。结果发现，相比单文化组，双文化组被试对不相似文化（例如波多黎各与加拿大）之间的知觉距离显著增大。这一实验验证双文化呈现（bicultural exposure）情境会增大人们对文化差异性的知觉。

双文化启动效应在现实社会情境中也得到了证明，陈侠和赵志裕（Chen & Chiu，2010）在调查中发现：长期生活在不同文化混杂的社会情境中的城市居民，相比农村居民更能知觉文化价值观的差异；中国城市居民相比农村居民更期待中国人坚持中国传统价值观（例如孝道、谦虚），更期待西方人遵守传统西方价值观（例如个体主义、自由）。

三、文化排斥行为发生的心理机制：厌恶性情绪的中介作用

双文化启动效应从认知的角度解释了两种以上文化的同时出现将会强化人们对文化属性的刻板化知觉，然而双文化或多文化情境导致文化排斥反应出现的心理机制是什么？

已有研究发现，厌恶性情绪反应可能是文化排斥反应行为背后的心理机制。厌恶情绪是一种在人类进化过程中形成的具有社会性的情绪机制，厌恶性情绪具有社会分类的作用。Rozin、Haidt 和 Fincher（2009）曾对厌恶情绪的社会性进行分析，认为人类在进化过程中形成的次级厌恶输出程序是实现社会选择和分类的重要基础。这种次级厌恶输出程序分为 3 个层次：厌恶性刺激、厌恶评价系统（disgust evaluation system）和厌恶输出（disgust output），其中厌恶评价系统最为重要，负责对无序的、违反文化禁忌的和道德伦理的社会性刺激进行识别，进而做出厌恶反应。Rozin 等人通过一系列实验（Rozin、Haidt、& McCauley，1993；Rozin、Lowery、Imada & Haidt，1999）验证了次级厌恶输出程序在违反神圣文化禁忌、乱伦禁忌和公平原则等过程中被激发的过程。另外，也有相似的研究验证过厌恶具身情绪对文化类别的强化作用，例如 Navarette、Fessler 和 Eng（2007）对比怀孕初期女性与怀孕中后期女性和普通女性对外国作家的评价中包含种族中心主义倾向的强弱，发现具有妊娠反应的怀孕初期女性倾向于对外国作家表现出更多的种族中心主义倾向。

Wu、Yang 和 Chiu（in press）借鉴已有的具身情绪认知研究，以在北京读书的回族大学生为被试，探讨厌恶性情绪是否对回族人的文化排斥反应起中介作用。研究将被试随机分为 4 组，分别对 4 组被试进行不同的图片启动，启动图片包括民族与饮食两个因素，有回族人吃非清真食品、回族人吃清真食品、汉族人吃非清真食品、汉族人吃清真食品 4 组图片，第一组是启动本族文化被污染的实验组，后三组启动是对照组。然后让回族被试进行情绪上的自我报告，以及文化行为的选择。结果发现，文化污染的启动情境中（回族人看到回族吃非清真食品图片）回族人将表现出显著的厌恶性情绪反应和明显的文化排斥反应，厌恶性情绪机制对回族人的文化排斥反应起中介作用，这一研究进一步验证了厌恶性的具身情绪机制在文化分类及应对文化污染中的重要作用。

四、文化排斥行为出现的边界条件

双文化共同呈现情境并不一定导致文化排斥反应的出现，它的影响作用存在一定的边界性。Chiu、Wan、Cheng、Kim 和 Yang（2010）曾提出符号排斥理论（symbolic exclusionism theory），用以解释消费者在全球商业化背景下对外来文化流入的排斥行为在不同情境下发生的可能。综合符号排斥理论和已有的文化排斥反应研究，本文总结出文化排斥行为出现的 6 个边界条件：（1）象征性或神圣性文化领域受威胁时；（2）外来文化被认为具有攻击性；（3）存在动机被激发时；（4）类别化思维被启动；（5）人们具有较高的认知需求（need for cognition）倾向时；（6）对内群文化存在较高认同及对外来文化的认同较低时。

（一）文化象征（cultural symbol）受威胁

包含文化象征的双文化呈现情境更容易使人表现出排斥反应，例如被认为是美国殖民主义象征的麦当劳、被认为是西方中产阶级象征的星巴克，当这些典型外来文化的符号侵入本地文化时，将激起人们的排斥。Yang（2011）的研究证实了这一点：研究以中国人为被试，所有被试都认为长城是中国文化的标志。一半被试（镶嵌组）看到麦当劳的商标镶嵌在长城里的图片，另一半被试（并列组）看麦当劳商标在长城之外并列呈现的图片。镶嵌组和并列组各有一半被试看到强调麦当劳作为美国文化的象征的广告语："自由、独立、美国文化尽在麦当劳"，其余被试看到强调麦当劳作为普通快餐代表的广告语："快捷、方便、美味尽在麦当劳"。结果发现，只有当麦当劳被认为是美国文化象征，并且其商标镶嵌在长城时，被试才会认为麦当劳代表文化入侵，从而对麦当劳做出消极的反应。这一结果并不仅限于中国人，Yang（2011）在实验二把被试换成美国人，当让被试相信毛泽东为中国政治文化象征，并让被试看到毛泽东像镶嵌在象征美国的自由女神像上时，美国被试会表现出强烈的文化排斥反应。同样，在 Yang（2011）的第三个实验中发现：被告知在世贸遗址附近（相比远处）建清真寺，且认为世贸遗址是美国文化象征的美国人对伊斯兰文化表现出更强烈的排斥反应。

文化分域理论（Cultural Domains Theory）（彭璐珞，2012）更深入地探讨了人们在不同文化领域中，对外来文化的排斥反应是存在差异的。该理论认为文化是分为 3 个不同领域：物质性领域（material domain）、符号性领域（symbolic domain）和神圣性领域（scared domain）。其中，象征性文化领域和神圣性文化领域是文化的核心部分，是界限分明不容侵犯的，在文化混杂的情境中，人们通常并不接受外来文化向本地象征性或神圣性文化领域的流入和混杂。Wu 等人（in press）的研究也证明了这一观点，当具有宗教神圣意义的清真饮食文化被污染时，回族人表现出强烈的文化排斥反应，以保护内群体文化的纯洁性。

（二）对文化入侵性（intrusion of culture）的知觉

对文化入侵性的知觉也将强化双文化启动的排外效应，Cheng（2010）的系列实验证明了这点。在研究一中，Cheng 分别以中国人和美国人为被试并分成 4 组：美国文化的单文化启动组、中国文化的单文化启动组、文化中性启动组和双文化启动组，对不同组用不同的图片启动。然后，中国被试读到一篇文章，讲述美国儿童图书出版商将要在北京开展促进美国民间故事在中国传播的业务；美国被试读到另一篇文章，讲述中国儿童图书出版商将在纽约开展业务，推动中国民间故事在美国人中的传播。之后被试评估外国出版商有多强烈的企图要将外国文化传入本地社区，以及被试报告他们在何种程度上长期关注全球化对本土文化的侵蚀现象和在何种程度上会支持对这家外国公司的税收优惠政策或将这家外国公司赶出社区。

研究结果发现与美国被试相比，中国被试对全球化侵蚀本土文化的问题有更强烈的关注。当双文化组的中国被试认为外国出版商试图将美国文化传入中国的可能性越高，越倾向于在表现出排斥外国公司的行为，其他实验组的中国被试的反应不受文化入侵意图的影响。相对应的是，美国被试在本土文化受侵蚀问题上表现出较低的关注水平，同时也不认为中国出版商对本地文化有威胁，因此没有做出排斥反应。这与西方国家作为全球资本输出国，及其经济和军事上的优势，以及近百年西方国家对东方的殖民侵略历史对人们理解文化之间关系问题有一定的联系（Li et al.，2012；Leung, Qiu, & Chiu，2013）。Cheng（2010）在实验二通过实验操作，进一步验证了对外来文化侵入性的知觉决定人们的文化排斥反应。研究让美国被试先阅读一篇美国核心价值观在全球化影响下受侵蚀的社会科学研究结果的概述，借此，提升被试对美国文化被威胁的认知。之后重复研究一的测量，结果发现与实验一的中国被试反应一致，当双文化组的美国被试认为中国出版商试图将中国文化传入美国的可能性越高，越倾向于在表现出排斥中国公司的行为。

（三）存在动机（existential motivation）的凸显

文化具有延续性，因而文化对生活其中的文化成员来说是让自己身死而不朽的媒介。社会心理学研究发现，人们处在被死亡提醒状态中，较倾向于保护其文化传统，好让自身能在死后通过立德、立功、立言，在后世留名，永垂不朽（Leung et al.，2013）。恐惧管理理论的系列研究（Pyszczynski, Greenberg & Koole，2004；Pyszczynski, Greenberg, Solomon, Arndt & Schimel，2004）发现，提醒人们难逃一死能提升人们的国家或民族认同（Castano, Yzerbyt, Paladino & Sacchi，2002）。处在死亡提醒状态中的人，更喜欢那些支持拥护他们文化价值观的人，更不喜欢那些贬损自己文化价值的人（Greenberg, Pyszczynski, Solomon, Simon & Breus, 1994)。

根据以上研究推测，死亡焦虑可能会导致知觉到文化间差异的人，在面对全球文化或外国文化流入本土文化时表现出更多的文化排斥行为。Torelli 等（2011）的研究证实了这一假设，在一个研究中一半被试被置于死亡唤起的情境中（让被试想象自己即将死去或死后的身体状况），一半被试作为控制组（让被试想象治疗牙痛时的焦虑感）。然后两组被试各分成两组：一半接受双文化启动（评价标有中国商标的代表美国文化的商品），另一半接受单文化启动（评价标有中国商标的不具有文化意义的商品）。随后让被试参与一个貌似与实验不相干的测试，让被试评价一个面向中东地区的耐克产品推广计划，这一推广计划设置了文化侵入的情境，然后测量被试对推广计划的评价，对这项计划作负面评价是文化排斥反应的表现。结果发现，处于死亡唤起情境中的被试受到双文化启动时，他们对这一推广计划的排斥程度比其他条件下的反应更显著。在另一个研究中，研究者进一步验证，在死亡唤起的条件下人们倾向于保护本地文化的完整性不受侵蚀，另外，文化排斥行为仅仅出现在涉及象征性的文化领域中。存在性动机强化人们文化排斥行为的结论在中国被试那里也得到验证。Chen（2011）以中国人为被试的研究发现，在死亡唤起情境中，倾向于认为全球化导致本地文化受侵蚀的被试，更不喜欢美国文化；而在对照组中，这种结果并不存在。

（四）启动类别化思维

如上所述，双文化启动效应的系列研究认为，双文化呈现情境能够启动人们的文化类别化思维，使人们对文化的认知更具刻板性。从另一角度进一步探讨，类别化的情境是否将会强化双文化启动效应，使人们的文化认知刻板性更加显著？当弱化类别化的情境时，是否可以减少文化排斥反应？Tong, Hui, Kwan 和 Peng（2011）的研究回答了这一问题，即类别化思维启动是文化排斥反应出现的边界条件之一。

Tong 等人（2011）通过一系列研究探讨人们在不同心理状态下对外来文化侵入的不同反应，其中包括 3 种心理状态下的启动：类别化心态启动（categorical mindset）、交易性心态启动（transaction mindset）和无特定心态的启动（no mindset）。在研究一，研究员先随机将新加坡人和短期居住新加坡的非新加坡人（如留学生）分在 3 个不同的启动组（交易性启动、类别化启动和无启动）中，交易性启动组和类别化启动组分别阅读不同的内容及完成不同题目。在交易组中，被试读到哪种行为方式更省钱的交易故事，作为启动情境；类别化启动组的被试读到分类的故事，作为启动情境，例如，阿文每天穿T恤和牛仔裤上班，你认为阿文的职业应该是：（1）市场营销员；（2）软件工程师。在无启动条件的控制组中，不给被试读任何材料。然后，让所有被试读一则虚构的企业收购案例：麦当劳收购当地著名面包店亚坤早餐店（Ya Kun Kaya Toast）。在这个虚构的案例中，强调亚坤早餐店是新加坡当地具有标志性的著名连锁品牌以及收购可以给两个公司都能带来经济收益，也强调麦当劳典型的美国管理模式与亚坤早餐店典型的新加坡管理模式的区别。被试需要评价他们对麦当劳对亚坤的收购行为感到恐慌（fear）的情绪反应。在这里麦当劳作为具有竞争性的外来文化代表，已有研究表明对具有竞争性的外群体或他人的情绪反应一般为恐惧（Tong et al.，2011）。被试还需要评价对被收购后的亚坤早餐店的喜爱程度以及两个公司在文化和业务上相似度，最后进行了实验操作检验。

研究结果发现，因为知觉到两个企业有较大社会文化背景差异，所以类别化启动组的被试对外来公司有较强烈的排斥行为，对被收购后的亚坤早餐店的喜好较低，当知觉到两个企业文化背景并不相似时，类别化启动组的被试有更多恐惧的情绪体验，而其他两个启动组中的被试却没有显著的情绪反应。以上反应在非新加坡籍被试中也没有出现，因为这里的收购行为并未对他们的内群体文化产生威胁。接着，Tong 等人（2011）以美国人为被试，重复实验一的实验操作，进一步验证了实验一的结论：当被试知觉两个公司存在巨大差别时，类别化启动组的被试有更多消极情绪体验，并且对收购行为的反应更消极，而这一效应在交易思维启动和无启动组都未出现。以上实验研究发现，类别化思维是强化文化排斥反应的重要边界条件，而启动非类别化思维是弱化文化排斥反应的手段。这一结论在与文化有关的领域中具有重要的应用意义，例如，彭璐珞（2012）对文化与消费行为的研究中发现，通过启动人们物质性的思维方式，引导他们思考商业品牌及事物功能属性，有助于减少对外来文化产品的排斥反应。

（五）高认知需求

已有研究（Cacioppo，Petty & Kao，1984）指出，不同个体的认知需求是不同的，这里的认知需求是指个体能够接受或喜欢从事的认知任务的程度区别。高认知需求的个体喜欢更深入更详尽的认知加工，低认知需求的人满足对事物刻板属性的了解。在这一意义上，双文化启动效应对低认知需求个体上产生的影响可能会更大，对高认知需求个体的影响会比较小。Torelli 等的研究（2011，研究 5 和研究 7）证明了这点。

在研究 5 中，Torelli 等（2011）以香港人为被试，探讨在双文化启动条件下，认知需求的差异是否能够调节双文化启动的影响。具体操作是，给被试呈现中国文化的图片（中国文化启动组），美国文化的图片（美国文化启动组），或中国与美国文化图片（双文化启动组），接着测量被试的认知需求水平，然后复制 Chiu 等人（2009）的实验操作，测量被试对文化刻板属性的认知。这里，让被试评价亚洲人在多大程度上更倾向于情境性认知，美国白人在多大程度上更倾向于特质性认知。结果发现，认知需求较低的被试在双文化启动条件下，文化刻板性认知更强，即更倾向于认为亚洲人通常采用情境性思维，而美国人倾向于特质性思维。双文化启动对认知需求高的被试没有影响。

Torelli 等人（2011）的研究又验证了详析性认知（cognitive elaboration）或详细思考（thinking complexly）能减弱文化排斥行为，并从另一个方面验证了类别性思维或刻板性思维是能强化文化排斥行为。该研究复制前面实验二（Torelli et al.，2011）的实验设计，与之不同的是在评价文化距离之前，一半的被试被告诉需要详细思考 4 个文化间的关系，另一半被试没有得到这一操作。研究结果发现，详析思考的实验操作，能缩短双文化启动组的被试对不相似文化（例如墨西哥与加拿大文化）的知觉距离，但是却不影响双文化启动组被试对相似文化（例如加拿大与英国文化）的距离知觉。在另一个实验中，Torelli 等（2011，研究 7）也发现，只有认知需求低的被试在双文化启动条件及死亡威胁的条件下，才会排斥中东文化对美国符号性商品的文化侵蚀，认知需求高的被试在双文化启动情境中并没有显著文化排斥反应。

（六）文化认同（cultural identification）的影响

文化认同也是文化排斥反应出现的边界条件之一。例如，在 Tong 等人的研究中，曾以新加坡人为被试，考察他们对新加坡文化认同对其文化排斥行为的影响（Tong et al.，2011，研究 3）。实验结果发现，当被试对其新加坡身份的认同度越高时，他们对外国企业的收购行为的消极反应越显著。这一结果表明，对本地文化或内群体文化认同越高，人们对外来文化侵蚀性的排斥反应越强烈。相反，当人们对外来文化的认同越强烈时，对文化混杂的容忍性会越大，也会表现出更少的文化排斥反应，Morris、Mok 和 Mor（2011）的研究验证了这一观点。这一研究以香港人为被试，利用语言（汉语和英语）与图片（西方图片，亚洲图片和无文化信息的图片）的不同组合对不同组被试进行单文化或双文化呈现启动。测量被试对西方文化的认同程度及被试在认知闭合性需求上的反应。实验结果发现，对于西方文化有较高认同的被试，双文化启动条件并不会改变被试在认知闭合需求，而对西方文化认同较低的被试，双文化启动情境将使其表现出较高的认知闭合需求。这一结果证明了对外来文化有较高认同的个体将倾向于接受文化混杂，对外来文化的流入较少有排斥反应。

五、研究意义及未来的研究

（一）研究意义

首先，文化排斥反应研究是在探索全球化背景下文化心理过程的研究，同时是将心理学实验研究应用全球化过程中文化现象的研究尝试。全球化缩短时空距离，使人们在同一时间遭遇传统文化和现代文化，可以使人们在同一地点体验不同地区的文化（Giddens，1985；Castells，1998），也使人们感受到前所未有的文化差异与冲突。文化排斥行为系列研究使用认知启动实验范式研究文化冲突问题，探讨全球化背景下文化混杂（culture mixing）现象带来的行为反应，开创应用实验范式的全球化心理科学研究（Leung et al.，2013），使我们看到心理学在探讨全球化问题中的学科贡献。另外，心理学实验法在探讨文化心理过程发生的过程和机制中具有一定的优势，这也是对之前其他研究方法探讨相关问题的补充。

其次，文化排斥反应概念的提出具有一定的创新意义。在以往的社会科学研究领域，较多地使用"社会排斥"的概念用以讨论社会问题（例如贫困、失业、社会资源分配、社会政策制定）（Sen，2000；曾群，魏雁滨，2004），文化排斥更多地被作为一种特殊的社会排斥现象，即因为某种文化资源（宗教身份、价值取向、语言使用）缺失被主流群体排斥（黄了，2006）。本文回顾的文化排斥反应研究作为一个新的研究范式，创造性地阐释了在多元文化情境中人们保护自身文化纯洁性和延续性的动机以及接受外来文化的底线，从某种意义上来说，也丰富了文化心理学的理智资源。

再次，文化排斥反应研究蕴含着多元文化主义（multiculturalism）的价值取向，对文化间关系的探讨具有现实性的意义。以往社会科学的全球化研究中，较多提到全球化中的经济和政治问题，较少提到全球化中的文化问题，其中一个重要的原因在于，全球化带来的文化改变是具有两面性的，一方面传播全球普适的文化价值，另一方面又是对本地文化的污染和侵蚀，后者的消极作用是每个国家和社会都极力避免的。文化排斥反应的研究回答的正是这样的问题：在哪种情境中人们不愿接受外来文化，并对之进行排斥和拒绝。换言之，为了保证本族文化纯洁性和延续性，人们对外来文化的接受是具有边界性的。文化排斥反应研究给予的边界问题的解答，蕴含着文化多样性的思想，为人们解答了文化的传播和推广在哪种情境中不会触碰文化纯洁性的底线，保证人类不同文化多样性的共存。

最后，文化排斥反应研究虽然讨论的是全球化背景下的文化心理问题，但是对于探讨一般性的文化接触同样具有借鉴意义，例如，其对于探讨当前中国民族间关系及其沟通交流也具有现实意义。Wu et al（in press）的研究发现，当民族文化符号受到威胁时（回族人吃非清真食品），文化成员将表现出强烈的文化净化（purification）倾向，以维护本族文化的纯洁性，而回族人看到汉族人吃非清真食品时，并不会表现明显的文化净化倾向。由此可见，以多元文化主义的立场保护和尊重少数民族的核心性文化，相比侵蚀与同化少数民族文化以及使用金钱等物质性补偿的方式更有利于多民族国家的民族关系的维护。而这种多元文化主义的价值观在处理族群甚至群体（例如女性与男性、同性恋群体与异性恋群体）之间关系中的适宜性（accessibility），在美国 20 世纪的社会发展史中已经得到证实（周少青，2012），同样也值得借鉴在我国的民族政策制定及媒介宣传策略中。

（二）未来的研究

文化排斥反应研究详尽探讨了文化排斥反应出现的边界条件及中间心理机制的影响，清晰地回答了文化排斥反应将会存在怎样的个体化差异。然而，在讨论文化排斥反映问题时，群体水平影响因素也不能回避。在未来的研究中将主要讨论不同的群体价值观可能改变文化排斥反应的作用，其中值得强调的有文化聚合主义（polyculturalism）和族群中心主义（ethnocentrism）。

文化聚合主义概念最初由历史学家 Kelley 在 1999 年提出，主要指人们更关注文化之间的互动及相互影响以及更重视不同群体在长期的接触中共享的观念与行动实践的价值取向（Rosenthal & Levy，2012）。Rosenthal 和 Levy 在新近研究（2012）中发现文化聚合主义与强调群体之间差异性与群体多样性的多元文化主义及强调个体重要性忽略族群类别差异的"色盲"（colorblind-ness）倾向有正相关；文化聚合主义与同化（assimilation）、社会支配倾向（social dominance orientation）、右翼权威主义（right – wing authoritarianism）等概念具负相关。由 Rosenthal 和 Levy 的研究结果可推测，对于社会主流群体成员来说，赞同文化聚合主义价值观的人对不同群体多样性的包容度较大，更能理解其他群体保护文化纯洁性的动机，从而避免更多的文化排斥行为和文化侵犯。从这个角度上说，包括文化聚合主义在内的群际价值观概念未来可以用在文化排斥研究中，探讨这一价值观在中国社会中的民族关系甚至更广泛的群体关系中的调节作用。

此外，族群中心主义（ethnocentrism）作为族群关系的重要价值观念，也可能是影响文化排斥反应的心理机制。族群中心主义是心理学领域的概念，在其他社会学科的研究中也被广泛使用。族群中心主义在有些情境中可能产生对外群体的偏见和歧视，导致消极的群际互动结果。Bizumic 和 Duckit（2012）对族群中心主义进行概念分析，发现保护内群体纯洁性（purity）与其他几个方面（例如，内群体偏好、内群体优越感、对其他民族的剥夺性）共同构成族群中心主义的核心因素。从这点上来看，以保护文化纯洁性为动机的文化排斥反应可能受族群中心主义的影响，但两者之间存在怎样的关系，需要在未来的研究中进一步探讨。由此，讨论群体关系水平上的价值观对文化排斥反应的影响，将会扩展文化排斥反应研究的应用范围，使这一研究范式在探讨实际社会问题（例如民族关系、种族问题甚至更广泛意义上的群体关系问题）中有更强的适用性。

参考文献

［1］黄了. 文化排斥情境中农民工市民化的困境［D］. 湖南师范大学.

［2］彭璐珞．（2012）. 理解消费者对文化混搭的态度：一个文化分域的视角［D］. 北京大学，2012.

［3］曾群，魏雁滨. 失业与社会排斥：一个分析框架［J］. 社会学研究，2004（3）：11-20.

［4］周少青. 多元文化主义视阈下的少数民族权利问题［J］. 民族研究，2012（1）：1-12.

［5］Bandura, A.（2001）. The changing face of psychology at the dawning of a globalization era. Canadian Psychology, 42, 12-24.

［6］Berry, J. W.（1979）. Research in multicultural societies：Implication of cross-cultural methods. Journal of Cross-Cultural Psychology, 10, 415-434.

［7］Bizumic, B., & Duckit, J.（2012）. What is and is not ethnocentrism? A conceptual analysis and political implications. Political Psychology, 33, 887-909.

［8］Cacioppo, J. T., Petty, R. E., & Kao, C. E.（1984）. The efficient assessment of need for cognition. Journal of Personality Assessment, 48, 306-307.

［9］Castano, E., Yzerbyt, V., Paladino, M.-P., & Sacchi, S.（2002）. I belong, therefore, I exist：Ingroup identification, ingroup entitativity, and ingroup bias. Personality and Social Psychology Bulletin, 28, 135-143.

［10］Castells, M.（1998）. The end of millennium. Oxford：Blackwell.

［11］Chen, X.（2011）. Mortality salience and lay globalization belief influence Chinese undergraduates' exclusionary reactions to Western cultures. Paper presented at the Asian Association of Social Psychology Biannual Conference. Kunmin, China.

［12］Chen, X., & Chiu, C.-Y.（2010）. Rural-urban differences in generation of Chinese and Western exemplary persons：The case of China. Asian Journal of Social Psychology, 13, 9-18.

［13］Cheng, Y. Y.（2010）. Social psychology of globalization：Joint activation of cultures and reactions to foreign cultural influence. PhD Dissertation, University of Illinois at Urbana-Champaign.

［14］Cheng, Y.-Y., Leung, A. K.-Y., & Wu, T.-Y.（2011）. Going beyond the multicultural experience-creativity link：The mediating role of emotions. Journal of Social Issues, 67, 806-824.

［15］Chiu, C.-Y., Gries, P., Torelli, C. J., & Cheng, S. Y-Y.（2011）. Toward a social psychology of globalization. Journal of Social Issues, 67, 663 – 676.

[16] Chiu, C. – Y. , & Hong, Y. (2006). Social psychology of culture. New York: Psychology Press.

[17] Chiu, C. – Y. , Mallorie, L. , Keh, H. – T. , & Law, W. (2009). Perceptions of culture in multicultural space: Joint presentation of images from two cultures increases ingroup attribution of culture – typical characteristics. Journal of Cross – Cultural Psychology, 40, 282 – 300.

[18] Chiu, C. – Y. , Wan, C. , Cheng, Y. – Y. , Kim, Y. – H. , & Yang, Y. – J. (2010). Cultural perspectives on self – enhancement and self – protection. In M. Alicke, & C. Sedikides (Eds.), The handbook of self – enhancement and self – protection. New York: Guilford.

[19] Giddens, A. (1985). The nation state and violence. Cambridge: Polity Press. Greenberg, J. , Pyszczynski, T, Solomon, S. , Simon, L. , & Breus, M. (1994). The role of consciousness and accessibility of death – related thoughts in mortality salience effects. Journal of Personality and Social Psychology, 67, 627 – 637.

[20] Huntington, S. P. (1996). The clash of civilizations and the remaking of world order. New York: Simon & Schuster.

[21] Leung, A. K. – Y. , & Chiu, C. – Y. (2008). Interactive effects of multicultural experiences and openness to experience on creativity potential. Creativity Research Journal, 20, 376 – 382.

[22] Leung, A. K. – Y. , & Chiu, C. – Y. (2010). Multicultural experiences, idea receptiveness, and creativity. Journal of Cross – Cultural Psychology, 41, 723 – 741.

[23] Leung, A. K. – Y. , Qiu, L. , & Chiu, C. – Y. (2013). Psychological science of globalization. In V. Benet – Martinez, & Y. – Y. Hong (Eds.), Oxford Handbook of multicultural identity: Basic and applied perspectives. Oxford University Press.

[24] Li, D. – M. , Kreuzbauer, R. , & Chiu, C. – Y. (2012). Globalization and exclusionary responses to foreign brands. In S. Ng, and A. Lee (Eds.), Handbook of culture and consumer behavior. New York: Oxford University Press.

[25] Morris, M. W. , Mok, A. , & Mor, S. (2011). Cultural identity threat: The role of cultural identifications in moderating closure responses to foreign cultural inflow. Journal of Social Issues, 67, 760 – 773.

[26] Navarette, C. D. , Fessler, D. M. T. , & Eng, S. J. (2007). Elevated Ethnocentrism in

the first trimester of pregnancy. Evolution and Human Behavior, 28, 60 – 65.

[27] Pyszczynski, T. , Greenberg, J. , & Koole, S. L. (2004). Experimental existential psychology: Exploring the human confrontation with reality. In J. Greenberg, S. L. Koole, & T. Pyszczynski (Eds.), Handbook of experimental existential psychology (pp. 3 – 12). New York: Guilford Press.

[28] Pyszczynski, T. , Greenberg, J. , Solomon, S. , Arndt, J. , & Schimel, J. (2004). Why do people need self – esteem? A theoretical and empirical review. Psychological Bulletin, 130, 435 – 468.

[29] Rosenthal, L. , & Levy, S. R. (2012). The relation between polyculturalism and intergroup attitudes among racially and ethnically diverse adults. Cultural Diversity and Ethnic Minority Psychology, 18, 1 – 16.

[30] Rozin, P. , Haidt, J. , & McCauley, C. R. (1993). Disgust. In M. Lewis, & J. Haviland, (Eds.), Handbook of emotions (pp. 575 – 594). New York: Guilford.

[31] Rozin, P. , Haidt, J. , & Fincher, K. (2009). "From Oral to Moral,". Science, 323 (27), 1179 – 1180.

[32] Rozin, P. , Lowery, L. , Imada, S. , & Haidt, J. (1999). The moral – emotion triad hypothesis: A mapping between three moral emotions (contempt, anger, disgust) and three moral ethics (community, autonomy, divinity). Journal of Personality and Social Psychology, 76, 574 – 586.

[33] Sen, A. (2000). Social exclusion: Concept, application, and scrutiny. Published by Asian Development Bank.

[34] Tong, Y. – Y. , Hui, P. P. – Z. , Kwan, L. , & Peng, S. (2011). National feelings or rational dealings? The role of procedural priming on the perceptions of cross – border acquisitions. Journal of Social Issues, 67, 743 – 759.

[35] Torelli, C. J. , Chiu, C. – Y. , Tam, K. – P. , Au, A. K. – C. , & Keh, H. T. (2011). Exclusionary reactions to foreign culture: Effects of simultaneous exposure to culture in globalized space. Journal of Social Issues, 67, 716 – 742.

[36] Wu, Y. , Yang, Y. – Y. , & Chiu, C. – Y. (in press). Responses to religious norm defection: The case of Hui Chinese Muslims not following the halal diet. International Journal of Intercultural Relations.

[37] Yang, D. Y. – J. (2011). Clashes of civilizations: critical conditions for evocation of hostile attitude toward foreign intrusion of cultural space. PHD dissertation, University of Il-

linois at Urbana – Champaign.

[38] Zou, X. , Tam, K. P. , Morris, M. W. , Lee, S. – L. , Lau, I. Y. – M. , & Chiu, C. – Y. (2009). Culture as common sense: Perceived consensus versus personal beliefs as mechanisms of cultural influence. Journal of Personality and Social Psychology, 97, 579 – 597.

制度、行动与行动流

——新制度主义与结构化理论[*]

郑文换

（中央民族大学民族学与社会学学院　100081）

新制度主义是 20 世纪七八十年代在批判行为主义和社会决定论的情况下产生的，主要包括理性选择制度主义、社会学制度主义和历史制度主义（包括理念制度主义）三个流派。新制度主义强调了制度对于行动者行动的决定性倾向，但一般认为，制度主义对于制度变迁的解释存在困难，往往陷入行动或制度非此即彼的决定论窠臼。本文将从制度的定义、制度与行动之间的关系、制度变迁三个层面对三种新制度主义视角进行梳理，并试图用吉登斯结构化理论的行动流概念来消解三种新制度主义中行动与制度之间非此即彼的决定论倾向，为新制度主义提供本体论基础。

一、新制度主义

新制度主义的解释主要包括理性选择制度主义、社会学制度主义和历史制度主义（包括理念制度主义）三个流派，这三个流派有各自的起源。❶ 伊默古特认为新制度主义是在批判行为主义和社会决定论的情况下产生的，认

---

　* 本文原载于《中央民族大学学报》2015 年第 2 期。

　❶ 三种新制度主义都曾在 20 世纪 90 年代分别出版了论文集，理性选择制度主义的论文集 Cook, K. S. and M. Levi, eds., (1990). *The Limits of Rationality*. Chicago：The University of Chicago Press. 历史制度主义的 Steinmo, S., K. Thelen, and F. Longstreth, eds. (1992). *Structuring Politics：Historical Institutionalism in Comparative Analysis*, Cambridge：Cambridge University Press. 社会学制度主义的 Powell, W. W. and P. J. Dimaggio, eds. (1991). *The New Institutionalism in Organizational Analysis*. Chicago：The University of Chicago Press.

为行为主义者是后验的，因为他们更重视过程，社会决定论者是先验的，因为他们有客观的标准，而制度主义企图在先验和后验之间"化圆为方"（square the circle）。[1] 同时，跟行为主义信仰个人偏好的有效加总是实现公共利益的途径不同，制度主义传统寻求超越性（transcendent）或支配性（overarching）规范来引导行为，然而同时又不准备跃进一个政治完全实质性观点里去。表 1 归纳了新制度主义和行为主义、社会决定论的区别。

表 1　新制度主义视角与其他范式的比较

	自由主义取向		
	制度主义	行为主义者/功利主义	社会决定论者/马克思主义者
利益	个人及集体利益的多样来源；制度影响他们在政治领域的接合和表达	主观的：通过行为显示的偏好；每个人最了解自己的利益	客观的：社会集团/以阶级为基础
政治过程	聚合问题；影响质量和参与结果的过程形式	（政治、市场、利益集团市场中的）偏好有效传递的效用聚合	符合社会/阶级结构
规范	程序民主：通过正式程序的实质公正	正式民主：过程的公平保证结果的公正；市场/政治的正式开放；保护竞争	实质民主：社会和谐—有机团结/阶级剥削的终结

资料来源：引自 Immergut, E. M. (1998). The Theoretical Core of the New Institutionalism. *Politics & Society*, Vol. 26 No. 1, pp. 5 – 34.

（一）制度的定义

新制度主义中的三个流派对于制度的定义有所不同，理性选择制度主义多从以个人为基础的偏好的均衡角度定义制度，社会学制度主义多从文化规范、认知脚本的角度定义制度，而历史制度主义则多从组织之间稳定的关系的角度定义制度，分别是计算的取向、文化的取向和权力、利益的取向。

1. 理性选择制度主义

赖克认为在解释政治结果时需要将人的价值观（偏好）和制度同时考虑进去，制度最好被定义为凝固的偏好，即偏好的均衡可谓制度。[2] 诺斯将制度定义为一个社会的游戏规则，它们是为决定人们的相互关系而人为设定的一

---

[1] Immergut, E. M. (1998). The Theoretical Core of the New Institutionalism. *Politics & Society*, Vol. 26, No. 1, pp. 5 – 34.

[2] Riker, W. H. (1980). Implications from the Disequilibrium of Majority Rule for the Study of Institutions. *The American Political Science Review*, Vol. 74, No. 2, pp. 432 – 446.

些制约，制度确定和限制了人们的选择集合，它们由正规的成文规则和那些被视为正规规则的基础与补充的典型非成文行为准则所组成，制度在一个社会中的主要作用是通过建立一个人们相互作用的稳定的（但不一定是有效的）结构来减少不确定性。❶ 同时，诺斯将制度与组织区分开来，对组织（和它们的企业家）的关注主要集中于它们所发挥的制度变迁代理人的功能上，并且将策略和制度作了区分，不认为行动者的策略属于制度，同时认为制度不一定就意味着有效率，历史上很多时候制度是无效率的。❷ 另外，诺斯还区分了制度/规则与制度/规则的执行。❸ 奥斯特罗姆将制度定义为人类反复使用而共享的规则、规范和策略，并且有时具有"不可见性"，因为"有时它们是作为隐含知识而不是以明确的和书面的形式而存在"。❹ 总的来说，理性选择制度主义并不将实体性组织本身视为制度。理性选择制度主义视制度为选择均衡（凝固的偏好），并往往将个人效用为焦点作为判断政治制度和结果的标准。

　　2. 社会学制度主义

　　社会学新制度主义发端于组织理论，杰普森认为制度是社会建构的，习惯性地再生产的程序或规则系统，它们作为一种制约性环境中的相对固定的设置而运行，并附带着被人们视为当然而接受的行动说明。❺ 同时，社会学制度主义之制度往往同"制度化"联系在一起，杰普森将制度化界定为一系列特殊的社会再生产过程，以及防止"去制度化"或"制度变迁"的过程。❻ 迪马吉奥等学者认为，社会学新制度主义强调文化的解释，但拒斥文化的强烈的情感色彩，而是在常人方法学者加芬克尔区分价值和规范的基础上，对价值、规范和规则做出了区分，在某种程度上不将文化视为规范和价值，而

---

❶ ［美］道格拉斯·C. 诺斯. 制度、制度变迁与经济绩效［M］. 刘守英，译. 上海：上海三联书店，1994：3-4.

❷ ［美］道格拉斯·C. 诺斯. 制度、制度变迁与经济绩效［M］. 刘守英，译. 上海：上海三联书店，1994：5-6、9-10.

❸ North，D. C.（1989）. Institutions and Economic Growth：An Historical Introduction. *World Development*，Vol. 17，No. 9，pp. 1319-1332.

❹ ［美］埃莉诺·奥斯特罗姆. 制度性的理性选择：对制度分析和发展框架的评估//保罗·A. 萨巴蒂尔编. 政策过程理论. 彭宗超，等，译. 北京：生活·读书·新知三联书店，2004：49-50.

❺ ［美］罗纳尔德·L. 杰普森. 制度、制度影响与制度主义//沃尔特·W. 鲍威尔、保罗·J. 迪马吉奥. 组织分析的新制度主义［M］. 姚伟，译. 上海：上海人民出版社，2008：162.

❻ ［美］罗纳尔德·L. 杰普森. 制度、制度影响与制度主义//沃尔特·W. 鲍威尔、保罗·J. 迪马吉奥. 组织分析的新制度主义［M］. 姚伟，译. 上海：上海人民出版社，2008：156.

是被视若当然而接受的脚本、规则和分类，由价值内化转向强调认知。❶ 由认知取代价值这一做法将理性带入到理论建构中，企望整合组织学中"理性"和"文化"的分歧。❷ 从而制度不仅仅是一种制约结构，认为所有的制度既是一种控制同时也是一种授权，制度表现出一种制约与解放（freedom）的二重性。❸ March 等社会学制度主义学者认为政策一旦被采纳就会被嵌入制度之中，通过影响政治参与者的注意和意愿来影响其未来的行为。❹ 同时，社会学新制度主义倾向于将组织和制度视为可互换的实体。马奇和奥尔森认为，组织具有两面性，即制度的一面以及作为行动者的一面，其制度的一面表现为操作程序和结构的集合，其行动者的一面在于具有并能捍卫自己的利益。❺

3. 历史制度主义

在历史制度主义❻学派中，霍尔认为制度指的是那些使存在于政体和经济体中的个体（或组织）间关系结构化的正式规则、规范程序以及标准操作惯例，强调把国家各部分联合在一起并构成社会关系的制度关系（包括正式的和常规的），被强调的是制度的组织性质，认为制度的关系特征是构建个体相互作用关系的途径，强调制度将个体间关系结构化的方式。❼ 在霍尔看来，制度有两个基本作用，一方面，决策的组织结构影响了任何行动者对政策结果的影响力（因为不同组织在制度结构中的不同位置意味着不同权力），另一方面是组织的位置赋予行动者相应的职责和关系从而影响到行动者对自身利益

❶ ［美］保罗·J. 迪马吉奥，沃尔特·W. 鲍威尔. 导言.//沃尔特·W. 鲍威尔，保罗·J. 迪马吉奥. 组织分析的新制度主义 ［M］. 姚伟，译. 上海：上海人民出版社，2008：23 - 31.

❷ Hall, P. A. and R. C. R. Taylor. （1996）. Political Science and the Three New Institutionalisms. *Political Studies*，XLIV，pp. 936 - 957.

❸ Fararo& Skvotez, 1986；再引自罗纳尔德·L. 杰普森. 制度、制度影响与制度主义.//沃尔特·W. 鲍威尔、保罗·J. 迪马吉奥. 组织分析的新制度主义 ［M］. 姚伟，译. 上海：上海人民出版社，2008：159.

❹ March，J. G. and J. P. O. lsen. （1984）. The New Institutionalism：Organizational Factors in Political Life. *The American Political Science Review*，Vol. 78，No. 3，pp. 734 - 749.

❺ March，J. G. and J. P. O. lsen. （1984）. The New Institutionalism：Organizational Factors in Political Life. *The American Political Science Review*，Vol. 78，No. 3，pp. 734 - 749.

❻ 历史制度主义来源于20世纪七八十年代两个源流的发展，一是比较政治社会学家对国家的兴趣，二是制度安排解释行为和政策选择的努力。历史制度主义反对社会中心论和国家中心论而提出制度中心论的视角，始于对20世纪70年代西方各国应对相同石油/经济危机而采取不同政策方式的觉察，强调制度在解释西方公共政策的系统性差异方面的作用。

❼ ［美］彼得·霍尔. 驾驭经济：英国与法国国家干预的政治学 ［M］. 南京：江苏人民出版社，2008：22 - 23.

的界定。❶ 利伯曼将制度定义为正式的组织和非正式但被广泛接受的构成决定过程或政治过程的行为规则/规范。❷ 斯考切波将制度视为各种制度和各种组织之间的交流联络和行动的实际类型。❸ 艾肯贝利则将霍尔意义上的制度进一步细分为三个层次：从最为狭义的层次上看，制度结构就是指行政机构、立法机构、司法机构内部的权力分配方式及其所制定的调解冲突的管制性规则和程序；在第二个层次上，制度结构是指纵向上的中央与地方间，横向上的立法、行政与司法机构之间的权力关系，这种制度规定了立法机构与执行机构和中央与地方之间的能力和资源的分配，以及官僚机构的一致性行动能力。在第三个层次上，制度结构是指规定着国家与社会间关系的一些规范，这种制度界定着国家与社会之间的行动限度和联结方式。❹ 卡普西亚等学者认为历史制度主义之制度包括单独的组织、组织间结构化的互动关系/系统、公共政策以及整体的政治体制。❺

（二）制度与行动的关系❻

霍尔和泰勒认为制度和行动之间的关系问题是任何制度主义必须揭示的

---

❶ ［美］彼得·霍尔. 驾驭经济：英国与法国国家干预的政治学［M］. 南京：江苏人民出版社，2008：23.

❷ Lieberman, E. S. （2001）. Causal Inference in Historical Institutional Analysis: A Specification of Periodization Strategies. *Comparative Political Studies*, Vol. 34, No. 9, pp. 1011 – 1035.

❸ Skocpol, T. （1995）. Why I Am an Historical Institutionalist. *Polity*, Vol. 28, No. 1, pp. 103 – 106.

❹ 何俊志. 结构、历史与行为——历史制度主义对政治科学的重构［M］. 上海：复旦大学出版社，2004：167 – 168.

❺ Capoccia, G. and R. D. Kelemen. （2007）. The Study of Critical Junctures: Theory, Narrative, and Counterfactuals in Historical Institutionalism. *World Politics*, Vol. 59, pp. 341 – 369.

❻ 以行动者为基点的理论，如理性选择学派认为，行动者的偏好是外生的，是其固有的。行动学派的某些学者试图利用政策网的观点拉近制度和行动之间的关系，政策网的理论基础是早期的利益集团政治，包括多元主义、次政府以及合作主义的研究传统，比如布洛姆 – 汉森试图引入（经济学）制度主义理论将作为行动者的政策网转化为制度，来解决在原来的理论框架下无法回答的问题，即网络为何出现、网络为何变化以及网络为何能持续下去等问题。（Blom – Hansen, J. （1997）. A "New Institutional" Perspective on Policy Networks. *Public administration*, Vol. 75, pp. 669 – 693.）问题网络或者政策共同体在科尔巴奇看来，都是一种网络形式，问题网络是当有什么事情出现的时候，人们会创造同相关者的联系，这种网络不能被看成一个组织：参与者知道网络之中与他们接近的人，但是参与者并非在网络整体的意义上行动；而政策共同体则显示出亲密和信任，强调的是稳定的集体行动与相互了解之间的关联度。在科尔巴奇这里，问题网络或者说政策共同体是在"行动的构建过程"（structuring of action）的意义上扮演参与者的角色，即将其作为行动者。（H. K. 科尔巴奇. 政策［M］. 张毅，韩志明，译，吉林：吉林人民出版社，2005：31 – 38）对于政策网络和政策共同体两者之间的关系，黑尧认为，网络可以凝聚成为共同体，共同体也可能分解成为网络。（米切尔·黑尧. 现代国家的政策过程［M］. 赵成根，译，北京：中国青年出版社，2004：66 – 69）

两个基础性问题之一。❶

1. 理性选择制度主义中制度与行动的关系

理性选择制度主义的理论来源是功利主义、新古典经济学以及博弈论，认为人的理性行为会演绎出制度安排来实现其可欲的结果，这一逻辑体现在如罗尔斯、布坎南和塔洛克的理论中，总的来说，理性选择制度主义认为制度的产生和制度变化是人们选择的结果。❷ 但同时也认为制度虽然不会总是直接决定行动者的选择，但却是行动的基础参数，从而限制其行动，并通过引入有限信息和交易成本的概念来增强其制度的解释力。如赖克认为政治结果受到行动者偏好（tastes）、制度及政治行为人的政治技巧的影响，即政治结果同时受到行动选择和制度的影响。❸

2. 社会学制度主义中制度与行动的关系

跟理性选择制度主义不同，社会学制度主义和历史制度主义均认为，行动者的偏好是内生的，是由制度所塑造的❹，但是社会学制度主义关于制度与行动之间关系的观点走得更远，杰普森认为制度不是被"行动"——具体来说即社会习惯性的集体干预——再生产的，相反，是惯例性的再生产程序支持和维系着这种模式，并促进了它的再生产——除非集体行动阻碍了这种再生产过程，或者环境动荡破坏了这种再生产过程。❺ 具体来说，如果一个人习惯性地参与一种高度制度化的社会模式，如习惯性地介入某种程序、进行某种陈述等，则意味着他实际上并没有采取行动，比如，如果握手是一种制度化的问候方式，则一个人只有通过不伸出自己的手与他人握手，才

---

❶ Hall, P. A. and R. C. R. Taylor. (1996). Political Science and the Three New Institutionalisms. *Political Studies*, XLIV, pp. 936 – 957.

❷ Levi, M., K. S. Cook, J. A. O'Brien, and H. Faye. (1990). Introduction: The Limits of Rationality. In K. S. Cook and M. Levi (eds.). *The Limits of Rationality*. Chicago: The University of Chicago Press.

❸ Riker, W. H. (1980). Implications from the Disequilibrium of Majority Rule for the Study of Institutions. *The American Political Science Review*, Vol. 74, No. 2, pp. 432 – 446.

❹ 行为主义者认为将个人偏好集合为集体偏好是可能的，并将个人偏好转变为集体偏好的机制是有效率的，制度主义却质疑集合（aggregation）本身，认为集合机制是重塑个人偏好而不是总和（sum）个人偏好；同时，历史制度主义运用相同的社会学传统，尤其是韦伯的研究。尽管组织理论家强调理性的认知局限以及组织规则和程序调和独立个人的行动的方式，但历史制度主义更直接关注权力和利益的主体。(Immergut, E. M. (1998). The Theoretical Core of the New Institutionalism. Politics & Society, Vol. 26, No. 1, pp. 5 – 34.)

❺ ［美］罗纳尔德·L. 杰普森. 制度、制度影响与制度主义//沃尔特·W. 鲍威尔、保罗·J. 迪马吉奥. 组织分析的新制度主义 ［M］. 姚伟，译. 上海：上海人民出版社，2008：157.

算采取了行动。❶ 社会学新制度主义强调文化的解释，但拒斥"强烈的情感色彩"，在某种程度上将文化视为"不是规范和价值，而是被视若当然而接受的脚本、规则和分类"，由价值内化转向强调认知，❷ 由认知取代价值这一做法将理性带入到了理论建构中❸，其认知结构即是限制性的又是使能性的❹。

3. 历史制度主义中制度与行动的关系

霍尔主张，"组织性因素既影响了行动者对政策的压力程度，还限定了这种压力的可能方向"。❺ 制度往往被作为媒介变量来影响公共政策结果❻，大量国别比较研究❼往往是将行动者定性为同类作为比较基础，从而凸显出制度对不同政策结果的调节作用，但这一制度决定论色彩受到许多学者的批评。这也引起历史制度主义者自身的反省，将制度决定论倾向的原因归于注重国别间的静态比较以及对制度形成和变化方面的理论不够完善。❽ 最近，比起宏观结构变量的影响，许多学者开始注意行动，尤其是政治行动对于制度创生阶段的影响。伯曼认为为了揭示理念、规范和文化的影响，必须去挖掘有关

---

❶ [美] 罗纳尔德·L. 杰普森. 制度、制度影响与制度主义//沃尔特·W. 鲍威尔、保罗·J. 迪马吉奥. 组织分析的新制度主义 [M]. 姚伟，译. 上海：上海人民出版社，2008：162.

❷ [美] 保罗·J. 迪马吉奥、沃尔特·W. 鲍威尔. 导言//沃尔特·W. 鲍威尔、保罗·J. 迪马吉奥. 组织分析的新制度主义 [M]. 姚伟，译. 上海：上海人民出版社，2008：17.

❸ Hall, P. A. and R. C. R. Taylor. (1996). Political Science and the Three New Institutionalisms. *Political Studies*, XLIV, pp. 936 – 957.

❹ Campbell, J. L. (1998). Institutional Analysis and the Role of Ideas in Political Economy. *Theory and Society*, Vol. 27, No. 3, pp. 377 – 409.

❺ [美] 彼得·霍尔. 驾驭经济：英国与法国国家干预的政治学 [M]. 南京：江苏人民出版社，2008：23.

❻ 利伯曼认为历史制度主义分析的一个核心目标是评估/判断制度形式和构成的变化对一个特定结果或一组特定结果的影响，主张制度不会作为一个单独的自变量引致结果变化，而只是通过调节其他压力来影响结果。(Lieberman, E. S. (2001). Causal Inference in Historical Institutional Analysis: A Specification of Periodization Strategies. *Comparative Political Studies*, Vol. 34 No. 9, pp. 1011 – 1035.)

❼ 此类国别比较的文献非常多。比如伊默古特在分析法国、瑞士及瑞典的健康政策的出台时，通过三国医疗卫生政策领域博弈规则链条之中否决点位置的不同，很好地解释了三国医疗保险政策的不同。(Immergut, E. M. (1992). The Rules of the Game: The Logic of Health Policy – making in France, Switzerland, and Sweden. In S. Steinmo, K. Thelen, and F. Longstreth (eds.), *Structuring Politics: Historical Institutionalism in Comparative Analysis*. Cambridge: Cambridge University Press.) 又如在皮尔逊比较英美两国撒切尔和里根时代同时致力于福利收缩其结果却不相同时，分析了两国制度发挥的作用。(保罗·皮尔逊. 拆分福利国家——里根、撒切尔夫人和紧缩政治学 [M]. 舒绍福，译，吉林：吉林出版集团，2007)

❽ Thelen, K. and S. Steinmo. (1992). Historical Institutionalism in Comparative Politics. In S. Steinmo, K. Thelen, and F. Longstreth (eds.), *Structuring Politics: Historical Institutionalism in Comparative Analysis*. Cambridge: Cambridge University Press, p. 14.

政治行为的问题，因为理念变量不会直接影响结果，它们只有通过影响人的时候才会成为原因，因此刻画理念、规范和文化与承载上述内容的政治行动者之间的连接尤为重要，理念有时候通过被行动者内化发挥作用，有时候被行动者（在没有被内化的情况下）策略性使用。❶ 伊默古特认为"制度发挥双重作用，限制和破坏人的行为，同时提供从社会束缚中获得自由的手段"。❷总的来说，历史制度主义者在确定制度和行为的关系时往往采取折中主义的观点，这一点也是批评者认为历史制度主义理论不完善的主要论据之一。海和温科特提出用吉登斯的结构化理论来解决历史制度主义的制度与行动之间存在的逻辑张力（见表2）。❸

表2　新制度主义的类型：异同点

	理性选择	组织理论	历史制度主义
利益	策略因素导致理性行动者选择次优均衡（如：囚徒困境、公地悲剧）	行动者不知道他们的利益，有限的实践和信息导致他们依靠程序和其他过程性规则（有限理性）	行动者对其利益的解释由其自身历史的集体组织和制度塑造
政治过程	没有秩序规则就不能达成公共利益；国会投票程序规则、划分管辖权等影响结果	组织间和组织内过程塑造结果，如垃圾桶模型，努力实现行政再组织和政策执行	政治过程由宪法和政治制度、国家结构、国家—利益集团关系、政策网络、时点的权变结构化
规范	埃尔斯特：没有正式理性手段的实质理性目的无效；布坎南和塔洛克：通过一致同意规则和获取选票来最大化效率；帕克尔：大众意志深不可测，民主由三权分立约束	佩罗：科层权力和有限理性的含义	洛维：强化国会为基础的司法民主，对规则而不是特定结果的审议，需要公共哲学

---

❶ Berman, S. (2001). Ideas, Norms, and Culture in Political Analysis. *Comparative Politics*, Vol. 33, No. 2, pp. 231 – 250.

❷ Immergut, E. M. (1998). The Theoretical Core of the New Institutionalism. *Politics & Society*, Vol. 26, No. 1, pp. 5 – 34.

❸ Hay, C. and D. Wincott. (1998). Structure, Agency and Historical Institutionalism. *Political Studies*, XLVI, pp. 951 – 957.

续表

	理性选择	组织理论	历史制度主义
行动者	理性的	认知局限的	自我反思的（社会文化和历史规范，但是革新传统）
权力	单方行动的能力	取决于组织等级中的位置	取决于国家承认、参与决策、政治代表和心智结构（mental constructs）
制度机制	通过规则（依赖有争议的规范）组织选择	通过次序、常规、脚本、框架（包括规范）来组织选择和计算利益	通过规则、机构、规范和理念来组织选择、计算利益和形成目标

资料来源：引自 Immergut，E. M.（1998）. The Theoretical Core of the New Institutionalism. *Politics & Society*，Vol. 26 No. 1，pp. 5 – 34.

（三）制度变迁理论

霍尔和泰勒认为如何解释制度产生或变化的过程是任何制度主义必须揭示的第二个基础性问题。[1] 目前对于制度变迁的解释大体分为两类，一类是政治经济学的解释，另一类是新制度主义的解释。政治经济学的解释主要包括强调行动的利益集团理论以及以阶级关系为基调的相关理论。利益集团理论能充分揭示政策变迁背后的动力，却没法解释制度的粘性特征，阶级关系理论缺失集体行动何以可能的微观解释。对于制度主义而言，"如果制度只是根据社会中权力平衡来变化，那制度就是附带现象，我们就应该研究影响它们的力量，故制度的粘性（stickiness）很重要"[2]。无论是理性选择制度主义、社会学制度主义还是历史制度主义都强调了制度的黏性、惰性、稳定性或路径依赖的特征。制度主义擅长解释制度的粘性，却难于解释制度的变迁。因此，政治经济学及制度主义这两类解释在理论上均会面对行动和制度之间的严重张力，两派学者也都试图解决制度和行动两者之间的困境。行动学派的学者试图利用政策网络的观点拉近制度和行动之间的关系，比如布洛姆－汉

---

[1] Hall，P. A. and R. C. R. Taylor.（1996）. Political Science and the Three New Institutionalisms. *Political Studies*，XLIV，pp. 936 – 957.

[2] Thelen，K. and S. Steinmo.（1992）. Histotical Institutionalism in Comparative Politics. In S. Steinmo，K. Thelen，and F. Longstreth（eds.），*Structuring Politics：Historical Institutionalism in Comparative Analysis*. Cambridge：Cambridge University Press.

森试图引入（经济学）制度主义理论将具有能动作用的政策网络转化为制度，来解决在原来的利益集团框架下无法回答的问题。❶

1. 理性选择制度主义的制度变迁观点

赖克认为制度是凝固的偏好，如果偏好没有达到均衡，则制度（除了短期情况）也不会稳定，他认为在某些情况下，如在公地的悲剧这一囚徒困境中，政府组织能通过私人产权的引入来改变这一囚徒困境均衡，但是在军备竞赛等困境中改变其均衡就非常难，可能需要绝大部分的参加者改变其偏好才有可能。❷ 诺斯认为规则典型地嵌套在制度等级结构中，因此每个规则的改变的成本都很高，因为行为规范已经变成了人们惯性行为的内在构成部分。❸ 诺斯强调了制度变化方向的演进特征，认为虽然存在如革命这样的巨变，但总体来说经济史的制度变迁是一种边际性的渐进演进过程，因为即便是正式制度发生了改变，但是作为影响行动者主观模型建构的非正式制度使得制度呈现一种边际变迁，并认为渐进性变迁来自政治和经济组织中的企业家的如下感知：即他们认为在某些边际上改变现存的制度框架会使他们的境况更好，故强调制度的路径依赖特征，认为规模经济、学习效应、协作效应、适应性预期会带来制度的边际效益递增进而导致制度的自我强化。❹ 但同时，诺斯认为，相对价格的基本变化肯定会导致制度的变迁，历史上相对价格变化的最重要的一个根源是人口的变化，尽管技术变化（尤其是军事技术的变化）和信息成本的变化也是主要的根源。❺ 诺斯将制度变迁的过程程式化为如下表述：相对价格变化的结果使交易的一方或双方觉察到如果他（们）改变协议将会做得更好，根据他的相对议价能力，作为相对价格改变的结果，他将会重新谈判协议，但是协议嵌套在规则等级制中，如果重新谈判涉及更为基础

❶ Blom – Hansen, J. (1997). A "New Institutional" Perspective on Policy Networks. *Public administration*, Vol. 75, pp. 669 – 693.

❷ Riker, W. H. (1980). Implications from the Disequilibrium of Majority Rule for the Study of Institutions. *The American Political Science Review*, Vol. 74, No. 2, pp. 432 – 446.

❸ North, D. C. (1989). Institutions and Economic Growth: An Historical Introduction. *World Development*, Vol. 17, No. 9, pp. 1319 – 1332.

❹ 道格拉斯·C. 诺斯. 制度、制度变迁与经济绩效 [M]. 刘守英，译. 上海：上海三联书店，1994：112 – 122.

❺ North, D. C. (1989). Institutions and Economic Growth: An Historical Introduction. *World Development*, Vol. 17, No. 9, pp. 1319 – 1332.

性规则的改变，他将会动员资源去改变该规则，或者该规则或习惯只是逐渐被忽视和/或失效。● 利瓦伊提出了议价理论（bargaining theory）来解释制度产生和变迁。❷

2. 社会学制度主义的制度变迁观点

社会学制度主义认为，回答制度如何发生变迁的问题有两个进路，一是研究某种制度框架内部的制度变迁根源，二是从那些尚未制度化的过程中研究制度变迁的根源。前者如"制度矛盾"的概念，弗利南德和阿尔弗德认为，资本主义市场、科层制政府、民主、核心家庭和基督教等现代西方资本主义的核心制度影响和形塑了个人的偏好和组织的利益以及个人用以获得他们的利益或实现偏好的传统知识储备和技艺，这些制度之间存在潜在的矛盾，因此对个人和组织而言存在多重逻辑，个人和组织通过探索和解决这些矛盾而改变、转换这些制度之间的关系。❸ 后者如杰普森认为集体行动作为一种单独的因果机制，可能侵蚀或剔除制度，❹ 斯科特和鲍威尔强调制度制约总是给由利益因素驱动的表演和实践意识下的即兴创作留下了空间。❺ 另外，组织学习也被认为是该学派解释制度变迁的有潜力的概念。不同于个人学习，莱维特和马奇认为组织学习往往是借助惯例、集体记忆等途经从组织的历史经验中找出各种要素重新修正或组合起来应付环境的变化。同时，组织学习还包括组织间的学习，主要指的是组织通过强迫性机制（coercive）、模仿机制（mimetic）和社会规范机制（normative）来学习其他组织的模式。❻ 他们认为组织学习并不完全是一个积极的组织行为，常常会遇到"能力陷阱""迷信型学

● North，D. C. （1989）. Institutions and Economic Growth：An Historical Introduction. *World Development*，Vol. 17，No. 9，pp. 1319 - 1332.

❷ Levi，M. ，K. S. Cook，J. A. O'Brien，and H. Faye. （1990）. Introduction：The Limits of Rationality. In K. S. Cook and M. Levi （eds. ），*The Limits of Rationality*. Chicago：The University of Chicago Press.

❸ ［美］罗格尔·弗利南德，罗伯特·R. 阿尔弗德. 把社会因素重新纳入研究之中：符号、实践与制度矛盾//沃尔特·W. 鲍威尔、保罗·J. 迪马吉奥. 组织分析的新制度主义［M］. 姚伟，译. 上海：上海人民出版社，2008：270 - 275.

❹ ［美］罗纳尔德·L. 杰普森. 制度、制度影响与制度主义//沃尔特·W. 鲍威尔，保罗·J. 迪马吉奥. 组织分析的新制度主义［M］. 姚伟，译. 上海：上海人民出版社，2008：165 - 167.

❺ ［美］W. 理查德·斯科特. 制度理论剖析. 沃尔特·W. 鲍威尔. 拓展制度分析的范围［M］//沃尔特·W. 鲍威尔、保罗·J. 迪马吉奥. 组织分析的新制度主义. 姚伟，译. 上海：上海人民出版社，2008。

❻ Levitt，B. and J. G. March. （1988）. Organizational Learning. *Annual Review of Sociology*，Vol. 14，pp. 319 - 340.

习"等问题。

3. 历史制度主义的制度变迁观点

历史制度主义早期认为制度会结构化行动者的利益、会形塑偏好进而影响其行为，从而突出制度的决定作用。皮尔逊在论述路径依赖机制时，认为路径依赖过程在一组组织和制度在长时段内一起发展时最为盛行、普遍，两者将通过互相调试和竞争性选择来相互加强，这种过程造就了不同国家非常不同的型构（configuration）的出现，制度和组织会产生相互依赖，导致发展的自我加强过程，而这一过程改变了行动者的星座聚合以及那些行动者的偏好。❶ 总而言之，制度结构化行动者的利益，使制度进入自我强化的路径依赖进程❷。制度通过结构化行动者利益和行为来影响政治后果，意味着很难解释制度的变化。为了处理制度变迁问题，历史制度主义者承认制度作为历史的产物，能诱致独特的行为，但也认为制度作为人类的产物，它们又能被政治所改变。❸ 历史制度主义者先利用间断—平衡理论来解释制度生成、变迁和制度稳定，认为重大社会经济的变迁会使既有制度中断，这一中断期对行动者而言又是形成新制度的关键节点（critical juncture）。❹ 霍尔在国家理论❺的基础上提出了社会学习（social learning）的概念，认为社会学习会使得政策发生一阶、二阶、三阶变化。社会学习被定义为根据过去的经验和新的信息，深思熟虑地试图调整政策的目标或技术，政策的三阶变化指的是特定领域引

❶ Pierson, P. (2004). *Politics in Time: History, Institutions, and Social Analysis*. Princeton: Princeton University Press, p. 24.

❷ 皮尔逊将产生路径依赖进程的机制归结于经济学中的"积极反馈"（positive feedback）和"收益递增"（increasing return）等理论。（Pierson, P. (2004). *Politics in Time: History, Institutions, and Social Analysis*. Princeton: Princeton University Press, pp. 20 – 30. ）

❸ Immergut, E. M. (1998). The Theoretical Core of the New Institutionalism. *Politics & Society*, Vol. 26 No. 1, pp. 5 – 34.

❹ Collier, R. B. and D. Collier. (2002). *Shaping the Political Arena: Critical Junctures, the Labor Movement, and Regime Dynamics in Latin America*. Indiana: University of Notre Dame Press, pp. 29 – 31.

❺ 霍尔认为国家理论可以分为两类，一类可被描述为国家中心的（state - centric），强调国家自主性，认为政策是由公共官僚指定的，有独立于利益集团和政党的自主性，另一类可被表述为国家结构的（state - structural），强调国家结构和行动对政策的影响，但不太倾向于坚持独立于社会压力的国家自主性，相反，它们给予利益集团、政党和其他行动者在政策过程中的重要作用，其主要论点是国家结构和过去的活动常常影响这些行动者联结（articulate）的需求的本质或力量。（Hall, P. A. (1993). Policy Paradigms, Social Learning, and the State: The Case of Economic Policymaking in Britain. *Comparative Politics*, Vol. 25, No. 3, pp. 275 – 296. ）

导、指导政策总目标的变化，二阶变化指的是实现这些目标的技术或政策工具的变化，一阶变化指的是这些工具的精确设计（precise setting），而当政策发生三阶变化的时候意味着政策范式❶发生了变化。❷ 后来历史制度主义又在批判间断—平衡理论❸的基础上形成了置换（displacement）❹、转换（conversion）❺、叠加（layering）❻、漂移（drift）❼ 等制度变迁路径。❽ 此外，理念（idea）和话语（discourse）在制度变迁中的作用开始凸显，伯曼认为理念研究可以在过度结构的和过度能动中心的解释视角之间走一条中间路，对历史制度主义而言，理念概念可以使其从过于结构的及过于行为主义的政治解释的不便中解脱出来，提供一个在创造历史的人和环境创造历史之间的理论桥梁；并认为理念经过制度化会变成自变量，像真正的自变量一样发挥作用。❾利伯曼认为理念方法可以克服制度分析的三大缺点，即归纳主义、倾向于将利益和目标设定为既定、强调结构、集合的组织或行为规则并将之视为政治行为背后的主要引导力量。❿ 布莱斯认为制度变迁包括制度设计（institutional design）、制度竞争（institutional contestation）和制度强化（institutional reinforcement），而理念在这三个阶段分别作为制度蓝图（as institutional blueprints）、

---

❶ 政策范式指的是一个理念和标准的框架，它不仅明确政策的目标和实现目标的工具种类，而且包括明确打算要解决的问题的本质。Be'land 认为内容中包含技术与意识形态的范式构成了官僚、政策专家和选任政治家的实用的"世界观"。（Be'land, D.（2005）. Ideas and Social Policy: An Institutional Perspective. *Social Policy & Administration*, Vol. 39, No. 1, pp. 1 – 18.）

❷ Hall, P. A.（1993）. Policy Paradigms, Social Learning, and the State: The Case of Economic Policymaking in Britain. *Comparative Politics*, Vol. 25, No. 3, pp. 275 – 296.

❸ 对间断—平衡理论的批评是制度在平衡期是自变量，在间断期是因变量，因为制度同时是自变量又是因变量，故制度在什么也解释不了的同时能解释一切。

❹ 意指废止既有制度，引入新制度。

❺ 意指既有制度依然得以保留但是被行动者用于不同目的。

❻ 意指不触动既有制度，但是引入新的制度，使得两者同时存在。

❼ 意指由于环境变化，既有制度作用减弱。

❽ Mahoney, J. and K. Thelen, A Theory of Gradual Institutional Change. In J. Mahoney and K. Thelen（eds.）, *Explaining Institutional Change: Ambiguity, Agency, and Power*. New York: Cambridge University Press, 2010, pp. 15 – 16.

❾ 伯曼认为社会科学家常用两种主要的方法来研究理念的制度化和规范及文化的形成，一种是聚焦于理念变量如何嵌入于像科层制和政党这样的有形的制度中，另一种是聚焦于理念如何嵌入于社会规范、话语模式、集体认同这样的以主体间性理解和共享信仰系统为特征的无形制度。（Berman, S.（2001）. Ideas, Norms, and Culture in Political Analysis. *Comparative Politics*, Vol. 33, No. 2, pp. 231 – 250.）

❿ Lieberman, E. S.（2001）. Causal Inference in Historical Institutional Analysis: A Specification of Periodization Strategies. *Comparative Political Studies*, Vol. 34, No. 9, pp. 1011 – 1035.

武器（as weapons）和认知锁定（as cognitive locks）发挥作用，并强调理念在降低不确定性、赋予利益以内容和使制度建构成为可能方面的作用。❶ Be'land 将政策理念定义为特别的政策选项（如个人储蓄账户）以及组织性原则和因果信念等嵌入其中的（如新自由主义），并借鉴金通的政策制定三源流理论赋予历史制度主义更多的能动特征。❷ 施密特等学者借鉴哈贝马斯的语用学理论，提出了话语制度主义（discursive institutionalism），即采用话语（discourse）概念❸，将话语作为理念的沟通方式，强调能动的、具有反思性的行动者在话语沟通过程中将理念传递并进而达成共识的过程。❹

事实上，制度主义的上述制度变迁路径只是放弃了行动和制度之间非此即彼的决定论倾向，试图在行动和制度之间建立起某种缓冲或桥梁，或通过宣称制度会作为媒介调节而不是直接决定行为❺，或通过主张密集的制度矩阵会产生冲突的偏好，❻ 或通过建立制度层次关系❼，或通过制度形成后仍需要行动者持续的支持及某些局部领域的行动者也会通过对制度的再解释

❶ Blyth, M. (2001). The Transformation of the Swedish Model: Economic Ideas, Distributional Confilict, and Institutional Change. *World Politics*, Vol. 54, No. 1, pp. 1 – 26.

❷ Be'land, D. (2005). Ideas and Social Policy: An Institutional Perspective. *Social Policy & Administration*, Vol. 39, No. 1, pp. 1 – 18.

❸ 话语（discourse，也译成商谈）是关于交流的交流，是在行为的情景下对未达成的共识的一种反思性交流，其功能在于更新或修复未达成的共识，并重新建立社会秩序的理性基础。同时，哈贝马斯认为意义是关乎主体间的，而非一种客观事物。哈贝马斯借鉴了德国语言学理论家卡尔·比勒的理论，比勒将语言定义为人们交流关于这个世界的知识的工具，比勒赋予语言三种功能，分别对应第一、第二、第三人称视角，这三种功能是：代表事态的"认知"功能、向听话人提出要求的"诉求"功能；描述说话人经历的"表达"功能。（芬利森. 哈贝马斯 [M]. 邵志军译，北京：译林出版社，2010：30 – 40.）

❹ Schmidt, V. A. (2010). Taking ideas and Discourse Seriously: Explaining Change through Discursive Institutionalism as the Fouth "New Institutionalism". *European Political Science Review*, Vol. 2, No. 1, pp. 1 – 25.

❺ Lieberman, E. S. (2001). Causal Inference in Historical Institutional Analysis: A Specification of Periodization Strategies. *Comparative Political Studies*, Vol. 34, No. 9, pp. 1011 – 1035.

❻ Thelen, K. and S. Steinmo. (1992). Histotical Institutionalism in Comparative Politics. In S. Steinmo, K. Thelen, and F. Longstreth (eds.), *Structuring Politics: Historical Institutionalism in Comparative Analysis*. Cambridge: Cambridge University Press, p. 8.

❼ Williamson, O. (2000). The New Institutional Economics: Taking Stock, Looking Ahead. *Journal of Economic Literature*, Vol. 38, No. 3, pp. 595 – 613；埃莉诺·奥斯特罗姆. 制度性的理性选择：对制度分析和发展框架的评估//保罗·A. 萨巴蒂尔. 政策过程理论 [M]. 彭宗超，等，译. 北京：生活·读书·新知三联书店，2004：48.

（re - interpretation）、背离（defection）来改变局部制度❶，或通过引入理念，从而试图将行动分析带入到制度变迁分析中来。但是，制度主义视角本身内在的制度和行动之间的张力并没有得到很好的解决。如果这一问题不能很好解决，则论述就会陷入制度决定论或行动决定论的窠臼，进而不能很好把握社会政策过程。本文将通过引入吉登斯的结构化理论消解制度主义中行动和制度之间张力问题的基础上，借鉴制度主义中有关制度、制度化、制度叠加等概念展开社会政策的过程研究。

二、结构化理论

（一）制度主义的二元矛盾：制度和行动

制度和行动对于政策过程研究而言都是不可或缺的维度，没有行动就算不上政策（制定）过程，没有制度就意味着政策结果的随机性和偶发性，这显然不符合实际。而在既有的制度主义文献中，常常将制度和行动看作两相区分的本体性概念，往往落入制度决定论或者行动决定论的窠臼。历史制度主义在三种新制度主义中常常采取折中的权宜之策，即有时采纳理性选择制度主义"计算方法"（calculus approach）或采纳社会学制度主义"文化方法"（cultural approach），往往从制度失效（如置换、漂移、转换）或制度留白处（如叠加）看到行动的作用，Hall 对理念的引入也被批评为工具性使用。同时，受到解析性转向（interpretative turn）的影响，为修正制度决定论倾向，历史制度主义开始加入更多的建构主义或后现代的因素，试图人的能动性更好地整合进结构因素中，比如理念被赋予更大的权重。海和温科特认为上述折中方法会造成历史制度主义的"社会本体论"（social ontology）混乱，由此提出用吉登斯的二重性（duality）来取代二元论（dualism）以弥补历史制度主义的不足。

制度和行动对于政策过程研究至为重要，而在制度主义框架内还不能说有很好的解决两者之间张力的办法，故本文将引入吉登斯的结构化理论以及吉登斯关于资源的观点来弥补制度主义的不足。需要指出的是，在本文中，

---

❶ Hall，P. A. and K. Thelen.（2009）. Institutional Change in Varieties of Capitalism. *Socio - Economic Review*，Vol. 7，pp. 7 - 34.

结构化理论并不是对制度主义的取代，是将结构化理论结合进制度主义视角中，为其提供更为坚实的方法论基础。

（二）结构化理论：两重性取代二元论

吉登斯在批判强调客体的结构主义和强调行动者能动性的解释社会学的基础上提出了自己的结构化理论。吉登斯结构化理论的主要论著包括《社会学方法的新规则——一种对解释社会学的建设性批判》和《社会的构成：结构化理论大纲》，这两本书都对能动行为（agency）、结构和社会转型（social transformation）问题进行了阐述。本文将从关于行动和结构的观点、制度变迁的观点两方面来阐明该理论对制度主义的补充。

1. 关于行动和结构的观点

跟三种新制度主义不同，结构化理论认为社会科学研究的主要领域既不是个体行动者的经验，也不是任何形式的社会总体的存在，而是在时空向度上得到有序安排的各种社会实践，并将时空中的社会实践视为结构化理论的本体论。❶ 将社会实践或者说行动流视为本体论本身就取代了制度和行动两分的二元论，结构化理论持两重性观点，认为行动流同时具有结构性特征和能动性。并不是行动流本身外在地呈现出结构性特征，而是结构性特征表现在人对自己之前行为、并且也期待他人也如此行动的反思性监控当中。因此，吉登斯强调"实践意识"❷ 或者说"意义框架"❸ 的重要性，认为一个社会中某种共享的意义框架是解决主体间性（或者说如何实现理解他人）问题的重要媒介，因此将理解构想为人类社会的本体论条件。❹ 吉登斯认为在日常生活中，我们倾向于遵循这样一个等式："能动行为"＝"道德责任"（moral responsibility）＝"道德正当性的情景"，❺ 正当性的社会情景通过语言转变为他人的理解，❻ 即通过共享语言的表达来解决主体间性问题。❼ 从上述逻辑链条

❶ ［英］安东尼·吉登斯. 社会的构成：结构化理论大纲［M］. 李康，李猛，译. 北京：生活·读书·新知三联书店，1998. 61 - 63.

❷ 同上书，第67页。

❸ ［英］安东尼·吉登斯. 社会学方法的新规则：一种对解释社会学的建设性批判［M］. 田佑中，刘江涛，译. 北京：社会科学文献出版社，2003：167.

❹ 同上书，第219页。

❺ 同上书，第158页。

❻ 同上书，第148页。

❼ 同上书，第135、142页。

中可以看出，社会生活是由人们具有反思性监控的社会实践或者说行动流构成的，其中结构作为记忆痕迹内在于人的活动，既是活动的中介又是活动的结果，❶ 并且兼具使动性和制约性（enabling and constraining）。❷ 同时，结构化理论认为行动者具有能动性，能动作用不仅仅指人们在做事情时所具有的意图，而是首先指他们做这些事情时的能力，❸ 并认为个体有能力"改变"既定事态或事件进程，这种能力正是行动的基础，❹ 而能力自然包括制度中反复采用的规则和资源❺。

因为吉登斯认为制度化实践是指在时空之中最深入地积淀下来的那些实践活动❻，把在社会总体再生产中包含的最根深蒂固的结构性特征称之为结构性原则，而将在总体中时空伸延程度最大的那些实践活动称之为制度❼，所以制度这一概念是包含于结构中的，因此，结构化理论的关于结构和行动之间关系的论述也同样适用于制度和行动之间的关系。

2. 关于变迁的观点

结构化理论关于变迁的观点主要有两个层面：一是"有意图举动的未预期后果"（unintended consequences of intended acts）❽，二是一种传统或文化对自身的超越以及两种文化之间的对话❾。吉登斯借鉴了语言学理论，认为语言首先是一种符号或符号系统，但是它只是甚至不主要是一种"可能性描述"的结构，它是实践社会活动的中介❿，通过语言学（共享语言）作为中介，自我理解和理解他人成为可能⓫，经过深思熟虑的语言不仅仅是言说行动产生和对话达成的条件，也是言说和对话达成的无意识后果。⓬

---

❶ ［英］安东尼·吉登斯. 社会的构成：结构化理论大纲. 李康［M］，李猛，译. 北京：生活·读书·新知三联书店，1998：263.

❷ 同上书，第263页。

❸ 同上书，第69页。

❹ 同上书，第76页。

❺ 同上书，第77–78页。

❻ 同上书，第85页。

❼ 同上书，第79–80页。

❽ ［英］安东尼·吉登斯. 社会学方法的新规则：一种对解释社会学的建设性批判［M］. 田佑中，刘江涛，译. 北京：社会科学文献出版社，2003：165.

❾ 同上书，第138页。

❿ 同上书，第81页。

⓫ 同上书，第129、135、142页。

⓬ 同上书，第232页。

三、讨论与反思

新制度主义是在批判行为主义和社会决定论的情况下产生的，强调了制度对于行动者行动选择的影响，但同时，三种制度主义在解释制度变迁方面存在困难，理性选择制度主义因强调制度是凝固的偏好，强调制度是行动选择的结果，故难于解释非效率制度的稳定，而社会学制度主义和历史制度主义因强调制度决定论倾向，难于解释制度变迁尤其是制度内生性变迁。吉登斯的结构化理论强调了行动者反思性监控下的行动流的两重性特征，即行动者的能动性以及作为行动者的记忆痕迹或者意义框架而存在制度，消解了制度主义中制度和行动的两分法，使得制度和行动同时合体到行动者的行动流中，从而可以避开非此即彼的决定论倾向，为制度主义尤其是历史制度主义和社会学制度主义提供了本体论基础。

公民社会构建与俄罗斯
联邦民族政策走向[*]

何俊芳

（中央民族大学民族学与社会学学院　北京　100081）

苏联解体后，叶利钦政府开始在俄罗斯全面推行西方的新自由主义政策，实行产权私有化，并把"民主、法制和公民社会"[❶] 建设作为其国家长远发展的战略目标。普京执政后更加重视俄罗斯公民社会的构建，并主张要为俄罗斯建立一个生机勃勃、能使政权保持平衡且能得到监督的公民社会创造有利条件，因为这是建立一个民主、法制、有行为能力的联邦国家应当遵循的方针之一。[❷] 梅德韦杰夫在 2008 年的国情咨文中宣布，"俄罗斯在不远的将来要成为一个先进的、进步的和适于生活的国家，成为一个繁荣的、建立于公正法律基础之上的享有自由的人们的公民社会。这些是首要的任务，应毫不延迟地完成"[❸]。正是在这种大背景下，俄罗斯政府在民族政策领域实施了一系列不同于苏联时期治理多民族国家的策略，如在主要的法律中强调实行人权和公民权高于民族权利的原则、取消身份证上的"民族"栏、实行民族文化自治政策、倡导民族间的宽容与理解、构建并强化国家民族认同等。这些

---

[*] 本文原载于《中南民族大学学报》2012 年第 5 期，在原文基础上作了修改。

[❶] 公民社会（Civil Society）是指围绕共同的利益、目的和价值上的非强制性的集体行为。它不属于政府的一部分，也不属于盈利的私营经济的一部分，是处于"公"与"私"之间的一个领域，具体而言它包括那些为了社会的特定需要，为了公众的利益而行动的组织。公民社会作为市场经济和民主制度的基础，是西方用来衡量一个国家民主与否的标准之一。公民社会的核心要素包括个人主义、多元主义、公开性和开放性、参与性、法治原则等。

[❷] [俄] 普京. 普京文集——文章和讲话选集 [M]. 北京：中国社会科学出版社，2002：11.

[❸] 梅德韦杰夫. 俄罗斯联邦国情咨文 [EB/OL]. http://www.kremlin.ru/appears/2008/11/05/1349_ type63372type63374type63381type82634_ 208749. shtml.

策略，虽然在族际关系复杂的俄罗斯的实施过程中面临着一系列挑战，但却无疑是其在公民社会建设方面实行的重要举措。

一、主张人权和公民权高于民族权利的原则

个人主义一直被看作是公民社会理论的基石，该理论主张个人是社会生活的主体，公民社会和国家都是为了保护和增进个人的权利和利益而存在的，因此维护与发展人权是公民社会的首要原则。正是基于此原则，独立后的俄罗斯不再坚持苏联时期长期实行的各民族平等的法律准则，而是主张人权和公民权❶高于民族的集体权利，民族权利被涵盖在公民权利之中。为此，俄罗斯联邦在国家法律层面上均没有强调民族平等和民族权利，如除在《俄罗斯联邦宪法》（1993 年 12 月 12 日全民公决通过）前言中笼统地提到要在维护历史上业已形成的统一国家的前提下，遵循公认的民族平等原则外，在宪法的正文中没有规定实现民族平等权利的条文，而强调人和人的权利与自由具有至高无上的价值，承认、遵循和捍卫人与公民的权利和自由是俄罗斯联邦国家的义务（第 1 章第 2 条）。❷ 另外，如在《俄罗斯联邦条约》（1992 年 3 月通过）提出，为了保持俄罗斯联邦各民族历史上业已形成的统一国家和保持俄罗斯联邦境内各共和国的领土完整，应当把实现民族和谐、信任和相互尊重作为主要目标，因此要实行人权和公民的权利与自由优先的原则。1996 年 6 月颁布的《俄罗斯联邦国家民族政策纲要》则进一步强调指出，各民族公民拥有平等的权利和自由，俄罗斯民族政策的主要目标是捍卫人与公民的权利和自由，承认人是最高价值，加强俄罗斯全体公民精神道德的一致性和共同性。在俄联邦颁布的《俄罗斯联邦民族文化自治法》（1996）、《俄罗斯联邦公民和睦协定》（1994）等与民族问题相关的重要文献中，也均未阐明民族平等和民族权利的内容，但这些文件都一致强调在俄罗斯联邦实行人权和公民权利优先的原则。

俄罗斯联邦宪法第 19 条第 2 款还明确规定："国家保障人和公民的权利

---

❶ 所谓公民权，是指作为公民国家的公民，不论他们的文化、种族或宗教如何，都享有同样的权利。公民的权利是维系公民国家统一的纽带，是公民国家的核心。公民权独立于族属意识、宗教、文化和种族。公民对国家的认同是一种与族属意识、民族身份相分离的政治认同。

❷ 俄罗斯联邦宪法 [M].莫斯科：大纲出版社，2005：3.

与自由平等，不论性别、种族、民族、语言、出身、财产状况和职务状况、居住地点、宗教态度、信仰、对社会团体的归属关系以及其他情况。禁止因社会、种族、民族、语言或宗教属性而对公民权利做出任何限制"。其他基本法律和法律文件也从不同方面规定了在俄罗斯无论是人口较少民族还是命名民族，公民拥有的权利一律平等。

此外，为了体现公民社会构建的个人主义原则，俄罗斯于 1996 年在全国发放的新公民身份证上取消了从 1934 年起设置的"民族"栏。因为根据公民社会的构建理论，在公民国家里公民的宗教及民族属性应是与政治相分离的，属于公民的私人事务，而在身份证上对个体民族身份的登记，就使得公民的民族属性公开化。这样做也体现了对公民个体民族认同权的尊重，因为民族认同即民族归属感是一种心理认同，具有可变性，一些人也可能同时把自己看作是多个民族的成员（如那些出生在族际通婚家庭的子女，他们可能同时认同于父母双方的民族，而在俄罗斯有不少于 1/4 的居民生活在多民族家庭），也可能他只认同自己为俄罗斯的公民。而在身份证上根据父母一方的族属登记的民族成分，其结果可能与个体的主观愿望并不相符。与此相一致，在俄罗斯的宪法中也强调指出：每个人都有权确定并表明自己的民族属性；任何人不得被迫确定和表明自己的民族属性（第 26 条第 1 款）。

二、实行民族文化自治政策

"多元性"也是公民社会秉承的基本理念之一，不仅强调个人生活方式的多元化，思想文化的多元化，社会组织的多元化，国家也要承认并尊重公民及少数群体在族属、宗教、语言、文化、习俗等方面的多样性，而且认为这是天经地义的，是必须维护的基本原则。正因为承认、尊重甚至捍卫"多元性"，在文化领域，俄罗斯除构建以俄语为载体、由各族人民文化丰富并发展着的全俄罗斯共同文化的同时，实行"民族文化自治政策"，为各民族群体成员保存和发展自己的语言、文化创造有利条件。

根据俄联邦 2002 年的全国人口普查资料，俄罗斯的总人口为 1.45 亿，其中包括 142 个民族、族群，法律上规定可以建立自治实体的有 30 多个民族，另还有 7000 多万人散居在本民族共和国和其他自治实体之外，他们在保护自己的语言和文化方面很难与当地主体民族做到完全平等。为了应对以上局面，俄联邦政府提出了"民族文化自治"以满足这部分民族成员的需求，并将其作为构建公民社会中调节民族关系的一种策略。

根据 1996 年 7 月颁布的《俄罗斯联邦民族文化自治法》之规定，"民族文化自治是民族文化自决的形式，是属于一定族体的俄联邦公民的社会联合，他们在自愿自我组织的基础上独立地决定保存其独特性、发展语言、教育和民族文化的问题"。根据相关法律，实行民族文化自治的主体主要是指那些散居的民族成员及那些没有本民族自治实体的少数民族。

自治权是民族文化自治的核心内容，也是俄联邦公民权利的具体表现。俄罗斯公民的民族文化自治权是通过组建民族文化自治组织来实现的，而民族文化自治组织像公民社会中的其他社会组织，如工会、政党、企业家联合会、消费者协会、俱乐部等一样，其存在的价值在于实现公民的各种诉求，满足公民的各种合法需求。根据俄罗斯的相关法律，俄联邦公民的文化自治权主要包括：在民族成员相对聚居的地方建立自治组织，以促进民族语言和文化的保护和发展；遵照俄联邦的法律程序创办大众传播媒体，使用民族语言获取及传播信息；在公共权力机构的支持下建立教育和学术组织、文化机构，并保障它们行使与相关法律相适应的职能；保护和丰富民族历史及文化遗产、自由获得民族文化珍品、复兴和发展民间工艺、遵循民族传统和风俗习惯（包括宗教特征）通过民族文化自治组织、联合会和协会向立法权力机构（代表处）、执行权力机构和地方自治机构反映自己的民族文化需求并实现互利的对话等。❶

至 2007 年 9 月全俄总计建立了 632 个不同层级的民族文化自治组织，其中包括 17 个联邦民族文化自治组织、206 个区域自治组织和 409 个地方自治组织。就联邦主体而言，莫斯科（有 65 个民族文化自治组织）、斯维尔德洛夫斯克州（36 个）、鞑靼斯坦（32 个）、秋明州（24 个）、莫斯科州和斯塔夫罗波尔边疆区（各 21 个）、克拉斯诺达尔和克拉斯诺亚尔斯克边疆区（各 20 个）、加里宁格勒州（19 个）和圣彼得堡（18 个）10 个区域是行使民族文化

---

❶ B. 萨维利耶夫. 民族文化自治是俄罗斯民族族裔文化自决的形式［M］. 莫斯科：俄罗斯科学院国家服务出版中心，2008：39-40.

自治权的主要区域。❶ 至 2011 年 5 月，在俄联邦境内由 59 个民族群体正式注册的民族文化自治组织已达到 800 个，其中包括 16 个联邦级民族文化自治组织。❷ 如，从俄联邦通过《民族文化自治法》至 2008 年，鞑靼人共创建了 106 个民族文化自治组织，犹太人、日耳曼人、亚美尼亚人、乌克兰人、朝鲜人、阿塞拜疆人、白俄罗斯人、楚瓦什人和吉普赛人分别创建的民族文化自治组织有 88 个、83 个、35 个、29 个、25 个、22 个、20 个、17 个和 13 个。❸ 另外，在各级政府的支持下，根据各个民族群体的需求，在很多州都创办了民族学校。在秋明州有 197 所民族学校，其中包括曼西人和汉蒂人的 68 所民族学校、鞑靼人的 121 所、巴什基尔人的 4 所、楚瓦什人和高加索人的各 2 所；在鄂木斯克州有 29 所日耳曼人学校、22 所鞑靼人学校、17 所哈萨克人学校。在这些民族学校里专门开设有民族语言的选修课，并且还定期开展夏令营活动。❹

总之，根据俄联邦的相关规定，各民族群体根据自身的文化需求，不仅可以创办非国立的各级教育机构，还可创办用民族语言传播信息的各类大众媒体，也可以建立非国有的剧院、博物馆、图书馆等各种文化活动机构等，这就为少数民族群体的语言、文化的保存和发展创造了条件。也正如俄联邦委员会议长谢尔盖·米诺罗夫所言："民族文化自治……这样的自决形式给人民提供了发展自己文化的可能性，这些文化是俄罗斯共同文化的组成部分。民族文化自治组织的活动使很多民族共同体获得了保存自己语言、文化、习俗与传统的额外的可能性。"❺

三、倡导并促进民族群体间的宽容与理解

公民社会对"多元性"价值观的追求，意味着个体之间、群体之间必须

---

❶ B. 萨维利耶夫. 民族文化自治是俄罗斯民族族裔文化自决的形式［M］. 莫斯科：俄罗斯科学院国家服务出版中心，2008：41.

❷ 俄罗斯联邦的民族文化自治：在公民社会发展中 15 年的贡献［N］. http：//www. fnkaa. ru/news/read. 466. htm.

❸ B. 萨维利耶夫. 民族文化自治是俄罗斯民族族裔文化自决的形式［M］. 莫斯科：俄罗斯科学院国家服务出版中心，2008：42.

❹ T. 哈博利耶娃. 俄罗斯联邦的民族文化自治［M］. 莫斯科：法律出版社，2003：138 – 140.

❺ Ⅱ. 康诺童. 民族文化自治在俄罗斯［N］. 俄罗斯之声，2011.05.04. http：//rus. ruvr. ru/2011/05/04/49841545. html.

要有包容各种"多元性"的精神，因此宽容也是公民社会的基本价值和原则。在多民族国家里，民族宽容作为宽容的表现形式之一，是衡量一个社会和谐与否的重要指标之一，同时也是国家调节民族之间关系必须要考虑的因素。

宽容并不单纯地指城市或者是乡村居民对修建清真寺或者离东正教教堂不远的犹太教堂的默认，而是指个体或者团体能够帮助建筑与自己信仰不同的新教堂。❶ 目前，人们更侧重于从人的尊严方面对宽容加以分析，认为宽容指的是一种道德品质，是对待其他种族、民族、传统文化、宗教信仰的一种态度，这种态度遵循的是"人人生而平等"的原则。《世界人权宣言》强调，人权产生于"人自身的固有尊严"，人的尊严是人的最基本的权利，是生活的最高需要。人们并不是为了生活而需要人权，而是为了一种有尊严的生活而需要人权。在一个宽容的社会环境里人权更易得到实现，在一个业已形成宽容社会氛围的国度里，公民的地位和权利也更易得到保护和尊重。

苏联解体后，随着苏联时期原有价值观的逐步瓦解以及生活水准的持续下降，一些民族成员之间的关系紧张，不宽容程度日益加深。如从俄罗斯科学院社会政治研究所提供的民意调查材料看，1994 年在莫斯科有 74% 的受访者承认，在市场、商店里、城市交通工具上和服务领域遭遇过族际问题，11% 的人在就业中碰到过这种问题，4% 的人则在交友和族际通婚等问题上遇到过类似情况。1994 年有 27% 的受访者对一些民族成员特别是高加索人有恶感，1995 年这一比例上升到 35%，2003 年则增加到 41%。对少数族裔抱有警惕心理的比例也很高，如，2003 年时有 87% 的莫斯科人认为对高加索人一定要高度警惕。❷ 2005 年莫斯科国立大学社会学研究中心对本校大学生的抽样调查结果也表明，有 1/3 生活在宿舍的受访者明确表示出对异族同学的不宽容，有 48% 的受访大学生认为在分配宿舍时必须考虑同学的民族属性。不宽容的表现形式有很多，如贬低性的暗示（占 58%）和言语上的侮辱（占 55%），甚至使用暴力（占 11%）等。❸

---

❶ B. 玛丽科娃，B. 季什科夫. 大众信息工具中的族性和宽容度 [M]. 莫斯科：俄罗斯科学院民族学与人类学研究所，2002：16.

❷ 常喆. 俄罗斯为何有很多民族 [N]. 环球时报，2005 – 2 – 18.

❸ B. 梁赞钦夫. 族际关系：莫斯科大学大学生的观点 [J]. 莫斯科大学学报（社会学政治学），2007（1）.

从总体上看，民族成员间的矛盾和不相容的局面成为俄罗斯实现民族和谐、和平共处及构建公民社会的主要障碍之一。因此，为了促进个体间、民族群体间的宽容与理解，1991 年俄罗斯政府颁布了《公民法》，从法律上消除了对各非俄罗斯族的歧视；1992 年通过了《俄罗斯联邦教育法》，规定教育内容应能促进不同肤色、民族、种族、宗教信仰和社会团体的人们彼此的理解；1994 年，俄罗斯政府又颁布了《俄罗斯公民和睦协定》，推动各公民、民族之间和平共处；2002 年，俄罗斯国家杜马通过了《关于反对极端主义活动的联邦法》，意在反对从恐怖主义到宣传民族、种族、宗教等领域的偏见及歧视行为等。

此外，俄罗斯的一些城市还举行了"族际宽容日"等活动，注重培养市民的宽容精神，达到促进各族裔和睦相处的目的。如圣彼得堡市政府针对自身存在的问题，制定了"2006～2010 年民族、文化间关系和谐及预防冲突、加强宽容性的计划"。该计划强调，宽容性是保证多民族的俄罗斯社会完整，保障人权和自由，建立民族间和平与和解的基础。

媒体作为传播信息的主要渠道，对人们的观念和行为产生着十分重要的影响，因此俄罗斯政府规定，其主流媒体在节目内容上要体现不同种族、民族平等的原则，禁止传播有关种族主义、文化民族中心主义、民族分离主义、极端民族主义的言论。对那些有传播种族、民族和宗教仇恨，号召用暴力方式解决问题倾向的报纸和其他出版物进行定期的评估等。另外，为了弘扬民族文化的多样性，在俄罗斯开设有不同语言的电视频道和广播电台，转播民族文化协会和有关各共和国各方面的报道；开办有维护和平的宗教节目，其中包括不同宗教的杰出代表参加的宗教节目。总体而言，俄罗斯大众传媒的主导思想旨在促进民族多元文化的发展，警惕民族主义、分离主义思想的渗透，宣传各个民族的优秀文化，增进民族之间的交流，增强民族之间的宽容、理解与相互信任。

总之，目前无论是俄罗斯联邦的各级政府，还是各界学者和大众传媒，都在为构建和谐的多元文化社区而努力工作，他们希望生活在每个社区的各族成员都能感受到，每位公民不论属于哪一个民族其地位都是平等的，他们都受到了公平的待遇。只有这样各族公民之间才能够彼此相互尊重，也才能最终实现个体间、民族间和谐、信任和相互尊重的公民社会的构建目标。

四、构建并强化对俄罗斯国家民族的认同

增强个体对国家的认同，增强国家的凝聚力，这是以个人主义为理论基石的公民社会构建中必须要解决的问题，也是建立真正意义上的"强国家—强社会"的必要条件之一。

众所周知，个体的认同具有多重性，各种认同共存于个人的观念和意识中，并依据不同的情境强调或突出某一种认同。在个体有关族裔认同与国家认同的关系结构中，族裔认同不一定会解构国家认同，但众多的事实表明，过于强烈的族裔认同和国家认同之间确实存在一定的矛盾和冲突。因此，公民国家整合无不以全体公民为对象，力图培养他们对国家的认同和忠诚，以期建成超越族裔界限的国家民族（state – nation）。❶ 因为"只有当国民转变成为一个公民组成的民族，并把政治命运掌握在自己手里的时候，才会有一种民主的自决权"❷。

俄罗斯是一个拥有 100 多个族体、83 个行政主体（其中包括 21 个民族共和国、1 个民族自治州和 4 个自治专区）的联邦制国家，其复杂的族裔人口结构、众多民族区域自治体的存在等，无疑对其共同的国家认同产生着一定的张力。如，从俄罗斯社会学学者于 1993 年进行的有关公民身份认同的调查情况看，俄罗斯一些共和国的族民们特别是非俄罗斯族人对首先作为是俄罗斯联邦公民的认同度并不是很高，特别是在布里亚特、车臣、鞑靼斯坦、图瓦、雅库特等共和国的命名民族中主要认为自己是本共和国公民的人数超过 50%；当然，在大多数共和国，族民们对俄罗斯和自己的共和国具有同样的忠诚；而在那些生活在他们"自己的"共和国或自治体之外区域中的非俄罗斯族人当中，则有着强烈的泛俄罗斯民族认同，这部分人口占全国非俄罗斯族总人口 2700 万中的 1800 万，见下表。❸

❶ 钱雪梅. 从认同的基本特性看族群认同与国家认同的关系 [J]. 民族研究，2006 (6).

❷ 哈贝马斯. 后民族结构 [M]. 上海：人民教育出版社，2002：76.

❸ [俄] 季什科夫. 苏联及其解体后的族性、民族主义及冲突 [M]. 姜德顺，译. 北京：中央民族大学出版社，2009：498 – 500.

1993 年俄罗斯各共和国族民对公民身份的认同度（%）

共和国	族群（人数）	问题：你认为自己是什么政体的代表者？					
		（1）只是我的共和国的	（2）更多的是我的共和国的而非俄罗斯的	（3）同样的是俄罗斯的和我的共和国的	（4）更多是俄罗斯的而非我的共和国的	（5）只是俄罗斯的未回答	（6）未回答
布里亚特	布里亚特族	28	25	40	2	2	3
	俄罗斯族 5	5	42	22	21	5	
车臣	车臣族	77	10	11	1	—	1
一印古什	印古什族	14	41	45	—		1
6	俄罗斯族	8	11	51	18	6	
鞑靼斯坦	鞑靼族	33	19	34	2	1	11
8	俄罗斯族	8	7	49	18	10	
图瓦	图瓦族	42	22	33	1	1	1
1	俄罗斯族	3	4	52	27	13	
雅库特	雅库特族	38	21	39	1	—	1
5	俄罗斯族	8	9	56	14	8	

资料来源：Cotton，Hough，Lehmann，andGuboglo's survey，November December 1993. 转引自季什科夫. 苏联及其解体后的族性、民族主义及冲突. 中央民族大学出版社，2009：498 – 499.

　　正是基于建立公民社会、公民国家及增强国民对俄罗斯国家认同感的理念，以俄罗斯科学院民族学与人类学研究所所长季什科夫为代表的一些学者提出了构建统一的"俄罗斯民族"（российская нация）即"国家民族"或"公民民族"的思想：俄罗斯民族包括楚瓦什族人、俄罗斯族人、犹太人等，所有生活在俄罗斯境内的民族应该形成统一的俄罗斯民族。也就是说，俄罗斯民族是一种跨族裔的（кроссэтническая форма）和超族裔（надэтническая форма）的认同形式，是"众民族之民族"（нация наций）。❶ 早在 1997 年，季什科夫就从历史、政治及文化等方面系统论述了"俄罗斯民族"这一象征符号行为存在的基础：首先，俄罗斯联邦与其他民族—国家一道是联合国成

――――――――――

　　❶ 本段话摘引自季什科夫于 2011 年 1 月在中央民族大学"关于俄罗斯人民及其民族认同问题的探讨"的演讲稿。

员国，俄罗斯本身具有长期使用国际含义的"民族（nation）"这一词语的传统；其次，处于其疆界中的俄罗斯不仅是一个历史事实，它也是一个得到普遍承认的、已建立起经济、通信及行政联系的实体；再次，在其人口中，文化内聚性的程度很高，具有不同族裔背景的 1.5 亿的俄罗斯人口都能用同一种语言交流，❶ 俄罗斯甚至比许多看作是民族—国家的大、小国家在文化上更具有同质性；最后，公民的而非族裔的认同在全国大多数人中占优势。❷ 就是说，构建"俄罗斯民族"这一在公民意义上而不是种族、族裔意义上的国家民族，其目的是形成公民社会制度并将俄罗斯各族人民团结为统一的民族。

自季什科夫等提出上述思想后，虽然有些人对此提法有不同的看法甚至反对的声音，但这一思想已得到高层领导的重视和倡议。如普京、梅德韦杰夫曾在各种场合多次发出了建立"俄罗斯民族"及认同于国家民族的号召，以培养俄罗斯人的公民意识，因为如果缺乏共同的认同，有成效地建设在一个基本阶层和主要政治力量信奉不同的价值观和不同的思想倾向的社会里是不可能进行的。❸

普京在 2000 年的就职演说中曾提到：我们拥有共同的祖国，我们是一个民族。在 2004 年的就职演说中他又讲道：我们克服了重重思想障碍，正在形成一个民族，我们一定能够逐步形成统一的民族。同年 2 月普京在切博克萨雷市谈到族际关系、宗教间关系时强调指出："早在苏联时期我们就讲统一的共同体——苏联人民的问题，并为此建立了一定的基础。我认为，今天我们有充分的理由讲俄罗斯人民（российский народ）是统一的民族（единая нация）。我个人认为，正是这种统一的精神将我们联系在一起。我们的前辈付出艰苦的努力正是为了让我们深深地感受到这种统一。这就是我们的历史以及我们今天的现实。"❹ 2008 年 6 月 28 日，梅德韦杰夫总统在汉特—曼西斯克出席第 5 届芬兰—乌戈尔族民国际会议时指出："俄罗斯民族的历史发展本身在很大程度上建立于精神财富及族裔文化和多信仰环境的保持之上，建

---

❶ 根据 2002 年的人口普查资料，俄罗斯全体国民中有 98% 的人能用俄语交流，详见何俊芳."2002 年俄罗斯联邦的民族状况 [J]. 世界民族，2007（1）.

❷ [俄] 季什科夫. 苏联及其解体后的族性、民族主义及冲突 [M]. 姜德顺，译，北京：中央民族大学出版，2009：493 – 501.

❸ [俄] 普京. 普京文集——文章和讲话选集 [M]. 北京：中国社会科学出版社，2002：7.

❹ 俄罗斯报 [N]. 2004 – 2 – 6.

立于居住在同一国家内的 160 多个族民多个世纪和平共处的经验之上。因此，俄罗斯民族的统一经受住了众多的考验。"❶

俄罗斯政治话语的这种变化，表明构建及强化对俄罗斯国家民族的认同问题已成为国家政治生活的头等大事。为此，俄罗斯政府通过了一系列措施，以加快俄罗斯国家民族的建设。

构建俄罗斯国家民族认同，首先需要从统一社会思想，增强国家内部凝聚力开始。为此普京提出了"俄罗斯新思想"作为凝聚俄罗斯社会的价值观，其核心是"爱国主义和强国意识"。这一思想被提出后，已在全国范围内开展了一场以弘扬俄罗斯历史传统，强化爱国主义和强国意识为宗旨的全民教育运动，希望重新唤起俄罗斯民众早已淡忘的思想意识和俄罗斯传统的文化价值观。普京在 2001 年的国情咨文中又强调："俄罗斯的统一靠我们人民特有的爱国主义、文化传统和共同的历史记忆来加强……这是新的重振精神的开始。"❷ 俄罗斯政府还通过了《2006 ~ 2020 年俄联邦公民爱国主义教育》国家规划，为此拨款 175 亿美元用于开展有关活动。我们从中不难看出，普京的国家理念正是依赖于俄罗斯传统政治文化的精神，在新时代致力于宣扬新的民族思想，重建俄罗斯国家民族的认同。根据《普京的计划：俄罗斯民族的长期战略》一文对普京历次讲话的总结分析：俄罗斯公民在精神和道德准则上的一致性，在基本价值观念上的一致性，是形成统一政治民族的重要特质。同时，这种一致性也是保障国家统一和主权完整的基础。❸

在行政管理方面，俄联邦政府加强了国家的统一领导，建立了中央对地方的垂直管理体制，并力图弱化区域自治体的民族因素。如将全国划分为 7 个大区，由中央政府派人直接管理；同时改革了联邦结构和地方领导人和国家杜马的选举办法，建立了"垂直立法体系"和"垂直行政体系"，有效地强化了国家的管治能力。另外，强调"俄罗斯联邦主权及其各构成部分的主权，被授予其整个多族裔人口，而非授予各族群。没有任何单个族群能够拥

---

❶ http：//www.admhmao.ru/obsved/Znam_ sob/27_ 06_ 08/priv1.htm.

❷ 本论文中普京国情咨文引文均出自俄罗斯政府官方网站：http：//www.kremlin.ru/sdocs/appears.shtml? stype =63372.

❸ http：//www.edinros.ru/news.html? id = 120962.

有独占权利，去控制领土、政治制度及资源"❶。可见，以上论述体现的是一种新的政治趋势，即是一种公民原则，它趋向于国家构建以弱化民族因素与区域自治体的联系及各种分裂的可能性。

民族国家、公民社会的建设需要建立在一定的经济基础之上，针对叶利钦时期的"休克"疗法导致的经济严重衰退，阶层剧烈分化，普京上台后提出了"社会市场经济"的发展战略，即实行国家宏观调控的、实施居民社会保障的市场经济，这种由国家干预的有序的市场经济使俄罗斯逐渐摆脱了危机，实现了经济的持续稳定增长，居民生活水平明显改善，养老保险、医疗保险等社会保障制度得到完善。如 2005 年与 2000 年相比，失业人数减少了26%，人均 GDP 增加了 2 倍；居民个人存款从 2000 年的 463 万亿卢布增加到 2005 年的 2755 万亿卢布；恩格尔系数从 1995 年的近 70% 下降到 2005 年的46.6%。❷另外，对人口较少民族在经济发展等方面采取扶持措施。普京在2007 年的国情咨文中宣布，俄罗斯已经走出生产长期下滑的困境，跻身世界十大经济强国的行列，已将俄罗斯从一个富饶的穷国，建成了一个强国。

总之，虽然俄罗斯统一民族的真正形成尚需时日，但俄罗斯政府采取的一系列强化对国家民族认同的政策措施已取得了一定的成效，俄罗斯公民对政府、对国家内外政策的认同度已有所提高，对国家的归属感和认同感已有所加强。

五、结　语

苏联解体以后，俄罗斯政府面对国家复杂的民族结构，当时在协调民族关系方面，面临着两种选择，一种是学习欧美建设政治民主和文化多元公民国家的经验，构建公民社会；另一种是建立以主体民族为核心实现民族融合的民族国家。从总体情况看，无疑俄罗斯在国家治理模式上选择了前者，但附加了自己的特色。

1993 年，俄罗斯政府成立了隶属总统的"促进公民社会制度和人权发展委员会"（2004 年改称为"公民社会和人权发展委员会"），以便为高层领导

---

❶ 俄罗斯报 [N]. 1994 - 2 - 25.
❷ 社会与科学报 [N]. 2007 - 5 - 24.

就促进俄罗斯公民社会和人权的发展问题提供咨询与建议；与此同时，俄罗斯政府在各个领域也包括民族政策领域逐步实施了一系列有利于公民社会建设的措施，特别是普京上台后，通过颁布《政党法》和《非政府组织法》、成立联邦社会院等完善了构建公民社会的相关机制和法律基础以及对市场经济的制度化建设等，为公民社会的建设提供了可靠保障。但毫无疑问，从成熟的公民社会应具备的要素看，俄罗斯还处于公民社会建设的初创阶段，如何达到"社会组织、非政府组织和整个社会完全能够，而且也应当对社会经济和政治生活分享权利和责任"；而另一方面若"没有国家的有效工作既不会有任何公民的权利，也不会有人和公民的自由，事实上也就不会有公民社会本身"，即要达到普京所强调的"俄罗斯要建立强国家，也要建设强社会"的目标，构筑顺畅高效的民主体制，形成良性互动、政通人和的局面，俄罗斯还有漫长的道路要走。

国外多民族国家语言政策与民族关系

何俊芳

（中央民族大学民族学与社会学学院　北京　100081）

目前，全世界有190多个国家，其中绝大部分都是多民族、多语言国家。相对于民族及语言数量单一的国家而言，多民族国家在其一体化及和谐关系的构建中所遇到的困难要大得多，这其中就包括语言问题对这一进程的影响。当然，很多语言问题都有可能对多民族国家的民族关系产生影响，但总体而言，国语、官方语言的选择及推广问题对该国民族关系所产生的影响尤为重要。

一、国语、官方语言的选择对民族关系的影响

多民族国家为了进行一体化构建，在建立统一的国民经济体系和商品流通市场、实行统一的行政管理和发展同质的国民文化的过程中，就必须借助某种共同语作为工具和载体。因此，大部分国家都会采取立法和行政手段确定某一种或几种语言在国内诸民族语言中享有这种特殊地位，这类语言通常被称为该国的"国语"、"官方语言"或"通用语言"。当然，这种特殊地位的获得对于使用该语言的民族在本国现行社会、经济和政治体制中所处的地位及获取各种利益，还有对于该族传统文化在全国范围内的普及与弘扬，无疑都有着明显的好处。因此，在多民族国家中，国语、官方语言的选择就变得十分敏感，处理不好就有可能引发严重的民族冲突，对该国的民族关系状况产生消极影响。

在一些多民族国家，如果其民族人口结构为单核心型，即某一民族在该国的人口数量中占绝对优势，该民族语言也具有较悠久的历史和较为丰富的

文化积累，那么该语言被选为该国的国语或官方语言并且未采取强制推行措施，一般不会引起其他少数民族的反对，这种语言规划政策对该国的民族关系一般也不会产生消极影响。如在我国，由于汉族占绝对多数的人口结构以及汉语言悠久的历史，使汉语（以北京话为代表的北方方言）早在明代就成为中国的"官话"。20世纪二三十年代，随着"国语运动"的开展，"官话"一词被"国语"所取代；新中国成立后，中国共产党为了体现"民族平等"和"语言平等"，又改"国语"为"普通话"。就是说，汉语普通话是自然而然地成为新中国这一多民族国家的通用语言的，其享有的官方地位并非是人为选择的，因此，在中国并未因官方语言的选择问题而引发冲突。

但是，从世界范围看，在一些多民族国家，如果生活在该国的两个或几个民族的力量对比及其所使用的语言的功能大小相当，那么其国语、官方语言的选择问题就十分敏感，稍有不慎就有可能引发严重的民族冲突，对本国构建和谐的民族关系造成不良的影响。

案例一：印度的例子

1947年8月15日，印度在经历了长达200年的殖民统治之后，在这一天最终获得了独立。但随着殖民统治的结束，摆在印度宪法制定者面前最复杂的问题之一，就是国家的共同语问题，即他们要选择出一种能被国家所有讲不同语言者能接受的语言。最后立宪会议赋予了印地语为印度的国语这一地位，并规定从1965年起印地语全面替代英语并行使其国语的功能。

但是从1965年1月26日起，一些族群为了抵制"印地语帝国主义"及"粉碎把南方人降为二等公民的阴谋"，在印度南部各地爆发了大规模的示威游行，在此后连续20多天的时间里，先后有159人被警察开枪打死，数百人受伤，5000多人被捕，5人自焚。1965年2月12日，印度南部举行了包括6个邦在内的政治性总罢工；1967年泰米尔大学生提出了禁止在泰米尔纳德邦首府马德拉斯市放映印地语影片、关闭"印地语推广协会"、禁止该协会在泰米纳德邦领域内进行活动等要求，结果在马德拉斯有78人被打死，而在泰米尔的游行期间死亡的人数达到150人，5人作为抗议的象征而自焚；1967年12月印度南、北方的大学生总共实施了49次严重的暴力行动，其中包括焚烧邮电大楼、火车等。

确定印地语为国语之所以引起了广大非印地语区居民的强烈不满，是因为他们认为当时讲印地语的印度斯坦人不足全国居民的 1/3；印地语尚未发展成全国性语言，仅仅是一种地区性语言；其文学成就及影响还不如泰米尔语、泰卢固语等；将其列为国语无疑会使印度斯坦人在政治、经济、文化生活中处于高于其他民族的地位。因此，启用印地语为国语和用强制办法推行的做法，其结果是引发了印度各地反对这个措施的抗议、示威活动和流血冲突。许多政治和文化界的活动家在报刊上发表文章反对强加印地语，并把这种行为谴责为"印地语帝国主义"。以上这些表现都反映了对印地语作为国语的反感情绪。

案例二：原巴基斯坦的例子

在原巴基斯坦，居住着占当时全国总人口 56.4% 的孟加拉人，他们使用本族语言。1947 年印巴分治后，东巴基斯坦人民据此向巴基斯坦的政策制定者提出了把占大多数人使用的孟加拉语定为国语的要求，但这个要求被拒绝。因为政策的制定者认为，讲孟加拉语的人虽在数量上占优势，但仅集中在一个省。尽管讲乌尔都语仅占总人口的 3.27%，但它广泛使用于伊斯兰教，而且这种语言分布广泛，在全国各地均有分布。孟加拉的政治家和领袖们坚持主张维护一个民主国家中大多数人的权利，而乌尔都语的支持者则强调乌尔都文在伊斯兰教中的重要作用。这一问题本可以通过选择双官方语言（双国语）的办法得以解决，但巴基斯坦的语言政策的制定者们，特别是一些政治领袖真纳等则支持世界上许多国家所遵循的一个国家、一种国语的模式。这种不顾语言状况实际的做法导致了 1952 年 2 月 21 日的流血事件，其中包括学生在内的许多人受了伤，并有 5 人因伤而死。

之后，在孟加拉省以首都达卡的大学生为主体展开了"国语运动"，经过长期的激烈斗争，1956 年巴基斯坦宪法被迫宣布孟加拉语为巴基斯坦的国语之一。但巴基斯坦的政策制定者在承认孟加拉语为本国国语之一后，又以牺牲孟加拉语为代价，让乌尔都语和孟加拉语两种语言采用相同的文字，这进一步加深了孟加拉人对巴基斯坦中央权威的不信任。此后，反对政策决定的情绪一直十分高涨，以致诸如简化孟加拉文字、印刷改革等规划，都被看成是中央政府反对孟加拉语的阴谋。

1971 年东、西巴基斯坦的分裂，毫无疑问是由许多因素造成的，但孟加拉语的地位规划则是最清楚和确定的因素之一。可以说，巴基斯坦中央政府宣布乌尔都语将是唯一国语的决策，严重伤害了孟加拉人的民族感情，而东巴基斯坦人为了维护对自身语言的忠诚及语言利益的捍卫，致使东、西巴之间的民族关系出现了严重危机。在双方冲突的过程中，政府的镇压措施导致了那些争取语言权利的人被处死，这样的死亡事件则加速了孟加拉人的分离倾向。另外，在这一过程中，受孟加拉语教育的精英分子将孟加拉语用做反对霸权主义的象征，也极大地唤醒了孟加拉人的本土身份意识，一场语言运动逐渐发展成抵制巴基斯坦人的统治和内部殖民主义的运动，最后导致了孟加拉国的诞生。总之，孟加拉脱离巴基斯坦，是因为语言政策的制定者们未能认识到，语言既可以是促成国家统一的因素，也可以是导致国家分裂的重要力量。

案例三：斯里兰卡的例子

斯里兰卡独立后，随着僧伽罗民族主义情绪的膨胀及对泰米尔人原有优势的不满，斯里兰卡政府逐步转向了偏向僧伽罗人的民族政策，首先在语言问题上放弃原有的僧泰两种语言具有同等地位的承诺，这严重伤害了泰米尔人的民族感情，一些泰米尔青年因此走上反政府的道路，使语言问题成为导致斯里兰卡民族冲突最初的刺激因素。

据有关资料统计，因语言问题引发的 1958 年 5 月 23 日至 27 日的民族骚乱中，共发生纵火抢劫事件 2000 多起，大量的民房、商店、寺庙、火车、汽车被毁，有 300～400 人被打死，12000 多人无家可归。之后，为了缓解民族矛盾，斯里兰卡政府通过了一些提高和保障泰米尔语地位的特别条款和协议，但这些经双方政治精英妥协达成的协议，都因双方极端民族主义者的不满而未能真正实施，这不仅使得多次民族和解的大好时机被错过，而且使僧伽罗人和泰米尔人的民族主义情绪更加走向狂热，使本来就十分脆弱的斯里兰卡统一国家主义逐渐消亡。

二、国语、官方语言的推广对民族关系的影响

多民族国家在选定本国的国语或官方语言之后，采取的推行措施必须要考虑到很多制约因素，因此在推行中不能急于求成，否则会事与愿违，有可能对本国的民族关系状况产生不良的影响。苏联解体后原各加盟共和国对本国国语的激进的推行措施而引发的主体民族与以俄罗斯人为主的俄语居民之

间的冲突，就是很好的例证。

1989～1991 年苏联解体之前，各加盟共和国先后均把本国命名民族的语言定为其国语，当时并未引起大的争议，问题主要在于各国所采取的激进的推行措施。这主要表现在以下一些方面。

1. 规定在一些领域转用国语的期限不符合语言状况的实际。如在白俄罗斯使用国语的期限分为 3 年、3～5 年、5 年和 5～10 年 4 个阶段完成。实际上，白俄罗斯语本身的完善程度及本国的语言状况决定了以上规定大部分根本无法实现。在乌克兰，不同社会生活领域语言法的实施分为 3～5 年和 5～10 年两个阶段。在哈萨克斯坦，规定公职人员使用国语的期限是自语言法生效后 5 年内；而作为教学大纲的必修课程、作为职业技校、中等和高等学校的教育和教学语言的期限为 10 年等。

在原苏联很多共和国，实际上长期形成的主要讲俄语的语言状况及语言习惯，以及大部分共和国国语本身在以前及苏联时期并未发展成为十分完善的语言，这些都明显地限制了它们难以在短期内在科学、技术、自然科学教育及国民经济的一系列部门如工业、交通、通信等领域内取代俄语，因此，面对由此引发的俄语居民的不满和对抗，各共和国不得不一再推迟在一些领域转用国语的期限。如哈萨克斯坦原规定 1995 年在公文处理中转用哈萨克语，但这也没有实现。在 1997 年颁布的新语言法中，在就业时对不懂哈萨克语没有提出直接的禁令，也没有提到公文处理要马上转用哈萨克语。其实，在语言法实施的初始阶段，或者说至少在前 10 年内，在大部分共和国的很多领域对国语的转用也只是形式上的。

2. 在国语推行中采取强制措施。在实施主体民族语言国有化政策的初期，各共和国为了能使本国国语尽快取代俄语，成为真正的国语和本国范围内最积极使用的语言，所以普遍具有求速心切的心态，并大多采取了一些强制推广国语的措施，冲突也就必然发生。

如在白俄罗斯，除通过《白俄罗斯苏维埃社会主义共和国语言法》赋予白俄罗斯语为本国唯一国语地位外，为了使白俄罗斯语能尽快适应其国语地位，政府还于 1990 年 1 月通过了《在白俄罗斯推广白俄罗斯民族语言的决定》，并展开了强力推广白俄罗斯语的运动。但是受制于白俄罗斯语及其整个国家的语言状况，其实很难在短期内做到这一点。因此，政府的强制性做法，引起了俄语居民的普遍不满和抗议。所以，自白俄罗斯政府推行白俄罗斯语运动以来，在白俄罗斯全国各地，特别是首都明斯克，发生了多起教师学生罢课、市民集会的事件，以抗议政府的"语言政策"，警察与抗议者之间也时有冲突发生。其实当时很多人并不反对推广白俄罗斯语，只是反对政府所采取的强制性做法。

3. 把国语知识与职位的保留与升迁、就业甚至公民权的获得等挂钩。在一些共和国，把是否掌握国语及其熟练程度与许多个人的切身利益相挂钩，实际上是推行国语的重要举措，从长远看，这样的举措也许是必要的。但问题在于，对某种语言的掌握需要一个漫长的过程，因此在各共和国语言改革的初期就把是否掌握国语作为能否保留职位、升迁、获得国籍的依据，无疑会引起俄语居民的强烈不满与对抗，乃至冲突。如在语言改革之初的 1989 年，由于摩尔多瓦的很多企事业单位开除了大量未掌握国语者，从而激起了俄语居民的强烈抗议，如当时有 100 多家企业的非摩尔多瓦族员工举行了为期 3 周的联合大罢工。另外，在 20 世纪 90 年代前半期，在摩尔多瓦共和国内有大量的俄语专家和领导人以不懂国语为由被开除，特别是管理、医学、教育、科学和文化领域的讲俄语的专家和领导人。如以彼洛告夫命名的医务工作者组织，为此组织了全共和国的代表大会以示抗议，并且在代表大会参加者通过的呼吁书中强调，为了使民族语言歧视不蔓延到医学及其他领域，代表大会向共和国议会申请加快通过少数民族语言法；另有一些组织者和专家、医务工作者的社会组织甚至还向国际医生组织声援支持。类似的情况在各共和国都有发生，只不过程度不同而已。

另外，在原苏联共和国中，爱沙尼亚和拉脱维亚是把国语知识考试与是否能获得本国国籍相挂钩的两个国家。1940 年 6 月，上述二国（还包括立陶宛）被强制并入苏联，因此，这两个共和国以此时间点作为苏联解体后居住在本国的非主体民族成员能否自动获得国籍的依据。如根据爱沙尼亚 1992 年通过的国籍法，爱沙尼亚公民是 1940 年 6 月 16 日以前居住在本国的居民及他们的后代（就是说 1940 年以前居住在爱沙尼亚的公民及其后代可自动获得爱沙尼亚国籍），以及那些后来通过法律程序获得国籍的人。凡是在 1940 年 6 月 16 日以后迁入的苏联公民及后代，需要通过爱沙尼亚语和宪法考试才能获得国籍。新的国籍法还规定，不允许爱沙尼亚公民拥有双重国籍。拉脱维亚的要求与此相类似，甚至更严格。在存在大量俄语居民及短期内难以掌握国语的情况下，要通过国语考试并获得居住国国籍确实并非易事，由此引发的冲突也就成为必然。当然，这样的举措确实能在很大程度上推动俄语居民对居住国国语的掌握，但这样做是否有悖人权值得探讨。

4. 强行限制俄语的使用。原苏联各共和国要推行本国国语，使其尽早地充分发挥国语应有的功能，以便与其自身的地位相适应，因此不可能像苏联时期那样让俄语"大行其道"，对俄语的使用加以限制是必然的，也是很有必要的。但是，这种限制应该是适度的、是渐进的，是根据本国语言使用状况做出的比较合理的限制与调整。因此，如果不顾本国语言状况的实际，强行限制俄语居民的各种语言权利，难免事与愿违，欲速则不达，乃至发生冲突。

在语言改革初期，在主体民族强烈的民族主义情绪支持下，大多数共和国为了尽快提升国语的地位和功能，在对待俄语的使用上确实采取了不少不顾语言状况实际的做法，故而引起了俄语居民的广泛反对，最后这些共和国都不得不对强行限制俄语使用的政策做出调整。例如，哈萨克斯坦在国家出入境的管理上，曾一度停止使用俄语申报单，改用哈语、英语申报单，这不仅使得非哈萨克族人看不懂，很多只懂俄语的哈萨克人也看不懂，而国人大多又不懂英语，因此使用哈语、英语报关单很不方便，最后只好又恢复使用俄语报关单。

在限制俄语的使用上，各国的政策表现在方方面面，包括报刊图书出版、广播电视播放、公文处理、学校教育，等等，其中由限制俄语教学而引起的冲突最为激烈。如1989～1994年期间摩尔多瓦政府曾大规模关闭俄语学校，引起了该国俄语学校学生家长的激烈反对和抗议。在拉脱维亚，围绕俄语学校中有关"国语"和"母语"教学的课程设置、比例分配等引起了俄罗斯人的激烈斗争，这说明了学校语言教育问题的敏感性和复杂性。学校确实是语言推广或保持的最佳场所，一种语言是否应用于学校教育，应用的程度如何，不仅是国家语言政策的体现，也是这种语言现实价值及应用价值的体现。

三、几点讨论

首先，众所周知，列宁曾反对人为规定国语，认为国语是可耻的，是警察制度。当时，俄国的自由主义者为了俄国的"文化利益"、为了"统一"

"不可分割"的俄国的利益，强调国语的义务性，列宁就此批判性地指出：
"义务国语意味着什么？这在实践上是说，把俄罗斯人（占俄国人口的少数）
的语言，强加于俄国的一切其他居民。每一个学校用国语授课，应是义务。
一切官方的业务，必须应用国语，而不用当地居民的语言。"可见，列宁反对
的是"义务国语"，而从世界各国的情况看，还有"象征国语"＋"官方语
言"的模式，如新加坡定马来语为国语，马来语、英语、华语、泰米尔语同
为官方语言，但实际上英语是主要的官方语言。我们认为，独立国家根据本
国国情选择一种或几种本土语言作为本国的国语，无论是作为本国的象征，
还是作为国内不同民族间的族际交际语，都是可以理解的，也符合多民族国
家行政管理、经济和文化方面一体化建设的需要，特别是对那些前殖民地国
家而言，根据其国情确立一种"象征国语"是有必要的，或者说在某些方面
"象征国语"对这些国家的发展是有其积极意义的。因为国语的确立，可以在
一定程度上起到凝聚统一的国民意识，树立国民的团结精神的作用。但是国
语的选择必须符合本国语言状况的实际。苏联解体后，原15个加盟共和国均
把本国主体民族语言定为国语，其目的之一也在于将国语作为本共和国主权
的象征，将推行国语作为培养国家民族意识的措施之一。

其实，正是为了避免基于国语、官方语言问题而引发冲突，目前有不少
国家采取双（或多）国语或官方语言制度，其中新加坡、瑞士是实行这一政
策的典型代表。多官方语言制度在实施中虽会有一些不利之处，但总体而言
是利大于弊，如这种制度给新加坡、瑞士这两个国家带来的是民族关系的和
谐、国家的稳定发展。还有不少国家在因语言问题发生冲突后，为化解冲突，
从实行单国语、官方语言制度变为多官方语言制度，如加拿大、比利时、芬
兰、白俄罗斯、哈萨克斯坦等。

其次，在多民族国家，对国语或官方语言的推行不能操之过急，更不能
强制推行。因为这种语言的声望、威信的建立和为其他民族所承认，均需经
过一个相当长的发展过程才能实现，因此绝不能用行政命令的办法强制推行，
不能强加于人，更不能用否认其他语言存在、损害其他语言利益的办法来实
现这个目的。

列宁也曾特别强调在语言的推广中要考虑非强制性原则及少数民族的
"心理状态"问题。他指出："显然，我们主张俄国的每一居民都有学会伟大

的俄语之可能。我们不愿意的，只是强制性的成分这一东西而已。"而这种心理状态，只要是在稍微采取强迫手段的情况下，就会玷污和损害集中制、大国制和统一语言的无可争辩的进步作用，并将这种进步作用化为乌有。列宁还指出："经济流通的需要总是要迫使住在一个国家里的民族学习多数人的语言"，但坚决反对"用大棒把人赶上天堂"的做法。因为这样做达不到让人们学习俄语的目的，反而会"激化敌对情绪，造成无数新的摩擦，增加不和和隔阂的因素，等等"。总之，多民族国家统一的市场经济、同质文化的构建都需要共同的语言作为交流工具，语言的统一无疑对于多语言国家的社会和经济的发展具有进步作用。但是语言使用方面的统一只能是一个自然的发展过程，是一个少数民族自愿接受一种"族际共同语"的循序渐进的历史过程，任何通过国家行政手段强制推行"国语"或"官方语言"、"通用语言"的做法，其结果都只能适得其反。

再次，虽然语言最根本的性质在于它是记录和传递信息的工具，但无疑，语言文字出现以后也随之成为各个民族发展本族历史及传统文化的基本载体，并且在其使用过程中约束、影响着使用该语言的成员，能够塑造成一种维系该民族独立、统一的内聚力，其成员也可以从中获得一种本民族所独有的精神力量、作为一个群体存在的社会存在感和历史延续感。正因为如此，语言不仅被作为民族存在的象征、标志之一，也成为民族成员之间相互认同的重要依据之一。因此，在多民族国家，在推广国语、官方语言的过程中，应坚持多语言文化主义的政策，因为这种政策不仅体现了社会公平的原则，也是对少数民族自身存在、语言文化权利的尊重与认可。多民族国家也应该重视基于民族认同基础之上的语言的政治动员功能，认识到语言在有组织的民族运动过程中被作为动员工具的象征性功能的本质，坚持保存和发展少数民族语言的策略，谨防"语言问题"被民族精英作为政治动员的工具。

总之，我们认为，或明或暗，语言其实一直都是一道政治议题，很多民族对自身语言应有地位及权利的追求，其实质要表达的是一种围绕政治、权力以及意识形态方面的政治诉求。他们不仅把国家对自己语言的尊重与否看作是对本民族文化特性的尊重与否，也更看作对自身政治权力的侵害与否。因此，从多民族国家构建和谐民族关系的角度看，多语言文化主义政策是值得推崇的一种民族政策。当然，在当今，在少数民族的语言文化面临全球化、一体化的巨大冲击，在保护基于族裔、语言和宗教的少数人权利成为人权保障核心内容的情况下，国家若能采取法律调节机制，对他们的语言文化权利加以切实的保护，也会更有助于多民族国家族际和谐关系的构建。

参考文献

［1］周庆生. 国外语言政策与语言规划进程［M］. 北京：语文出版社，2001：102.

［2］李毅夫. 当代世界问题与民族政策［M］. 成都：四川民族出版社，1994：204.

［3］北京大学中文系语言学研究室. 马克思主义与语言［M］. 北京：中华书局，1958：62 – 63.

［4］列宁. 列宁全集：第 19 卷［M］. 北京：人民出版社，1959：253.

保安族的群体地位和个体流动[*]

菅志翔

（中央民族大学民族学与社会学学院　北京　100081）

中华人民共和国建立 60 多年来，我国的社会经济发生了翻天覆地的变化，在这一进程中，不同地区、不同群体的发展历程各有特点，各族群的社会结构和人口特征也出现了不同的演变态势。保安族是我国 22 个人口较少民族之一，主要聚居在甘肃省积石山保安族东乡族撒拉族自治县内的五个行政村，其中有四个位于大河家地区并连成一片。在 1953 年第一次人口普查时，保安族这个刚刚被识别的民族只有 4957 人，而到 2010 年第六次人口普查时其人口增加到 20074 人，57 年里人口增长了三倍，年增长率为 2.48%，高于全国平均水平（1.48%）。这种人口规模较小、高度聚居、分布范围有限的状况为族群社会学的研究提供了独特条件。

根据 1990 年人口普查结果，我国有 22 个民族的人口在 10 万人以下，被政府称为"人口较少民族"，这 22 个民族的人口总数为 63 万人。由于这些群体人口规模小，在民族区域自治制度中只建立了自治县或民族乡，在政府部门中的声音较弱，费孝通教授 1999 年向国家民委建议专门调查研究人口较少民族的发展问题。国家民委在 2000 年组织了专题调查组，调研结果上报国务院，国家"十五"计划中对这些民族的发展扶助作了特殊安排（赵学义，2007：8 - 11）。

笔者参加了这个项目，对保安族的社会经济发展和身份认同状况做了深入调查，并于 2011 年做了 10 年后的回访调查，希望通过对这一群体的深入

　＊ 本文曾在《中国人口科学》2014 年第 4 期发表。

了解，对我国人口较少民族的社会经济发展特点进行分析与归纳。据积石山县统计，2010 年该县人均生产总值 2887 元，农民人均纯收入 2011 元，城镇居民人均可支配收入 7980 元（积石山县人民政府，2010）。从这组数据可以看出，处在甘青两省交界地区的积石山县的社会经济发展状况较为落后，人民收入水平很低。根据 2011 年我们对该县保安族聚居的大墩、梅坡、甘河滩、高李和斜套五个村 2031 户家庭中的 454 户所做的分层定比偶遇抽样调查，2010 年保安族农民的家庭人均纯收入 4550 元，虽然是该县农民人均纯收入的两倍多，但仍不富裕。自 2000 年以来，笔者一直关注保安族的社会发展与人口变迁中的几个议题："民族识别"和自治县的设立对于保安族的群体认同和社会发展起到了什么作用？新中国成立以来，这个新近识别、人口规模很小的族群以怎样的社会分层特征和群体认同观念参与当地区域和国家的发展进程？新中国成立 60 多年来，保安族的群体地位和个人流动模式出现了什么变化？保安族社会结构、族群认同和政治参与等方面的历史演变对于理解我国 20 多个人口较少民族的社会发展状况有什么启发？探讨以上问题，无论在我国的族群意识和群体关系的学术研究方面，还是在地区性社会发展和民族政策实际影响的应用性研究方面，都具有特殊的学术价值和现实意义。社会学和人口学的核心领域之一就是社会分层和社会流动（social stratification and mobility），而种族/族群社会学更是把"族群分层"（ethnic stratification）作为理解不同族群在社会中所处相对地位和发展态势的主要研究专题（马戎，2004：231 – 233）。本文试图利用笔者所掌握的有限资料，结合人口普查数据，应用历史比较的方法，从群体地位和个体流动两个层面来分析新中国成立前后保安族群体的演变态势。

一、新中国成立前保安人的群体地位和个体流动

在被国家正式认定为一个"民族"以前，"保安族"的群体身份意识里只有"保安人"这个概念，他们的先人在 100 多年前从今天的青海省黄南藏族自治州同仁县的保安地方迁来，在本地一度被视作说"保安话"的"外地人"。保安人刚迁到现今居住地时，受到本地人（河州回民）的排挤和歧视。这种外部压力使他们凝聚为一个内部紧密团结的群体，以更有效地应对不利的自然和社会环境。半个世纪后，这些人逐渐适应了河州回民的生产生活方

式，并取得了骄人的社会经济成就。

根据新中国成立初期对保安自治乡各阶层人口统计记录（见表1），保安人在大河家地方已经明显地处于社会上层。当时在保安自治乡范围内，在保安人中地主、半地主式富农和富农比较多，占保安人总户数的9.2%（回族1.7%，汉族1.6%），中农的比例只有34.4%（回族为41.4%，汉族为47.2%）。地主在保安族总户数中的比例（3.3%）比回族中的比例（1.7%）高出近一倍。在保安族总户数中，成分为中农以上户数占43.60%，汉族总户数中成分为中农以上户数占48.82%，回族为43.10%。从这组数据来看，保安族自治乡各族农户的经济状况没有显著差异，但值得关注的是保安族的居住质量明显优于其他民族，表2的房屋调查统计中的砖瓦房和楼房全部属于保安族。

表1　新中国成立初期保安自治乡各阶层人口统计表

民族	项目		地主	半地主式富农	富农	中农	贫农	雇农	其他	合计
保安族	户数（户）		23	7	33	237	261	123	4	688
	%		3.3	1.0	4.8	34.5	37.9	17.9	0.6	100.0
	人口	男（人）	79	15	113	668	628	244	10	1757
		女（人）	95	26	134	678	687	236	9	1865
		小计（人）	174	41	247	1346	1315	480	19	3628
		%	12.1	78.8	100.0	67.6	73.0	73.4	63.4	7.29
回族	户数（户）		1	0	0	24	14	17	2	58
	%		1.7	0.0	0.0	41.4	24.1	29.3	3.5	100.0
	人口	男（人）	4	0	0	76	44	34	4	162
		女（人）	13	0	0	74	56	36	6	185
		小计（人）	17	0	0	150	100	70	10	347
		%	8.9	0.0	0.0	7.5	5.6	10.7	33.3	7
汉族	户数（户）		0	2	0	60	47	17	1	127
	%		0.0	1.6	0.0	47.2	37.0	13.4	0.8	100.0
	人口	男（人）	0	4	0	203	156	41	1	405
		女（人）	0	7	0	204	162	35	0	408
		小计（人）	0	11	0	407	318	76	1	813
		%	0.0	21.2	0.0	20.4	17.6	11.6	3.3	1.635

续表

民族	项目		地主	半地主式富农	富农	中农	贫农	雇农	其他	合计
合计	户数（户）		24	9	33	338	337	163	7	911
	%		2.6	1.0	3.6	37.1	37.0	17.9	0.8	100.0
	人口	男（人）	83	19	113	996	864	331	15	2421
		女（人）	108	33	134	995	938	323	15	2546
		总计（人）	191	52	247	1991	1802	654	30	4967
	%		100.0	100.0	100.0	100.0	100.0	100.0	100.0	100.0

资料来源：临夏回族自治州档案馆馆藏资料（制表时间：1952 年 12 月 25 日）。

表 2　新中国成立初期保安自治乡房屋调查表　　　单位：间

民族	项目	地主	半地主式富农	富农	中农	贫农	雇农	其他	合计
保安族	土坯房	201	73	486	2675	1892	482	50	5959
	砖瓦房	26	0	30	6	7	24	5	98
	楼房	4	0	2	4	0	31	0	41
	小计	231	73	518	2685	1899	637	55	6098
回族	土坯房	21	0	0	228	111	70	9	439
	砖瓦房	0	0	0	0	0	0	0	0
	楼房	0	0	0	0	0	0	0	0
	小计	21	0	0	228	111	70	9	439
汉族	土坯房	0	24	16	567	364	81	9	1061
	砖瓦房	0	0	0	0	0	0	0	0
	楼房	0	0	0	0	0	0	0	0
	小计	0	24	16	567	364	81	9	1061
合计	土坯房	222	97	502	3620	4270	777	68	7756
	砖瓦房	26	0	30	6	7	24	5	98
	楼房	4	0	2	4	0	31	0	41
	总计	252	97	534	3630	4277	832	73	7895
水田	985.83 亩	旱田	5564.49 亩	山地	3520.1 亩	总计			10070.42 亩

资料来源：临夏回族自治州档案馆馆藏资料（制表时间：1952 年 12 月 25 日）。

保安人能够获得较高的经济地位，主要得益于两个方面。第一，他们努力与当地族群维系和谐关系，在当地其他群体之间发生冲突时保持中立，争取其他群体的帮助并掌握了当地较先进的耕作方式，学会了当地人的生活方式；第二，保安人具有先天的语言优势，他们中不少人兼通蒙、藏、汉三种语言，他们利用自己熟悉藏文化的优势积极参与汉藏贸易，他们中的"藏客"成为民国时期甘青地区最成功的商人团体之一，利用商业积累的资金，保安人购置了大量房屋田产，通过这一社会流动途径提高了自身社会地位。

"藏客"是过去甘青地区对专门从事藏区贸易的商人的称呼。"藏客"必须有马有枪，一般需武装结队出行，少则十几人，多则上百人。保安人的"藏客"组织极为有效，多数人精通藏语，朋友遍及各藏族部落，他们的武力和内部团结是其他商队无法相比的，因此他们的贸易活动有较高的保险系数和较好的经济效益。新中国成立前保安人有超过 10% 的人口参与"藏客"活动（妥进荣，2001：130）。一批"藏客"的出现是保安人整体经济状况得以改善的重要因素，部分保安人与本地其他族群成员之间的社会经济差异（财产与住房）可能与保安人中这批商人有关，实际上显示的是个体差异性。而"藏客"要做好生意，首先要保证安全，所以"藏客"几乎都是武装经商。保安人"藏客"的成功离不开他们的武装实力，民国时期大河家地区的迎来送往和典礼活动中都要用保安人的依仗马队，要几十人上百人骑在马上荷枪实弹显示地方实力。这也能说明新中国成立前夕大河家地区保安人的群体社会地位。

20 世纪三四十年代甘、青、宁地区的现代学校教育有了一定的发展（许宪隆，2001）。到 40 年代，保安人中出现了三位受过高等教育的杰出人物，他们是曾任青海德兴海商栈驻印度加尔各答经理处经理、青海实业公司上海分公司经理并兼任南京《西北通讯》社社长的马建业；曾任青海昆仑中学任教导主任、副校长的马瑛富；曾任 82 军高级参谋的黄埔生马世恭（青海省地方史志学会，1997）。青海昆仑中学是马步芳培植亲信的摇篮，其军政骨干绝大多数出自此校；国民军第 82 军是马步芳军事力量的精粹所在；马步芳直接控制的德兴海商号和青海实业公司为青马集团提供军费和教育经费（亨斯博格，1978）。40 年代的"保安三杰"分别在马步芳势力的教育、军事和贸易这三个核心部门身任要职，说明在当地的社会政治生活中，保安人能够参与到相当程度。

以上分析说明，到 20 世纪 40 年代，保安人在当地的社会经济地位与其他群体没有什么差异，保安人个体的社会流动机会较为开放，保安人中的精英分子在政治、经济、军事等领域的社会参与是全面的，他们在民国时期甘青地区的社会结构中的分布并没有显示出族群分层的特征。

二、新中国成立后保安族的群体地位

中华人民共和国成立后，保安这个群体在政治地位上的变化首先表现在名称——群体称谓从"保安人"变成了"保安族"，保安人由回民中的一个群体变成了一个与回族一样的"民族"。其次表现在保安族的自治地方——甘肃省积石山保安族东乡族撒拉族自治县的成立。这两个事件影响了新中国成立后保安族在当地社会分层结构中的群体地位，我们可从地方社会的日常政治活动和民族区域自治地方的层级结构两个层面来分析。

为全面实行各项民族政策，首先需要确认谁是少数民族，谁可以享受这套政策，因此，新中国成立后首先展开了民族识别。国务院于 1952 年 3 月 25 日正式批准认定保安族为中国的一个少数民族。历史上对这个群体具有族群意味的称呼，有中性的"保安回"以及贬义的"半番子"。由于悲惨的群体迁移历史在人们心灵中留下难以愈合的创伤、作为外地人的不安定感以及现实社会中适应和流动的竞争压力，使人们对带贬义的群体称谓非常敏感。从"保安人"到"保安族"，虽然只有一字之差，人们却因此摆脱了历史阴影，在国家的"民族框架"中获得了新的政治身份（Mullaney，2011）。在普通农民的观念中，成为一个官方认定的独立"民族"，是国家赋予保安族的一种政治待遇。

民族区域自治是我国处理民族关系问题的基本制度。这一制度设计的目标是民族自治与区域自治的结合以及政治因素与经济因素的结合，既维护各民族的共同利益，又维护少数民族管理本民族内部事务的权利。民族自治地方政府与一般同级地方政府的区别之处就在于由实行自治的民族在当地执行和落实国家给予的民族优惠政策，是我国各项民族政策实施的地方行政依托。十一届三中全会以后，为了更好地贯彻落实党的民族政策，体现少数民族当家做主的权利，国务院于 1980 年 6 月正式批准设立积石山保安族东乡族撒拉族自治县（《积石山保安族东乡族撒拉族自治县概况》，1986：64）。自治县的建立，给了保安族由"外地人"转变为当地主人的感受。《民族区域自治法》规定"自治区主席、自治州州长、自治县县长由实行区域自治的民族的公民担任，民族自治地方的人民政府实行自治区主席、自治州州长、自治县县长负责制"。自治县的建立，使保安人群体获得一个"自己区域"的特定概念，这与美国学者分析苏联实行民族联邦制后，原有各族群开始出现了与一个固定地域联系的"领土化"（territorilization）概念十分相似（Suny，1993：111）。在积石山县各级政府的干部队伍中，保安族开始扮演有分量的角色并掌握了前所未有的行政权力资源。新中国实行的民族政策使保安人的群体地位在地方社会生活中得到显著提升，"保安族"成为一种有声望的社会身份。而自治县的建立使保安族在获得了平等的群体地位的基础上，又作为"自治民族"，在本县享有比其他民族还要高的社会地位。保安族聚居的五个行政村年人均纯收入比全县各族农民年人均纯收入高一倍多也说明，在积石山自治县保安族的整体状况优于该县其他各族。

毋庸置疑，执行对保安族的优惠政策最充分的是保安族的自治县。国家规定的保安族的各种权益得到了县政府的充分保护，优惠政策得以全面贯彻落实。然而，人们对于发展的需要不会仅仅局限在本民族自治的地域范围内。积石山保安族东乡族撒拉族自治县是临夏回族自治州内的一个自治地方，除了积石山县，政府制定和执行政策的规则并没有改变，但优惠的对象发生了变化——临夏州是回族自治，在各方面享有优先权的是回族。所以，同样是实行自治的少数民族，他们之间仍然存在政策机会的竞争。在自治州内，不仅优惠的主体不是保安族，而且自治州与自治县还有行政上下级关系。不仅没有规定把保安族在自治县内享有的优惠如数扩展到自治州范围，回族自治州的权力可以渗透到下辖的保安族自治县。这种架构下，保安族在群体关系的行政体制层面附属于回族。从这里，我们可以看到，在民族区域自治地方的行政层级体系中保安族的实际群体地位。正因为存在着日常生活中的政策效果和行政体系中人们的实际处境之间的差异，生活范围只局限在积石山县的人们的群体地位感觉良好，而离开积石山县到临夏州或甘肃省甚至省外发展的人们感受则不同。

三、新中国成立后保安族人口的个体流动

在我们分析一个群体在社会分层结构中所处相对地位时，通常会考察该

群体成员在受教育水平、行业和职业结构中的分布状况。通过对这些基础性指标的分析，我们可以了解这个群体在社会转型过程中的社会适应是不是与整个社会同步，劳动力为了适应就业的需要是否接受了必要的现代学校教育，在从传统农牧业向现代制造业、服务业转移的过程中是非与其他群体存在差异，通过分析差异状况及造成差异的原因了解在社会现代化进程中各群体的相对地位及发展趋势。

（一）保安族人口受教育结构

在一个现代国家，接受正规学校教育是劳动力进入现代产业的必要条件。任何起步较晚的发展中国家，都把国民教育作为国家科技发展和经济起飞的基础。中国的少数族群能否参与到国家整体产业发展的进程中，在很大程度上取决于该族群劳动力的受教育结构和发展速度。表3、表4和表5介绍了1990年、2000年和2010年这三次人口普查数据中反映的保安族和回、汉族的受教育水平结构的变迁。

表3 保安族及回汉族6岁以上人口的教育水平（1990） 单位:%

民 族	15岁以上人口文盲	6岁及以上人口							
		未说明*	小学	初中	高中	中专	大学**	总计	人口总数（人）
保安族	68.81	67.36	18.85	8.38	3.36	1.16	0.89	100.00	10049
回 族	33.11	32.14	33.78	23.16	7.25	1.90	1.77	100.00	7422731
汉 族	21.53	19.81	42.17	27.15	7.49	1.75	1.63	100.00	915838236
全 国	22.21	20.68	42.23	26.47	7.30	1.74	1.58	100.00	995089929

* "未说明"中可能包括文盲和在校小学生。** 包括大学本科与大学专科。

资料来源：国务院人口普查办公室，1993a：380–459，722–727，736–737.

表4 保安族及回汉族6岁以上人口的教育水平（2000） 单位:%

民 族	未上过学	扫盲班	小学	初中	高中	中专	大学*	研究生	总计
保安族	49.1	0.8	31.9	10.3	3.8	2.5	1.5	0.0	100.0
回 族	15.6	2.7	36.8	29.0	8.3	3.5	4.0	0.1	100.0
汉 族	7.3	1.7	37.6	37.3	8.8	3.4	3.8	0.1	100.0
全 国	7.7	1.8	38.2	36.5	8.6	3.4	3.7	0.1	100.0

* 包括大学本科与大学专科。

资料来源：国务院人口普查办公室，2002a：563–567.

表5　保安族及回汉族6岁以上人口的教育水平（2010）　　　单位:%

民　族	未上过学	小学	初中	高中	大学专科	大学本科	研究生	总计
全国普查数据								
保安族	11.02	59.61	17.36	6.86	3.43	1.66	0.06	100.0
回族	8.57	35.64	33.63	12.81	5.21	3.84	0.31	100.0
汉族	4.71	27.80	42.27	15.47	5.64	3.75	0.35	100.0
全国	5.00	28.75	41.70	15.02	5.52	3.67	0.33	100.0
积石山县普查数据								
保安族	11.09	64.68	16.22	5.34	2.08	0.59	0.01	100.0
回族	19.06	69.49	9.02	1.73	0.55	0.14	0.01	100.0
汉族	10.62	59.01	22.10	6.33	1.53	0.40	0.01	100.0

资料来源：国务院人口普查办公室，2012a：259－261。临夏回族自治州统计局，2012。

　　1990年保安族15岁以上人口的文盲率高达68.81%，是回族的两倍，汉族的三倍，但是大学生的比例（0.89%）仅有回族的50%和汉族的55%。2000年保安族"未上过学"和仅参加过"扫盲班"人数的比例下降到49.9%，仍然是回族的三倍多，汉族的6.7倍，虽然扫盲成效显著，但差距仍在拉大；大学及以上比例仅相当于回族的37%、汉族的38%，结构差距在扩大。2010年保安族未上过学的人口比例下降到11.02%，比回族高2.45个百分点，是汉族的2.3倍；大专及以上受教育人口的比例相当于回族的55%、汉族的53%，结构差距开始缩小。从全国数据来看，保安族人口的教育水平低于回族和汉族，群体之间存在明显的结构性差异。

　　如果把表5中的全国普查数据和积石山县的普查数据进行比较，可以看出在基层社会（县以下）各民族的相对比较态势与全国整体情况之间存在值得关注的差异：①由于积石山县是保安族主要聚居区，积石山保安族的文盲比例与全国保安族的比例几乎相同；但积石山回族和汉族"未上过学"的比例远高于全国平均比例，回族甚至是当地文盲比例最高的群体（19.06%），这说明西部地区回汉两族的教育情况明显落后于东部和城市同族水平；②积石山各族大学专科、本科毕业生和研究生的比例都明显低于各族全国水平，说明各族群受到教育较多的成员大部分已经离开本县到州府、省会甚至沿海大都市就业，基层干部职工队伍较低的受教育水平必然对当地的社会管理与经济文化发展带来很大影响；③积石山县汉族6岁以上人口中初中和高中教育程度的比例明显高于其他民族，但大学程度人口比例却低于保安族，这说明教育机会上的优惠政策对保安族人口的受教育结构具有显著作用。在积石山县，少数民族大学生更愿意回到自己的自治地方，而汉族大学生则尽量在其他地区就业。表5也让我们看到，教育水平上的差距主要是地区差距，而不是族群差异，过度关注族群差异有可能导致对地区差异的忽视，在理解本地族群分层现象及解释其起因时造成偏差。

从积石山县教育部门关于学龄儿童入学率的统计数据（见表6）来看，2003~2004学年保安族7~11岁的入学率高达97%，与汉族处于同一水平，12~14岁的入学率为40.3%，明显高于其他族群。保安族人口7~12岁入学率在2010~2011学年为98.8%，仅略低于汉族。2003年到2011年，该县少数民族学龄人口的小学普及率只是略低于当地汉族，且差距不明显，而小学毕业和升入初中的比例则明显低于当地汉族，不过差距缩小的速度很快。

表6 积石山县教育事业统计资料（2003~2004学年至2010~2011学年）

民族	学龄人口	学龄人口入学率（%）							
		2003~2004学年	2004~2005学年	2005~2006学年	2006~2007学年	2007~2008学年	2008~2009学年	2009~2010学年	2010~2011学年
保安族	7~11周岁*	97.0	94.2	94.2	95.1	95.3	97.0	98.4	98.8
	12~14周岁	40.3	—	—	—	—	—	—	—
回族	7~11周岁*	94.0	94.3	91.3	93.5	93.8	94.0	95.1	97.2
	12~14周岁	19.8	—	—	—	—	—	—	—
少数民族总计	7~11周岁*	95.0	93.7	93.8	94.3	94.8	95.5	96.5	97.9
	12~14周岁**	26.0	35.5	40.0	51.8	61.8	79.5	88.0	94.2
汉族	7~11周岁*	97.0	95.8	96.6	97.4	98.2	99.1	99.8	99.1
	12~14周岁	27.1	64.8	95.4	65.9	90.7	87.9	91.6	97.0

资料来源：积石山县教育局各学年内部资料。

* 2005~2006学年以后数据均为7~12周岁。** 2005~2006年以后数据均为13~15周岁。

数据显示，通过新中国成立后近几十年基层教育发展，保安族人口的受教育结构得到显著的改善和提高，但21世纪前10年完成初中教育的人口比例仍然很低，其教育发展还处在普及小学教育阶段。这种态势对于保安族劳动力的产业转移和职业发展具有决定性作用。

（二）保安族党政机关干部队伍和干部的个体流动

中华人民共和国成立后的前30年，国家推行的是计划经济体制，与这种体制配套的户籍身份制度将个体的身份转变和地域流动纳入国家统一计划管理。保安族的个体社会流动主要是经由国家安排的渠道，通过招工招干参军升学等渠道从聚居的边远农村流向城镇非农职业。由于当时农民被严格地限制在农村，只有少数优秀分子或幸运儿在成为工人、士兵、学生之后继续争取转为干部，所以，政府干部的数量和级别分布是考察计划经济时期个体社会流动的一个重要指标。根据州档案馆馆藏资料"临夏县 1978 年干部统计年报"，当年全县共有各类干部 3519 人，❶ 占全县总人口的 0.62%。其中保安族干部 51 人，也占当时该县保安族人口的 0.62%。1985 年，临夏回族自治州少数民族的人口比重为 18.26%，少数民族干部占干部总数的 30.93%，明显高于人口比例（甘肃省计委、民委、统计局编，1987）。积石山自治县成立以前，保安族干部几乎都在当时的大临夏县任职，行政级别最高的是副县级。

从理论上讲，作为积石山县实行自治的首要民族，保安族在成立自治县后获得的实际利益应当最多。"1981 年，自治县成立时，全县少数民族干部 434 名，其中保安族干部 70 多名，占少数民族干部总数的 16.2%。到 2000 年底，全县少数民族干部发展到了 1631 人，其中保安族干部 311 人，比自治县成立时增长 4.4 倍，占少数民族干部总数的 19.1%，远远高于保安族人口的比例。"（妥进荣，2001：37）1985 年，在积石山县，少数民族占干部总数的 44.96%，该县少数民族人口比例为 48.30%（甘肃省计委、民委、统计局编，1987）。在 2000 年的实地调查中，笔者了解到积石山县已有各类干部近 5000 人，约占总人口的 2.3%；其中保安族干部近 500 人，约占该县保安族人口 3.5%。根据这种不完全统计，自治县成立后干部在保安族人口中所占比例增加了近 5 倍。这些数据证明保安族是成立自治县的主要受益群体，在当地人中保安族有更多的机会成为干部。

表 7 介绍了 1990 年、2000 年和 2010 年三次人口普查结果中保安族 16 岁以上就业人口的职业结构，表中的回族和汉族数据可作为重要的参照系。

---

❶ 这里统计的"各类干部"包括了人口普查中职业分类的"党政负责人""专业技术人员"和"办公室人员"，指的是国家机关和企事业单位中正式进入"干部编制"的人员。

1990～2010 年期间，保安族就业人口中"党政单位负责人"❶ 所占比例持续下降，从 1990 年的 1.28% 下降到 2000 年的 1.17%，再下降到 2010 年的 0.98%。但是保安族的"专业技术人员"和"办公室人员"的比例显著上升，这两个职业组所占比例之和从 1990 年的 3.41% 提高到 2010 年的 8.17%，20 年内提高了一倍多。如果我们假设大学毕业生大概在 10 年以后可以进入党政单位负责人的行列，人口受大学教育比例对就业人口中党政单位负责人比例的影响滞后 10 年，那么，保安族党政单位负责人比例的下降可能是受到受大学教育人口比例下降的影响，而从前者变动幅度小于后者来判断，其影响被减弱。这组数据也可以帮助我们判断保安族党政单位负责人的整体受教育状况的变动趋势，与当前世界各国和我国其他地区的情况一样，受教育水平是进入干部队伍的保安族个体能否实现向上流动的主要因素。

表 7　保安族及回汉族就业人口的职业结构　　　　　　单位:%

民族	党政单位负责人	专业技术人员	办事人员	商业工作人员	服务业工作人员	农林牧渔劳动者	生产、运输工人	其他	总计
1990 年全国普查数据									
保安族	1.28	2.30	1.11	1.31	0.71	88.82	4.46	0.00	100.0
回族	2.21	6.14	2.29	5.27	3.93	61.71	18.37	0.09	100.0
汉族	1.79	5.39	1.78	3.10	2.48	69.59	15.83	0.05	100.0
2000 年全国普查数据*									
保安族	1.17	3.51	3.09	3.83		84.89	3.19	0.32	100.0
回族	2.23	6.28	3.88	13.81		59.59	14.13	0.08	100.0
汉族	1.72	5.80	3.19	9.52		63.09	16.61	0.07	100.0
2010 年全国普查数据*									
保安族	0.98	4.92	3.25	8.27		76.97	5.61	0.00	100.0
回族	1.75	6.67	4.42	19.40		52.72	14.95	0.09	100.0
汉族	1.85	7.00	4.45	16.79		46.40	23.41	0.10	100.0

资料来源：国务院人口普查办公室，1993a：752-763；2002b：821-824；2012b：746-748.

*2000 年和 2010 年普查把"商业工作人员"与"服务业工作人员"两组合并为一组。

---

❶　全称是"国家机关、党群组织、企业、事业单位负责人"，是除了民间组织、私营企业之外的党政机关、国有企事业单位的实际掌权者，他们的比例和实际人数代表着各个族群在社会权力结构中占有的地位和影响政府政策的能力。

保安人被国家正式识别为一个独立的"民族",随后在 1980 年成立了以保安族为首的自治县,从被本地居民排斥的"外来人"变成了本县主要的"自治民族",保安族干部和民众在包括教育在内的许多方面开始享受国家政策的优惠待遇,政治地位明显提高。但是统计数据显示保安族受大学教育人口比例的增长却非常缓慢,至今也没有看到保安族优秀人才进入高级专业人才队伍的趋势出现。这显然与政策预期不符。

(三)保安族在生产、运输业和商业、服务业中的分布

新中国成立后的 60 多年中,西北地区从传统的农牧业社会向现代社会转型,如果不考虑现代工业的发展,与新中国成立前后保安地区的社会经济结构相比较,新中国成立前保安族精英的社会结构分布大致可以对应今天我们所说的少数民族干部队伍结构,而保安人的商业活动大致可以对应今天的商业、服务业等领域。因此,干部和商业、服务业从业人口的状况可以让我们比较新中国成立前后保安族的个体流动,而真正反映新中国成立 60 多年来保安族人口的结构转型的是其生产、运输工人队伍的状况。

保安族聚居区所属的原临夏县,直到 20 世纪 80 年代中期,一直没有全民所有制工业和基本建设部门人口从业状况的统计数据。在积石山县成立以后的 5 年间,全民所有制工业部门职工数由 1980 年的 47 人变为 1985 年的 24 人(甘肃省计委、民委、统计局编,1987)。这说明在计划经济时代,国家在保安族居住区内没有设立现代工业单位,保安族人口没有在这个时期转入工业领域的机会。

从表 7 可以看到,在 1990~2010 年,保安族"生产、运输工人"在就业人口中的比例从 4.46% 增长为 5.61%,比例提高了 25.8%,同期汉族的这一比例提高了 48%,而回族却下降了约 23%。2010 年保安族就业人员从事第二产业的比例与回族和汉族之间存在巨大差距。与历史上"藏客"的经商传统相比,全国人口普查数据反映保安族在 2010 年从事商业和服务业的比例只有8.27%,远低于回族(15.0%)。

表 7 反映出我国汉族农业人口更多地转入第二、第三产业,而少数民族人口的产业转移则有农业人口更多地转入第三产业,而进入第二产业的比例较低的特点。可以说,在新中国成立 60 多年后,保安族人口的职业结构与全国人口的职业结构之间存在巨大差异。由于保安族人口中离开本乡经由市场

渠道进入企事业单位的人数有限，这个民族的党政单位负责人、专业技术人员和办事人员的职位基本上都由政府提供，2010 年这三类人员占保安族从业人口 9.15%，高于商业、服务业从业人员所占比例。这是一种在特殊的制度和政策条件下形成的畸形的人口职业结构，非常不利于人口的经济结构转型和社会进入。

四、结束语

群体地位和个体的社会流动受到很多因素的影响，但其中具有决定作用的是教育、职业和政策制度因素。而群体的受教育状况以及制度和政策的影响在群体地位和人口的职业结构上的表现又具有滞后性。我们今天观察到的群体地位和职业结构可能是数年、十数年甚至数十年期间各种因素影响的结果。保安族是一个人口规模很小的群体。正因为社会规模小，这个群体对内外部世界的各种变化，包括人们的观念意识、社会制度、政府政策的变化较为敏感，群体的社会结构特征容易在各种导向的引导下发生显著变化。这有利于我们比较不同社会制度和政策条件对群体地位和个体社会流动的影响。通过比较新中国成立前后 70 年左右时间段中保安群体地位和个体社会流动状况的变化，可以得出如下结论：

1. 从群体地位的角度来看，通过民族识别而落实的承认群体差异并以民族群体为单位的制度安排和民族政策使得保安族的群体地位得以提高，这是在保安族聚居区被人们广泛感知到的发生在政治领域的群体地位的变化。但是，由于这种政策是以具有级别差异的民族自治地方为依托的，保安族自治地方的行政级别决定保安族在地方社会政治中的地位，保安群体地位也被限定在特定范围内，向上流动中的个体对群体的不利地位更加敏感。与之相比，民国时期的保安族虽然没有得到承认，但由于包括教育在内的社会流动机会具有开放性，保安族的群体特征促进了个体的社会流动，在 40 多年的社会适应中，大量保安族个体实现了向上流动，从而带来群体地位的改善。这种群体地位的变化在人们的认知中具有明显的社会结构差异，处在社会结构上层顺利实现向上流动的个体对群体地位的改善感受更深。

2. 从个体的社会流动角度来看，强调民族群体整体地位的制度和政策导向，将群体中的精英导向特定的职业结构，人们更看重进入政府系统当干部的机会而忽视进入其他产业和行业的社会发展机遇。这种倾向塑造了社会对教育的态度、对职业的认知和预期，使这个人口很少的民族群体的职业结构与全国人口的职业结构的差异较大，从业人口分布在由政府提供职位的职业中的比例很高。由于民族自治地方行政级别的存在，人们在这种特殊结构中的社会流动很容易遇到"天花板"。

同时，处在这种结构条件中的保安族个体又因此而在国家的基本经济制度转型过程中遭遇困难。与之相比较，民国时期保安个体的社会流动呈现出不同的特征，保安族个体在当时的甘青地区社会结构中的分布与当地人口的整体分布特征没有显著差异，个体的社会进入既没有制度性安排的保障或限制，也没有群体边界的限定，个体的努力在社会流动过程中起决定作用，优秀人才的养成和社会进入反而没有天花板效应。对比民国时期和中华人民共和国时期保安族个体的社会流动，我们可以看到，在具有系统的制度性保障的条件下，个体在进入由政府提供的较初级职业位置时机遇相对较多，由于这种职业机会对个体的受教育水平没有很高要求，这种导向影响了社会对教育的态度，人们的受教育动机和教育水平都被限定在特定范围内，产生了全面而深远的影响。一方面，人们从较容易获得的政府提供的初级位置向更高层级职业位置流动的空间有限、竞争力有限；另一方面，在整个社会的职业发展机会更多地由市场提供的现实条件下，人们进入其他职业的可能性又受到了教育水平的限制，人口的社会经济结构转型缓慢。这是当前限制保安族社会经济发展的瓶颈。

虽然保安族是我国一个人口较少的民族，但这个民族在民国和中华人民共和国两个不同的历史时期在群体地位和个体社会流动方面的变化却向我们生动地呈现出不同社会环境和制度政策条件对一个群体所造成的影响。我国在新中国成立以后采用的民族话语、处理少数民族和民族地区特殊问题的制度安排和民族政策，都是与计划体制相匹配的。在改革开放以来的近 40 年间，市场的作用越来越大，我国的社会生活环境发生了深刻变化，但与民族问题相关的基础理论、社会制度和政策不仅没有随着经济体制和政治体制的改革同步改革完善，而且还在不断强化和自我复制。这种话语、制度和政策在少数民族社会变迁方面所产生的影响，从保安族这个小小的缩影中可见一斑。保安族在一定程度上，可以看作中国 20 个人口较少民族的典型代表，体现出我国目前特定体制下人口较少人民的基本特征与发展特点。同时，对保安族群体地位和个体社会流动状况变化的分析，也有助于我们从社会结构变迁的角度理解为什么在改革开放以来少数民族社会经济发展遇到巨大障碍，少数民族和民族地区社会问题愈益突出的制度性原因。

参考文献

[1] 甘肃省计委、民委、统计局. 甘肃少数民族地区基本统计资料（1949～1986）（内部资料）. 1987.

[2] 国家统计局人口统计司翻印. 中华人民共和国一九五三年人口调查统计汇编（内部资料）. 1986a.

[3] 国家统计局人口统计司翻印. 中华人民共和国第二次人口普查统计数字汇编（内部资料）. 1986b.

[4] 国家统计局人口和社会科技统计司，国家民委经济发展司. 2000 年人口普查中国民族人口资料［M］. 北京：民族出版社，2003.

[5] 国家统计局人口统计司，国家民委经济司. 中国民族人口资料（1990 年人口普查数据）［M］. 北京：中国统计出版社，1994.

[6] 国务院人口普查办公室、国家统计局人口统计司. 中国 1982 年人口普查资料［M］. 北京：中国统计出版社，1985.

[7] 国务院人口普查办公室. 中国 1982 年人口普查资料（第一卷）［M］. 北京：中国统计出版社，1982.

[8] 国务院人口普查办公室. 中国 1990 年人口普查资料（第一卷）［M］. 北京：中国统计出版社，1993.

[9] 国务院人口普查办公室. 中国 2000 年人口普查资料（中册）［M］. 北京：中国统计出版社，2002.

[10] 国务院人口普查办公室. 中国 2010 年人口普查资料（中册）［M］. 北京：中国统计出版社，2012.

[11] 默利尔·亨斯博格. 马步芳在青海：1931—1949［M］. 崔永红译. 西宁：青海人民出版社，1994.

[12] 青海省地方史志学会. 青海学人录：1920—1949 年青海就读高校学生事略（内部资料）. 1997.

[13] 马戎. 民族社会学——社会学的族群关系研究［M］. 北京：北京大学出版社，2004.

［14］妥进荣. 保安族经济社会发展研究［M］. 兰州：甘肃人民出版社，2001.

［15］许宪隆. 诸马军阀集团与西北穆斯林社会［M］. 银川：宁夏人民出版社，2001.

［16］赵学义. 中国人口较少民族经济和社会发展调查报告［M］. 北京：民族出版社，2007.

［17］《积石山保安族东乡族撒拉族自治县概况》编写组. 积石山保安族东乡族撒拉族自治县概况［M］. 兰州：甘肃人民出版社，1986.

［18］临夏回族自治州统计局. 奋进的临夏（1950～1995 统计资料汇编）（内部资料）. 1996.

［19］临夏回族自治州统计局. 甘肃省临夏回族自治州 2010 年人口普查数据（内部资料）. 2012.

［20］Mullaney, Thomas S. Coming to Terms with the Nation：Ethnic Classification in Modern China. Berkeley：University of California Press，2011.

［21］Suny, Ronald Grigor. The Revenge of the Past：Nationalism, Revolution, and the Collapse of the Soviet Union. Stanford：Stanford University Press，1993.

论语言冲突的若干基本理论问题

何俊芳

（中央民族大学民族学与社会学学院　北京　100081）

语言冲突是由语言问题引发的某些人们、共同体之间的碰撞，是社会冲突的表现方式之一。在近现代社会，随着不同国家、不同民族及同一民族内部不同支系成员之间民族意识、语言意识的增强等，语言冲突在世界各地时有发生，其中有的表现比较缓和，有的则表现十分尖锐，有的甚至引发了严重的社会冲突。本文根据社会学界有关社会冲突的一些基本理论，对语言冲突类型、功能及导致语言冲突产生的基本条件和原因等进行了探讨，以求教于各位专家与同行。

一、对语言冲突概念的界定

"冲突"（conflict）这个词，在《现代汉语词典》中解释为：①矛盾表面化，发生激烈争斗。②互相矛盾；不协调。可见，以上两种解释存在狭义、广义之分。

在西方学术界，对于什么是"社会冲突"（social conflict），冲突论者并没有达成共识，他们用不同的术语表示冲突，如战争、敌对、竞争、矛盾、分歧等。其中，广义的冲突观倾向于宽泛的冲突概念，如当代德国著名的社会学家达伦多夫（R. Dahrendorf）认为，冲突表示"有明显抵触的社会力量之间的争夺、竞争、争执和紧张状态"❶。持狭义冲突观的学者则把冲突看作对立各方之间激烈的争斗，如著名的美国社会学家科塞（Lewis A. Coser）在其

---

❶ 乔纳森·H. 特纳. 社会学理论的结构 [M]. 杭州：浙江人民出版社，1987：211.

《社会冲突的功能》一书中认为，可以将"冲突看作是有关价值、对稀有地位的要求、权力和资源的斗争，在这种斗争中，对立双方的目的是要破坏以至伤害对方"❶。

目前，与语言冲突一起使用的相关概念还有语言争端、语言战争等。我们这里以广义的"冲突"概念为依据，认为语言冲突既包括由语言文字问题引发的激烈的争斗，乃至战争，也包括言论上的争执、争端等不和谐的现象。

二、语言冲突的类型

德国社会学家齐美尔从冲突的现实性把冲突分为现实性冲突和非现实性冲突。语言冲突也可按此分类。作为现实性的语言冲突，是冲突的双方围绕语言利益或因语言而触及的政治、经济、文化利益而产生的冲突，冲突的主要目的是为了重新调整利益。非现实性的语言冲突，主要是冲突的有关方面以语言问题为由向对方发泄不满情绪，而不一定希冀达到某种现实目的。

从冲突的范围上，齐美尔将冲突分为群体内部的冲突、群体之间的冲突、诉讼、非人格的思想冲突四种类型。科塞在齐美尔有关冲突分类的基础上，认为冲突有外部冲突和内部冲突之分。一个社会系统与其外部的矛盾和对抗，属外部冲突，一个社会系统内群体之间的不和，属内部冲突。我们以为语言冲突也可区分为民族内部的冲突和族际之间的冲突。

（一）民族内部的语言冲突

民族内部的语言冲突最常发生在标准语形成的过程中。在选择标准语的基础方言时，不同方言区的民族成员为了使自己的方言能成为基础方言而有可能发生争斗。如在选择斯洛伐克全民标准语时西斯洛伐克和中斯洛伐克方言支持者之间的争斗，最后后者取胜，建立了以中部方言为基础的斯洛伐克全民标准语。如果两种方言支持者之间的争斗相持不下，还可能产生另一种情况，即形成以不同方言为基础的两种规范标准语形式，如这样的事就发生在俄罗斯境内的科米语和摩尔多瓦语之间。

另外，选择何种书写体作为文字的基础也常常引发民族内部的冲突，就像发生在很多苏联突厥语共和国如哈萨克斯坦、鞑靼斯坦等国家的那样，在

---

❶ L. 科塞. 社会冲突的功能［M］. 孔立平，等，译. 北京：华夏出版社，1989：2.

这些国家里激烈地争论着从基里尔字母转向拉丁字母或甚至是阿拉伯字母的问题。类似的情况也发生在今天的蒙古国：保留基里尔字母还是转用拉丁字母？❶ 当然，鞑靼斯坦的情况要复杂一些，除本民族内部对书写体的选择有不同意见外，围绕这一问题在鞑靼斯坦政府和俄罗斯联邦政府之间还产生了冲突，最后不得不把此问题提交到国家最高宪法法庭进行裁决❷。

在一些前殖民地国家，本土语言和原宗主国语言之间的地位和功能问题也常常引起主体民族内不同阶层之间的冲突，因为上层或精英阶层更愿意使用原宗主国的语言，而中下层则希望扩大本土语言的功能。这种情况在印度、巴基斯坦等亚洲国家以及一些非洲国家都普遍存在。

（二）族际之间的语言冲突

语言冲突更常发生在不同民族之间。族际语言冲突主要可分为两种基本的形式：语言功能再分配型的冲突和语言应用型的冲突。

第一种类型指的是，在一个多民族、多语言的国家，由于某些原因或需要，对业已自然地或历史形成的语言功能格局进行人为调节，如规定某种语言为国语或官方语言并强制推行，就像发生在印度、巴基斯坦的情况那样。这类冲突大多是由语言的地位规划或者说对语言功能的重新分配引起的，也是语言冲突的典型类型，冲突的原因主要或直接与语言相关。

在多语言社会，在长期的历史发展过程中，由于各语言使用人数的多寡、分布范围的大小及分布方式的不同（是集中还是分散）等客观因素及一些主观因素，不同的语言会形成自己特定的功能强度。在这种情况下，特别是在两种或数种语言功能大小差异不悬殊的情况下，对语言之间功能的人为调节就变得十分敏感，常常会引起十分尖锐的冲突。如在刚独立的印度，提升印地语地位和扩大其功能的做法就引起了非印地语区居民的强烈不满和尖锐的语言冲突。因为在当时，讲印地语的印度斯坦人不足全国居民的1/3，印地语还未发展成一种全国性的语言，仅仅是一种地区性语言，而且其文学成就及影响在印度并不十分突出，因此将其列为国语并用强制办法扩大其功能的做法，其结果是加强了印度各地反对这一举措的抗议、示威活动和流血冲突。

---

❶ 姚克成. 蒙古《拉丁字母国家计划》又掀蒙文改革风波//东北亚研究. 2003（4）.

❷ ［俄］科列索夫. 宪法法庭禁止鞑靼语转用拉丁字母［N］. 消息报（莫斯科），2004－11－17.

这种做法也被谴责为"印地语帝国主义"。巴基斯坦、斯里兰卡的语言冲突都可归入这一类型。

苏联解体前后，在一些加盟共和国也因为对当地主体民族语言和俄语功能的重新分配，在主体民族和俄语居民之间出现了不同程度的冲突。这主要发生在像白俄罗斯、乌克兰、摩尔达维亚（摩尔多瓦）、哈萨克斯坦这样一些俄罗斯人或总体而言俄语居民人数较多的国家。其实，在苏联各加盟共和国，把主体民族语言确定为本国国语并没有引起太大争议，问题主要在于俄语的地位规划和应用上，特别是在上述俄语居民较多的国家中。众所周知，俄语是苏联事实上的国语并在各加盟共和国居民中得到了广泛的普及，而且在各加盟共和国都有众多只懂俄语的"俄语居民"，由于俄语的地位在很大程度上决定着俄语的功能分配，因此这不能不引起各国特别是上述国家俄语居民的强烈关注并引发冲突。因此，经过长期的语言冲突之后，1995 年 5 月，经过全民公决，俄语在白俄罗斯获得了第二国语的地位；1997 年 7 月颁布的《哈萨克斯坦共和国语言法》规定，在本国的国家机关和地方自治机构中，俄语和国语哈萨克语可以同等地正式使用。在乌克兰和摩尔多瓦，俄语居民争取赋予俄语第二国语或官方语言的斗争还在继续着。

语言应用性的冲突主要指的是，这类冲突是政治家有目的的行为的结果。他们要么代表在本行政区域建制内人口数量上最多数民族团体的利益，要么代表在经济和政治领域占据统治地位的民族团体的利益，他们力图通过设置语言障碍为所代表的民族团体建立最有利的社会和政治条件。也就是说，语言在这种情况下更多地被作为政治家们或某些群体达到其非语言利益的手段和工具。自然，这样的政策会引起那些得不到物质的及其他好处的民族的反对，为了捍卫各种利益，他们反对语言歧视，语言冲突随之产生。

印度的语言冲突具有复杂多样的特点，除由语言的地位规划及功能再分配引起的语言冲突外，如由于在一些地方存在尖锐的住房和失业问题，一些政治组织就要求从城市中赶出所有那些不会讲马拉地语的人，并为掌握这种语言的年轻人提供工作和住房。

20 世纪 80 年代末，爱沙尼亚和拉脱维亚开始把是否掌握国语作为得到本共和国公民权的依据之一，这两个国家不仅借助于此规定以期达到合乎逻辑地缩减俄语居民人口比例的目的，而且非主体民族也因此失去了很多经济和政治方面的权利。另外，无论是在苏联的各加盟共和国，还是在俄罗斯的一些共和国，在政治权力斗争中，均把语言作为武器，在选择领导干部时普遍把是否掌握当地主体民族语言作为主要的标准，就是说各国的政治精英力图按照民族语言原则重建社会结构的上层和中层。在这种情况下，我们可以说族际语言冲突实际上是多民族国家里语言共同体之间的民族利益的碰撞。

顺便提一下，有时民族内部的语言冲突也有着明显的非语言目的，如关于替换字母表的问题常常有着十分明显的政治内涵。

总体而言，民族内部的语言冲突一般不像族际间的语言冲突那样尖锐。一般而言，参与这类冲突的主要是本民族的知识分子，而族际间的语言冲突有可能触及整个语言共同体的利益，因此参与者的阶层比较广泛。另外，就一般而言，族际语言冲突很少独立存在，它们的产生和发展往往存在于共同的族际紧张关系之中。但有时，像发生在摩尔多瓦和爱沙尼亚的语言冲突，可能是共同的族际冲突的主要刺激因素之一。

三、导致语言冲突的基本条件

导致语言冲突的条件有很多，既有客观条件，也有主观条件。就客观条件而言，如国家内的民族组成状况、民族语言多样化的程度不一样，导致语言冲突产生的可能性也就不一样。如果一个国家只有一个民族，也只使用一种语言，则该国就不会发生族际语言冲突；多民族、多语言的国家，由于其国家结构类型（单核心型、多核心型、无核心型）和语言状况的格局不同，产生语言冲突的可能性大小也不一样。当然，我们不能说，国内民族越多、语言越多，语言冲突就越多。但不可否认，国家内各民族、语言间的力量结构对比是导致语言冲突产生的重要的客观条件。若组成国家的两个或几个民族的力量及其所使用的语言的功能强度大致一样，那么这样的国家就容易产生民族、语言冲突。

在对不同国家的语言冲突进行分析的基础上，我们把导致语言冲突的基本条件简要归纳为以下几个方面。

（1）语言在社会中缺乏平等的法律地位；

（2）语言法规模式的建立只倾向于对众多语言中的一种语言的支持或歧视；

（3）制定的语言规划政策不切合语言状况的实际；

（4）人为地限制某一语言在最重要的社会领域行使功能；

（5）单向的不平衡的双语或原本相对比较平衡的双语特征明显地向不平衡方向加速变化；

（6）在国家内把是否掌握国语或某种语言作为公民获得国籍权（公民权）或实现其在政治、经济、社会和文化方面基本权利的依据；

（7）要求从一种书写体转用另一种。

除以上这些诱发语言冲突的条件之外，可能还存在其他一些直接或间接的因素，特别是在那些语言状况比较复杂或语言问题与其他利益错综交织的国家，可能还有其他一些诱发语言冲突的因素，但由于我们掌握的资料有限，所以无法把这些因素都概括进去。

四、导致语言冲突的根本原因

具体冲突产生的原因是多种多样的，但我们认为，社会冲突的根本原因在于利益的差别和对立。马克思就曾一针见血地指出："人们奋斗所争取的一切，都同他们的利益有关。""这个世界之所以充满危险，是因为世界……是许许多多利益的天下。"❶ 因此，语言冲突产生的根源也在于不同语言群体间在语言利益上的差别与对立，与人们对直接的或间接的语言利益的追求密切相关。

所谓"语言利益"，主要指的是与语言的地位及其应用直接相关的各种利益。例如，当国家从几种语言中选择一种语言作为官方语言后，拥有这一地位的语言显然会因此在国家的政治、经济、文化等几乎所有的领域处于强势地位并得以广泛、深入的应用，使其活力不断得以增强（如印地语），而其他语言由于处于屈从地位其应用及活力则会直接受到影响。换言之，这使得非官方语言的根本利益有可能直接受损，为冲突的产生提供了可能。在这种情况下，由于处于强势及弱势地位的语言利益主体都不会满足于现有的语言利益，都会以实现语言利益最大化为目的，并运用各种手段尽可能地为自己谋取更多的语言利益，因此，在这种语言利益的较量及争夺中冲突行为就发生

❶ 马克思恩格斯全集 ［M］. 北京：人民出版社，1972：82、216.

了。印度、巴基斯坦、摩尔多瓦等国的语言冲突就是最好的例证。

再具体而言，在确定某语言为国语或官方语言后，说该语言的群体就会因为不必花太多时间学习国语或官方语言而直接受益，而其他的群体则要为此花费更多的、大量的时间、精力及财力。这方面最明显的例证是学校教育中的语言问题。在一个多民族国家，少数民族的学生显然为了学习本国国语或官方语言（一般为主体民族的语言）而要花费比主体民族学生多得多的时间和精力，他们往往要承受学习本族语、国语（或官方语言）、外语等多种语言的压力和负担。在那些民族聚居地区，由于缺乏语言环境，对本国主体民族语言的学习同对外国语的学习相差不多，他们面对的压力及要付出的时间、精力就更多。另外，面对学习多种语言的压力，一些少数民族学生为了更好地学习国语和外语，不得不减少甚至放弃对本族语言的学习，而这对本语言的生存直接造成威胁。虽然影响少数民族语言存亡的决定性因素不是学校的语言教育，但不可否认，这也是重要的、直接的因素之一。另外，对某种语言（如国语或官方语言）的掌握情况还直接影响到非本语言群体成员在升学、就业、升迁等方面的总体状况。这些都不能不引起非主体民族成员特别是民族精英的不满和反对。

当然，不可否认，由纯粹的语言利益而引发的冲突并不是十分多见的，在很多情况下，冲突的产生总是语言利益和很多其他非语言利益（精神的、物质的、政治的、文化的等）综合作用的结果，甚至在有些情况下，导致冲突的真正原因是隐藏在语言背后的其他利益，语言只不过是这些利益主体为获取所要求利益的挡箭牌及工具而已。

五、语言冲突的功能

我们同意社会冲突具有正反双向功能的观点。以此为基点，我们认为，语言冲突作为社会冲突的表现形式之一具有社会冲突的一些普遍功能，如促进社会发展、"社会安全阀"、损失社会资源、破坏社会秩序、伤害社会心理等正负功能，其中语言冲突的功能主要表现在以下一些方面。

（一）语言冲突促进新的语言制度的产生

综观世界上的语言冲突事件，冲突的结果大多是对原定的语言制度进行了或大或小的修改，产生了新的语言制度。如在印度独立之初，原规定 1965

年后作为官方语言之一的英语将以印地语代替，但鉴于由此引发的持续不断的激烈冲突，后又规定，1965 年以后除印地语外，英语仍为印度官方用语，正式建立了印地语和英语同时并用的国家双官方语言制度；另外，原初强制推行印地语的一些政策及做法在激烈的冲突中也被迫停止执行。在斯里兰卡，在新中国成立之初确立了僧伽罗语为唯一国语的政策，后经泰米尔人与主体民族僧伽罗人的长期冲突，泰米尔语也被确定为本国国语之一。在加拿大的魁北克，18 世纪中叶在法国战败把这块土地割让给英国后，英国统治者把英语作为魁北克的唯一官方语言，后由于法裔加拿大人的长期斗争，加拿大政府于 20 世纪 60 年代最终通过了《加拿大官方语言法》，制定了以法语和英语同为本国官方语言的新语言政策。在比利时，经过长期的语言冲突，佛拉芒语于 1898 年取得了与法语具有同等效力的第二官方语言的地位，也逐步形成了目前四个语言区（佛垃芒语区、法语区、德语区和布鲁塞尔双语区）的局面。在苏联解体后的白俄罗斯和哈萨克斯坦，经过语言冲突，在前者俄语赢得了第二国语的地位，在后者俄语也取得了在国家机关和地方自治机构中与哈萨克语可同等正式使用的地位。

从上可见，语言冲突的结果之一是新语言制度的确立，而且一般是从单一官方语言制向多官方语言制的转变，这是不同民族语言群体各种力量较量及妥协的结果。多语制的建立为多语言文化的保持和发展提供了法律保障。

（二）语言冲突有利于多语言文化的保持和发展

由于多语制的确立为多种语言的保持和发展提供了法律依据和保障，也同时意味着为这些语言所承载的文化的持久保持和发展提供了可能。在实行单一语言制度的国家，虽然非官方语言也可能有自己生存和发展的空间，但与成为正式的官方语言的状态相比，它们的生存和发展空间毕竟会受到诸多的限制，特别是在那些实行语言强制同化的国家，而语言冲突发生后所建立的多语制对遏制语言上的强制同化及对多元文化的保持和发展、对"语言权利"和"语言势力范围"的"均衡分配"等具有积极作用。

退一步讲，即使在语言冲突中某些语言没有获得官方语言的地位，但统治者也不得不考虑日后再次产生语言冲突的潜在危险性，为了化解冲突和维护国家的统一、稳定及和谐发展，不得不取消或减缓对某些语言的打压或排挤措施，而这也使得这些语言及其文化有了保持及发展的些许空间和可能。

这种情况在解体后的苏联各加盟共和国很具有代表性和普遍性。除如上所言，经过语言冲突，俄语在白俄罗斯和哈萨克斯坦分别取得了第二国语和第二官方语言的地位外，其他前苏联的各加盟共和国特别是摩尔多瓦、乌克兰、波罗的海三国等不得不弱化针对俄语的激进的语言政策。另外，苏联解体后新独立的各国在对本国主体民族语言文化进行特别保护和优先发展的同时，为了避免冲突，也不能不顾及本国内其他少数民族的语言权利，因此，至少在形式上宣布实行保护和发展少数民族语言及其文化的政策，显示出多元主义的倾向。

（三）伤害民族关系

族际语言冲突的发生本身就意味着民族之间的不和与对立，而语言冲突的解决方式、途径及其结果又直接影响着民族之间的和解或持续恶化。

语言冲突发生后，在一些国家采取让对立双方协商或全民公决的方式来解决争端（如在哈萨克斯坦和白俄罗斯），最后往往能达成让对立双方中的多数人满意的结果，这样的结果一般能使受损的族际关系很快得到修复，也有可能以此为契机建立起比以前更加民主、友好的民族关系。

但是在很多情况下，冲突的双方往往难以达成共识，要么强势的一方对弱势一方的要求置之不理（如在乌克兰，俄语居民占全国总人口的1/4，但由主体民族主宰的政府对俄语居民把俄语定为本国第二官方语言的强烈要求不予理睬），要么其中一方的"欲壑难填"，总是把语言作为其达到政治、经济或其他目的的工具或武器来要挟另一方（如加拿大的魁北克和比利时），在这种情况下，冲突难以得到真正的解决，民族关系因此会受到严重损害，居民也往往按所讲的语言区分，因此有时会造成严重的民族对立与隔阂。

总而言之，语言冲突的正、负功能是客观存在的，承认其积极作用并不意味着鼓吹和拥护此类冲突，指出其消极作用也不意味着取消和反对语言冲突（社会冲突是无法取消的）。像其他社会冲突一样，语言冲突也是一把双刃刀，绝对积极和绝对消极的语言冲突是没有的，语言冲突的正负功能总是相互交织在一起。

六、结　语

语言冲突作为社会冲突的表现形式是普遍存在的社会现象，因此，我们对其类型、特点、正负功能等都应该有比较全面的认识。

在任何一个社会的运行过程中，都会在社会主体之间因为各种问题（包括语言问题）产生不满情绪，而社会冲突有助于不同观点和不满情绪的宣泄，反面的观点和情绪如果释放出来，可以使持有这种观点和情绪的人在心理上求得安慰，保持社会的稳定；相反，如果一个社会对人们的不满情绪采取压制手段，取消任何形式的冲突，那么，不满情绪的积累有可能转化为针对该社会的基本价值观念或共同价值观念，一旦爆发，其程度势必非常严重，一般的冲突都有可能激化为尖锐的敌对行为，造成整个社会的分裂和解体。因此，社会冲突作为一种释放、宣泄不满情绪的"通气孔"，犹如蒸汽锅上的"减压阀"，随时可以把体内的"超压"蒸汽排放出去，保证社会运行的安全。社会冲突作为一种"社会安全阀"机制在任何社会都具有普遍意义。当然，社会冲突作为一种社会安全阀机制也有其局限性：虽然它把不满情绪引向其他通道，保护了原初的社会关系，但不满的现状并没有真正完全解决，仍有可能重新积累，产生新的冲突，或者转化为其他形式的冲突表现出来，而这就需要采取其他有效的措施以真正化解冲突。

参考文献

[1] 贾春增. 外国社会学史 [M]. 北京：中国人民大学出版社，2000.

[2] 纳森·H. 特纳. 社会学理论的结构 [M]. 杭州：浙江人民出版社，1987.

[3] L. 科塞. 社会冲突的功能 [M]. 孔立平，等，译. 北京：华夏出版社，1989.

[4] 周庆生. 国家、民族与语言——语言政策国别研究 [M]. 北京：语文出版社，2003.

[5] 周庆生. 国外语言政策与语言规划进程 [M]. 北京：语文出版社，2001.

[6] 古博格洛. 民族动员的语言 [M]. 莫斯科：科学出版社，1998.

[7] 古博格洛. 后苏联时期共和国的语言和民族主义 [M]. 莫斯科：俄罗斯科学院民族学与人类学研究所，1994.

[8] 谢尔切耶夫. 国外一些国家的语言状况和语言政策 [M]. 伏尔加格勒：变化出版社，2001.

[9] 布拉兹乌斯卡斯. 国外东方国家的族际冲突 [M]. 莫斯科：科学出版社，1991.

维吾尔族农民工在京、津
两地生活适应的调查[*]

阿布都热西提·基力力^{**}

（中央民族大学民族学与社会学学院　北京　100081）

2003 年以来，新疆维吾尔自治区在全区大力推进农村富余劳动力转移，南疆各地也将劳动力转移作为农民增收的一项重要性、长期性、根本性的工作来抓。以喀什为例，2006 年年末，该地区总人口 357 万，其中维吾尔族占 90%，全区农业人口 56.6 万户、258 万人，其中农业劳动力 90.6 万人，农村富余劳动力 57.5 万人，全区总人口约为全疆的 1/6，农村人口约为全疆的 1/4，贫困人口（136 万人）约为全疆的 1/3。全区 12 个县（市）中有 8 个是国家重点扶持的贫困县。要想加快维吾尔社会的现代化和社会主义新农村的建设，改变新疆尤其是南疆地区贫困的局面，引导和推动农村富余劳动力的转移成为新疆政府的一项重要任务。

最早对维吾尔族农民工现象进行探讨的是马戎教授，他撰写的《南疆维吾尔族农民工走向沿海城市——新疆喀什地区疏附县劳务输出调查》，❶ 以及《个人一小步，能否带动民族一大步——从对新疆喀什地区疏附县的调查看跨

　＊ 本文原载《北方民族大学学报》2011 年第 2 期。

　＊＊ 自治区农业富余劳动力转移就业工作经验交流暨总结表彰大会经验交流材料之一《发展劳务经济　做大做强劳务产业促进农民增收（中共喀什地委　喀什地区行政公署 2008 年 4 月 16 日）》[EB/OL]. 天山网：2008 年 06 月 06 日，http://www.tianshannet.com.cn/special/content/2008-06/06/content_ 2628822.htm.

　❶ 马戎. 南疆维吾尔族农民工走向沿海城市——新疆喀什地区疏附县劳务输出调查 [J]. 中国人口科学，2007（5）.

省劳务输出的现状及应对》。❶ 以上研究是在对劳务输出地实地调查的基础上，对目前新疆劳务输出的现状，包括农民工输出的组织、管理优惠等机制进行了介绍，并探讨了目前存在的挑战以及应对措施，最后就此行为对南疆社会发展及我国民族关系的影响进行了展望。该研究具有抛砖引玉的作用，为后来的研究提供了一定的资料。主要的不足之处是未能与农民工群体直接接触，针对农民工所务工的工作环境、生活状况等未能进行深入调查。

于是本文尝试对内地维吾尔族农民工的适应状况进行描述，客观地呈现这一群体在内地的生活状况，一方面检验部分外文网站对此现象报道的真实性，另一方面通过这样一个描述来加深主流社会对此现象的了解和理解。

本文中出现的"维吾尔族农民工"术语，是近几年新疆维吾尔自治区政府以及各级地方政府为了增加农民收入，快速的摆脱贫困和转变农民落后的思想、观念等目的，将维吾尔族农村的剩余劳动力输出到疆内和疆外过程中产生的青年农民工的统称。尤其是，经政府组织派送去内地工厂务工的青年维吾尔族农民工是本术语的直接对象，也是本文主要研究对象。

维吾尔农民工原本就是"国内近2亿农民工"中"少数民族农民工"队伍的一部分。他们最显著的特征就是，政府组织，首次离开新疆农村来内地，即首次接触完全不同的社会文化区域及工作环境，他们绝大部分在16～23岁，对工作的环境基本上一无所知，基本上都不懂汉语，都在从事对技术要求程度低的行业，特别是他们的组织方式、特殊的管理形式，在许多方面都与国内其他农民工群体有鲜明的特征。

一、调查的基本情况

本文的统计数据来自近两年在京、津两地进行的问卷调查和深度访谈。调查组在北京进行调查时，共有100名务工人员填答调查问卷，在天津，共有220名人员参加了问卷调查并收回200份有效问卷。下面就调查对象的基本情况进行一个介绍。

首先，从输出地来看，京、津两地的维吾尔农民工来自于喀什的各个乡

---

❶ 马戎. 个人一小步，能否带动民族一大步？——从对新疆喀什地区疏附县的调查看跨省劳务输出的现状及应对 [N]. 中国民族报，2008－7－11.

村。天津调查的 12 间工厂中，有 25% 的务工人员来自喀什疏附县布拉克苏（Bulaqsu）乡，有 37.5% 的务工人员来自喀什疏附县英吾斯塘（Yengi Östeng）乡，有 26% 的务工人员来自喀什疏附县乌帕尔（Opal）乡，有 7.5% 的务工人员来自喀什伽师县阔什阿瓦提（Qoshavat）乡。

其次，性别结构上来看，引人注意的是，这些务工人员主要由女性组成，在北京宝甲服装公司务工的维吾尔族农民工全都是从喀什伽师县来的女性。在天津，79.5% 是女性维吾尔族农民工。有些工厂比如天津的兰琪塑料厂，除了厨师是男性外，其余全是女性。有些工厂如天津的林海实业木板制造厂，则几乎全是男性，因而在性别结构上，各工厂的男女性别比与工作性质有很大的关联。

最后，年龄结构和文化程度上来看，具有低龄化和低学历的特点。他们多数是没有什么生活经验的青少年农民工。在天津的务工人员中，72% 是 16~18 岁的人员，19~21 岁的占 22.5%，其余为 16 岁以下或者 22 岁以上。文化程度为初中的占 91%，小学文化程度的占 7%，剩下的 2% 是高中文化程度，从他们的年龄结构中可以看出，这些务工人员离开家乡到内地打工时，正处在 9 年制义务教育毕业或即将毕业的年龄段。务工人员在离开喀什前有近一半（45%）不会汉语言文字，另一半（48%）只懂得一点简单的汉语，只有 1% 的务工人员表示其能比较流利的表达自己的意愿，有 6% 可以通过不同程度的交流表述自己的意愿。因而年龄和教育程度的双低是有一定的关系的。而这样一种状态直接影响到他们在内地城市适应的进程。

我国婚姻法规定，男性 22 岁，女性 20 岁可以结婚，这样婚姻才可以得到法律的认可，根据这一法律规定和上述年龄调查的结果中可以发现，务工人员应基本上都属于未婚人员。在天津市务工的人员中的 95.5% 是未婚，只有 1% 为已婚，3% 为离异，还有 0.5% 为丧偶。

调查结果表明，务工人员中除一部分经过短期的培训以外，有相当一部分没有接受过相关培训就直接来到现在的工作岗位开始工作。务工人员在离开家乡前对将要工作的地方实际情况了解得很少，或者是在听到宣传后来到工厂中的，他们感到宣传与现实比较存在明显的区别。在金章制鞋厂务工的一位女性农民工告诉调查组成员（访谈对象：女，17 岁；访谈时间：2008 年 10 月 1 日；访谈地点：天津某厂宿舍区）："我是今年才满 17 岁，当我得知自已被选去内地打工时，十分不情愿，但还是在当地干部的威迫下才加入了农民工队伍，当时在当地政府部门的介绍中我们得知，将要带我们去打工的地方条件相当不错，并且工资高，每个宿舍有电视、电话，还说每天能吃我们民族的饭菜。然而，眼前的情况，让我大失所望。因为工作环境、宿舍环境并没有听说的那么好，带队干部和老师对我们的态度并不像父母一样亲……"

调查显示，务工人员在现工作岗位上每天上几个小时班的问题上没有规范的标准。比如在天津市工作的务工人员每天上 8 小时班的有 26%，每天工作 8 ~ 10 小时的占 16%，每天工作 10 ~ 12 小时的最多，达 40.5%，而每天工作 12 小时以上的占 17.5%。也就是说，经调查数据表明在天津务工的女性绝大部分（70% 以上）每天工作 8 小时以上。我们的观察和访谈资料也证明在天津工作的女性农民工每天平均工作 8 小时以上。在北京工作的女性中有 32.4% 每天工作 8 ~ 10 小时，44.8% 每天工作 10 ~ 12 小时，15.2% 每天工作 12 个小时以上。在北京工作的务工人员中，89.5% 表示每周工作 7 天，没有休息日，只有 7% 表示每周工作 6 天休息一天。在对天津务工人员的问卷调查中，务工人员表示每周工作 6 天休息 1 天的占全部人员的 1/3 左右（33.5%），2/3（66%）没有休息日，即每周工作 7 天。在调查中发现有些工厂在生产紧张或供货量大时，周末也是工作的，调查组发现部分工厂在节假日也不放假而从事紧张的工作。而在一些工厂中，有规定最少有一个休息日，在节假日放假并为务工人员组织一些庆祝活动。

输出农民到内地城市唯一被公众所知的目的是增加经济收入，我们从务工人员在回答有关工资待遇问题的结果中可以发现，务工人员的工资标准并不统一，存在多样性。比如天津的务工人员工资基本上是在 600 ~ 699 元（19.5%）以及 800 ~ 899 元（28.5%），工资超过 1000 元的占 12%，工资低于 600 元的占 13.5%。在北京，基本上在 400 ~ 600 元（52.4%）和 600 ~ 800 元（27.6%），6.7% 的务工人员工资在 800 元以上。那些新来的务工人员在头几个月也有不给发工资的现象，或者从工资中扣除到工厂的路费。

二、维吾尔族农民工在内地的适应情况

就笔者对京、津两地调查结果总结的话，可以说这一群体正逐渐适应工厂的工作和生活环境，多数认为已基本上适应了，只有约 20% 的人员表示

"不习惯"。有适应就意味着有转变，那么这一群体的转变主要体现在哪些方面？

首先，变化最明显也最直观的是他们的着装。这些来自农村的维吾尔族农民工在刚进工厂时，穿着服饰基本是符合维吾尔族文化和审美观的，男性会戴花帽，女性穿长裙，有的在裙子里还要穿裤子，头上戴头巾。进工厂不久，由于工作和管理上的要求和自身观念的转变，他们的穿着开始和汉族农民工一样了。在访谈中，与维吾尔族工人一起打工的一位汉族农民工曾这样表示过（访谈对象：女、19岁、汉族；访谈地点：天津某厂汉族女工宿舍；访谈时间：2008年10月1日下午）："他们刚来时，一眼看上去和我们的区别很大，穿着很特别，后来渐渐跟我们一样，现在他们基本上也不戴头巾，头发也梳理的与我们一样，现在区别的只有语言，还有可能就是性格方面的差异了。"根据调查组成员观察，大部分地方派来的青年带队老师也认为他们这样打扮才是现代的，与时代合拍的，而且领导也希望他们有这样变化。有一位从喀什疏附县派来，负责天津各工厂务工的疏附县籍劳务派遣站的干部同志，就这方面的情况对调查组表示（访谈对象：男，50岁上下，维吾尔族，中专学历，天津某厂新疆籍带队干部，调查时间：2008年9月29日；访谈地点：天津某厂带队干部宿舍）："……孩子们的思想、观点有很多变化。按照家乡的传统，90%的女孩要穿裙子、戴头巾。但来到这里不久，只剩下4~5个女孩这样穿着了，他们基本上都不穿皮鞋子、靴子，全部都穿运动鞋了，我认为这是好的发展，没有任何坏处，只有学着适应环境、适应时代才能发展……"

其次，是他们的饮食观念，这种现象值得研究。在调查中，我们看到在一些工厂周边的市场和小摊周围聚集有购物或就餐的维吾尔族农民工。据这些卖凉皮和小吃的店主或摊主告知，维吾尔姑娘是他们的常客。虽然他们卖的食品并不清真，但顾客也没有坚决要求。有些商店的老板说，知道商店里的很多食品不是清真的，务工人员也没有特别要求而照样购买，他们认为这些务工人员虽只会说最简单的汉语或这也不会，但是都是些好顾客。在与天津兴昊服装公司的唯一的一位17岁的务工女孩进行访谈时得知，由于种种原因离开了其上百个老乡，独自与其他汉族务工人员一起住宿，一起在汉餐食堂吃饭。

最后，是他们的价值观和信仰的变化，如同上述的情况一般，维吾尔族农村是维吾尔族几千年之久的历史发展过程中所创造的民族文化和价值观念体系的基地。在这种环境中社会化的青年们已具有一定的宗教观和传统价值观是必然的。在调查中发现，绝大部分务工人员是不能进行任何宗教活动的。有一位地方派来的乡委书记访谈时谈到（访谈对象：天津某厂维吾尔族农民工的带队干部某乡书记，男，37 岁左右；访谈地点：天津某厂门卫室，访谈时间：2008 年 9 月 29 日下午）："将这些务工人员带到内地工厂务工的目的当然是减轻他们家庭的负担，另一个更重要目的是转变他们的观念，所以在这里是绝对禁止他们做礼拜，也不允许他们参与活动，今天是开斋节，我们不允许他们去清真寺参加宗教活动。"当我们进行问卷调查时，这位书记仔细审读问卷后要求调查组绝不能问答有关农工工作时间、天数以及宗教信仰方面的问题，若问这方面的问题将要停止此次调查。这位书记说因为这里务工的农民工一般是每天都有加班，而且很少会有加班费，周末也得继续工作，平时不让他们做礼拜或谈论宗教话题等，这些情况属于"敏感"问题不能让外界知道，若被外界知道会影响新疆地方政府的形象。

此外，经调查发现在这里工作一两年的部分务工人员开始有独立的生活意识，她们有了这样的想法（访谈对象：17 岁，女农工；地点：北京某厂女工宿舍；时间：2008 年 2 月 1 日）："虽然这里我们很艰苦，吃饭、住宿，工作时间还有管理等我们难以适应。但是，我们在这里学会了不少，比如这儿的生活、工作经验教会了我如何独立生活，怎么做人等。也使得我们的观念、衣着改变了很多。"也有几位工作期届满后已经回去的女孩，因为不习惯老家农村生活和家庭的管教，直接与原工厂联系或者向地方劳务输出办公室提出申请继续到内地工厂工作。据他们说，现在既不适应家乡的生活，又找不到比这里工资更高的工作，他们一般还从事管理新来的务工人员的工作。甚至出现部分年轻人自己联系其他小私家工厂，并找来其熟人一同工作的现象。此外，经调查发现男女农民工混合务工的工厂出现自由谈恋爱，甚至发生性关系之类的行为。在天津金章鞋厂宿舍区有一位男性维吾尔族农民工访谈中说道（访谈对象：25 岁，男，地点：天津某厂宿舍区，时间：2008 年 10 月 1 日）："在这里谈恋爱的孩子也很多。他们都只是玩玩，不会认真的。他们之间也会发生性关系，然后女孩子去打胎。以前工厂的管理人员也发现过，赶他们走了。可是谁知道他们走出工厂时沿途回家乡了，还是去了什么地方？

无人问。女孩子在这里学坏了，一有时间就去花钱买衣服，穿一些紧身的衣服、牛仔之类，总之在家乡是根本不会穿的，她们认为很美。她们在女性生活上缺少一个管理、引导她们的女老师。"

三、维吾尔族农民工与其他农民工的区别

维吾尔族务工人员比其他民族的工人有着明显区别之处在于他们是穆斯林，在饮食习惯上与内地的非穆斯林工人存在较大差异。地方政府考虑到了维吾尔务工人员的这种需求，工厂方面也尊重这些习俗。在伙食上都是由维吾尔族厨师按照维吾尔饮食口味制作，大部分工厂分别建有维吾尔食堂和汉族食堂，也有一部分工厂没有这个条件，存在汉族和维吾尔族厨师在一个环境下做饭的现象。在问到务工人员对伙食条件的满意度时，大部分务工人员对伙食条件感到非常满意。比如我们在天津开展的问卷调查中，有45%的务工人员表示"非常满意"，40.5%的务工人员表示"基本满意"，只有2%的人认为"不满意"。而北京的务工人员中，有9.5%表示"非常满意"，39%表示"基本满意"，26.7%认为"一般"，18.1%认为"不满意"。

维吾尔族务工人员与汉族务工人员的另一个区别在于，他们是由政府组织的，并且由政府派出的干部进来进行管理，在务工人员工作的工厂中，有地方中学来的带队老师，乡政府的书记、副乡长或者村长，他们与务工人员同吃同住并对务工人员进行管理。他们负责与工厂方面的各种联系和管理务工人员的全部事务，负责从工厂领取和发放工人的工资，或者将务工人员的工资寄到乡政府交给务工家属。调查显示，务工人员对这些带队的老师的意见是"基本满意"和"满意"。这些带队老师几乎都是维吾尔族，地方派来的管理干部有的是维吾尔族、有的是懂一点维吾尔语的退伍汉族书记组成。调查后得知，这些干部对于务工人员有奖励、处罚、批评甚至体罚。问卷调查时部分干部在一旁监督，随时影响务工人员的情绪及答案。有时他们直接要求我们只能与某车间的工人进行问卷调查，而不让与其他车间工人接触。因此，务工人员回答对管理人员的满意度时，表示非常满意或满意。在与一些务工人员进行深度访谈时，他们表示我们进行问卷调查时她们误认为调查组成员与地方政府有联系，因此，务工人员有担心调查组会将调查的结果告诉地方政府的想法，在一些问题上没有诚实的回答。被访的务工者告诉我们，

实际上存在一些干部不能很好地维护务工人员的权益，与一些工厂管理者合伙，迫害工人的徇私舞弊行为。在这点上，新疆维吾尔自治区各级政府在带队老师和干部的选拔上，要注重其素质的考察和服务意识的培养。

四、结　语

以上对北京、天津维吾尔族农民工的初步调查结果进行了简要的描述，因课题尚未结束，在此呈现一个完整的结论为时过早。笔者认为已发现的部分情况在各个工厂和务工人员中还是具有普遍性特点的。维吾尔族地区的劳务输出作为政府行为正大力推进，为了使今后这项工作能健康可持续地发展，让作为"弱势群体"的农民工权益得到确实地保障，更宏观上使国家构建和谐社会目标落到实处，我们根据调查的结果，提出以下几点建议：

第一，首先是要树立以人为本的观念，在实施自治区制定的劳务输出的法律法规的基础上，对基层的政策实施过程进行监督管理，预防和惩治变相的强迫农民出来务工的行为。必须尊重务工人员的意愿，应该建立自由、自愿的劳务输出机制。这样，就可能保证他们从被动的接受转变为积极的参与。此外，地方政府有必要听取维吾尔族社会精英的意见、建议，有必要停止疆外输出18岁以下的女性务工人员，应该重视并尊重维吾尔族社会的核心价值观念，不应该硬枝硬杆地改变它。确实有必要输出内地务工时应更多考虑并输出男性而不是女性。这样，能减少国内外对此措施的不满情绪与激烈的批判。

第二，要在遵守我国颁布的新《劳动法》相关规定的基础上，依法保障务工人员按照自己的意愿选择工种，签订劳务合同等权利。尤其是在地方的培训中，要有针对性地组织务工人员学习了解相关法律。如果不这样，少数民族农民工缺乏法律意识和自我维权意识，[1]特别是维吾尔族农民工，由于汉语言文字水平低，可能会出现被利用，甚至被诈骗。因为已经发生过务工人员超时工作、没有合适的工作标准的现象，而务工人员针对这些情况基本上是无能为力的。政府还可以招聘一些法律专业的毕业生或者成立一些维权小组，一方面对务工人员进行法律基础知识的培训，使他们自身可以提高法律

---

[1] 巩同. 重视拖欠少数民族农民工工资问题 [N]. 人民政协报, 2004 - 7 - 29.

观念和维权意识；另一方面也可以派遣这些人负责带队，这样务工人员如果遇到侵权时，他们可以随时进行援助。

第三，要注意带队干部的年龄结构、素质和性别，有可能尽量选派生活经验丰富，年龄上相当于父辈的干部。如果选派的干部太年轻或责任心不够强，会有各种言行及不良行为，甚至可能破坏与务工人员的关系，会出现带来的务工人员解散或者不能带回家乡的现象。比如在天津兴昊服装厂剩下的才 17 岁的维吾尔族农工所面临的困境，❶ 就是因为地方上派来的干部不负责任造成的。由于务工人员女多男少的性别构成，因此，负责带队人员应该挑选一些双语能力较好的大龄女性，这样一方面能够解决她们青春期遇到的生理问题，更好地寻求医生的帮助；另一方面也能够很好地控制那些不良与不轨行为的发生。

第四，维吾尔族务工人员的饮食必须要遵守维吾尔族宗教信仰和风俗习惯，地方政府必须向厂方提出要求并具备单独维吾尔族食堂。此外，还要积极探索丰富务工人员的业余生活的方法。要在工作之余开展各种形式的活动，帮助他们了解内地的实际情况，促进相互理解。可以联系大学生志愿者，一方面在政府可以节俭开支的情况下加强主流社会人员对维吾尔族文化的了解，另一方面维吾尔族青年务工者能够更好地利用休闲时间，更快地了解和融入主流社会。

第五，整合各种资源，促进维吾尔族农民工与其他工人、周边社区居民的交流与融合。向内地输出维吾尔族农民工的另一大意义在于增进他们对汉

---

❶ 在 2008 年 10 月 1 日下午与该公司负责人进行的访谈中，负责人介绍道今年春天经天津市妇联联系，接收了 365 名喀什地区叶城县及塔什库尔干县各村召集的务工人员，在半年后，大部分务工人员统一返乡，有少部分人员以各种形式走掉，针对这些务工人员的情况，她说道："维吾尔族工人第一个特点是他们没有纪律观念和时间观念，组织及纪律性差，十分散漫。赚一分钱就着急想花掉。不像汉族工人那样反应快，交给她们很简单的活，学得快，忘得也快，让人很烦，又听不懂我们的语言。我们不厌其烦地教了他们 3 个月，可 3 个月后很多人还是没有学会……她们的特长是能唱歌、会跳舞，就算是下大雨，她们也会放下手中的活，跑到外面去跳舞……当时，地方政府答应如果走掉一个，就会补充一个，但他们走掉后，地方政府没有遵守承诺……现就剩下一个小姑娘，她很笨，也听不懂我们的语言，跟其他工人一起吃住。"后来我们与这个女孩交谈中，了解到这个女孩 16 岁，在上初中时，被强迫加入农工队伍，她们到这里工作一段时间后，地方派来的干部带回一部分务工人员后就再没有回来，其他的女孩通过各种形式逃跑了，她因为没有身份证，胆子也小，所以没有能逃走，又因为不知道家乡亲戚的地址和电话，至今没能联系他们。她连自己工作的工厂名称、老板的姓名也不知道。她告诉我们很思念家人和亲戚们。

族以及其他少数民族的了解，促进各民族之间相互理解，以便增强国家的凝聚力。经调查发现这些农民工与非本族的工人以及工厂周边的居民交流甚少，基本处于隔离状态。这就需要工厂负责人以及带队干部整合社区管理委员会、工会、行业协会、农民工培训机构、非政府组织以及相应的志愿者等资源，充分发挥他们的优势和力量，加快他们与主流社会的接触和交流，增进其融入主流社会的步伐，在融合中保持本民族的特色，为城市农民工文化的多元化发展贡献自己的力量。

参考文献

[1] 马戎. 南疆维吾尔族农民工走向沿海城市——新疆喀什地区疏附县劳务输出调查 [J]. 中国人口科学, 2007 (5).

[2] 巩同. 重视拖欠少数民族农民工工资问题 [N]. 人民政协报, 2004 - 7 - 29.

[3] 马戎. 个人一小步, 能否带动民族一大步? ——从对新疆喀什地区疏附县的调查看跨省劳务输出的现状及应对 [N]. 中国民族报, 2008 - 7 - 11 (7).

[4] 自治区农业富余劳动力转移就业工作经验交流暨总结表彰大会经验交流材料之一《发展劳务经济 做大做强劳务产业促进农民增收 (中共喀什地委 喀什地区行政公署 2008 年 4 月 16 日)》 [EB/OL]. 天山网: 2008 年 06 月 06 日, http: www.tianshannet.com.cn/special/content/2008 - 06/06/content_ 2628822. htm.

主体意识培育与撒拉族女性的发展：
基于案例的分析和讨论

良警宇

（中央民族大学民族学与社会学学院　北京　100081）

由于长期受东亚伊斯兰文化和东方儒家文化的双重影响，包括撒拉族地区在内的西北穆斯林农村地区，历史上形成了男女有别、重男轻女的性别观和价值观，由此客观上形成了女性受教育水平相对男性较低，没有经济自主性以及在家庭中和社会上地位普遍较低的状况。[1] 新中国成立后，国家大力推行了一系列推进性别平等的政策，但总体而言变化不明显。改革开放后，西北穆斯林农村地区人口大量流动，农村产业转型，出现生计非农化的趋势，许多穆斯林女性也加入到劳动力流动及非农化的进程中。但笔者近两年在撒拉族地区的调查发现，向非农化生计方式的转变，并没有根本上改变穆斯林女性在家庭中和社会上地位普遍较低的状况，多数女性对于自身的生活状态和处境没有思考，主体意识比较薄弱。但研究同时发现，有一些撒拉族女性开始有明确的主体意识，并通过积极参与社会生活，提高了自身的自主性以及在家庭和社会上的地位。虽然这一群体的数量还不多，但她们的经历值得深思。这些女性中有的接受过良好的教育，有的虽然没有多少教育背景，但都通过自身的努力，成为撒拉族女性中的佼佼者，在改变自身不利处境的同时，为社会做出了贡献。研究发现她们的共同之处在于其自身所具有的强烈的对自己既定的生活状态进行反思并付诸行动、以求改变的意识，这种意识

---

[1] 张添福. 我国人口较少民族教育发展的未来之路——以青海循化撒拉族教育为例 [J]. 柴达木开发研究，2013（3）.

在其成长过程中发挥了重要作用。本文在此试图通过对三个撒拉族女性的个人经历的分析，来展现自我主体意识在女性自身发展和提高方面所发挥的作用，并探讨影响其自我主体意识形成的因素，以期对于女性自我主体意识和社会地位的提高提供参照。

一、三位女性的生活史个案分析

笔者于 2011～2013 年暑假在循化撒拉族自治县进行实地研究期间，结识了三位出色的撒拉族女性，她们都为撒拉族社会的发展做出了贡献，但她们有不同的生活境遇，她们的人生经历，展现了撒拉族女性在时代背景下争取自身发展权力和性别平等道路上的曲折。❶

个案1：A 女士

A 女士如今50 多岁，出生在新疆，在新疆有12 年的生活经历。其有兄弟姐妹六人，在家中排行第三。9 岁时，她的父亲不幸过世，母亲一人带着六个孩子艰难度日，后回到青海循化并再嫁。撒拉族地区早婚的风俗，也波及至她。其上初中的时候，是当时班上唯一的一个女孩，母亲认为她到了适婚年龄，就替她订下婚约，她不同意，于是逃婚。逃婚后，家里不给她学费和生活费，她就去同学家的水泥厂做工，十分辛苦，每个星期可以挣六块钱。学校知道了她的境遇之后，就为这个班上唯一的女生提供了助学金。她的坚持和学校的帮助，使家人终于妥协。最终她顺利读完初中和中专。

中专毕业后，她当上了小学老师，后又到中学任教。为了进一步发展，提升自己的能力，她在业余时间通过函授学习，获得了法律专业的大专文凭，之后被录取为政府工作人员。随着撒拉族地区向外流动的劳动力不断增多，她被派任到城市为外出务工经商人员服务，鉴于她在为外出务工维权方面所做出的贡献，她多次被评选为县级、地级和省级的先进模范。

作为一名撒拉族农村地区普通家庭中的女性，笔者发现 A 女士能够冲破当时当地的传统习俗是极其不易的。为了抗婚并得到继续上学的权利，她曾经以极端的行动来对抗。她之所以能够敢于挣脱束缚，坚持与不利于自己发

---

❶ 三位女性的个人生活史资料来源于笔者于 2011～2013 年期间对她们所进行的多次正式和非正式访谈。

展的环境抗争，在于她从小已经形成的女性应该有权利通过自己的努力实现人生目标的价值观，也正是有了这样的主体意识，通过她自己坚持不懈地求学，加上社会力量的帮助和支持，她才获得了进一步提升自我，并为社会做出更大贡献的机会。

那么她是如何获得这种动力的呢？根据A女士自己的叙述，首先她说是看到在农村的环境中，母亲的人生非常辛苦，自己的姐妹和周围的女性经济上不独立，不得不依附于男性，于是她希望自己将来能够独立挣钱，不看别人的脸色。其次她提到在自己小时候，有两名女性对自己的影响很大，一位是自己小学的汉族老师，另一位是村里的妇女主任。她们思想独立，并受到村里人的尊重，她希望自己能够成为像她们那样的人，而不希望自己步周围一般女性的后尘。第三点，就是当时村里广播中一直宣传男女平等以及婚姻自由的观念，她之所以很小的时候就敢于抗婚而家里人最终能够妥协，就是因为她从广播中了解了国家关于婚姻自由、男女平等的政策，她在抗争中引用国家婚姻法规定并向周围的人宣告如果逼她早婚她就要上告，这使周围的人受到了"震慑"而不得不妥协。此外，笔者发现，A女士从小在新疆的经历也为她能够接受男女平等的现代思想和后来自己能够坚持接受教育的行动打下了基础。在新疆的早年生活中，其父亲对她影响很大。A女士的父亲有文化，并且因为通晓汉语、维语和撒拉语，曾经做过翻译。父亲支持自己的孩子读书，A女士因此在新疆完成了对她而言至关重要的小学教育，因此，在父亲去世母亲回到青海循化后，她才有机会进入初中，并成为班里唯一的一个女生。而在这一过程中，所培育出的个性上的坚强、独立也使她在逆境中获得了不断提升和发展自我的机会。

从A女士的身上，笔者感受虽然其所在地区的传统习俗不利于女性的平等发展，但因为从小树立了男女平等的价值观和自我主体意识，使A女士最终能够冲破藩篱、获得机会，发展成为撒拉族女性中的佼佼者。而其自我主体意识的树立以及最终能够坚持信念，实现自己的人生目标，又依赖于几个关键因素：一是家庭关键成员的影响和支持。虽然她的母亲仍然是传统的撒拉族女性，但小时候父亲的支持使她获得了同龄的其他撒拉族女性所缺失的完成小学教育的机会，也为她现代思想的获得和自身的进一步发展奠定了基础。二是身边的榜样的力量。她成长过程中的小学女教师、妇女主任成为她学习的榜样，并使她在实际的生活中找到切实可行的、可以通过一定的努力就能够不断接近和实现的目标。三是社会和国家力量的支持。在她继续接受初中教育的过程中，在家庭不支持她继续上学的境况下，学校给予了她关键性的经济资助和精神支持，使她进一步坚定了信念并能够坚持下来；在她与周围早婚习俗抗争的过程中，国家婚姻法和男女平等政策在农村地区的广泛宣传，使她获得了平等发展和自身抗婚行为合法性的依据。正是因为有了这些条件的相互支撑，A 女士才形成并坚定了男女平等发展的价值观，并成为一个从草根中生长出来的撒拉族优秀女性的代表。

个案 2：B 女士

B 女士童年时期的受教育经历比 A 女士顺利很多，因为在她童年时期父母已经移居县城居住，也支持她读书上学，因此她一直顺利地读完中学。后来她获得了大专文凭。这样的教育背景，使她形成了"命运掌握在自己手里"的观念。她不愿意重复过家乡一般女性那样的生活，她认为撒拉族农村女性的生活受到种种的束缚和压制。她不愿受传统的束缚，她自由恋爱，虽经阻挠，但坚持不懈。在其他城市打拼十几年以后，她回到家乡建立了服装厂，在自我发展的同时，也试图通过自己的力量帮助家乡的女性开拓就业渠道，提高她们经济上的独立能力和自我意识。

个案 3：C 女士

C 女士及其丈夫都没有上过学，但是他们的思想很开放。他们认为，撒拉族农村地区许多人的思想保守落后，反对女性出头露面，但他们没有这样的思想。新中国成立后男女平等、婚姻自由的政策在农村地区广泛宣传，C 女士就受到这一宣传的影响，虽然她自己没有受过教育，但在这些宣传鼓动下，她积极参与村里组织的活动，并成为妇女代表。改革开放后，她又积极响应国家鼓励经济发展的政策，参与到当地的加工业生产中，并不断适应社会和市场发展的需求，企业也几经转型。在政府提倡旅游业发展的背景下，她又开始积极经营农家院。她认为女性要改变自己的命运，首先要经济上独立。她也像 A 女士那样，从小家里孩子多，经济上穷困。她没有机会上学，自己没有文化，她就试图通过发展经济改变自己的生存地位。她后来开办工厂，就积极吸收撒拉族女性到自己的工厂中工作，她认为撒拉族女性大部分没有工作也没有经济能力，不能照顾和保护自己，因此只有获得独立的经济收入，才能自己做主。她深感自己没有文化对于自己进一步发展的阻碍，就积极培养自己的子女接受教育，如今她的孩子有的成为大学教授，有的成为成功的商人，她自己也被评为"三八红旗手"。

从以上三位女性生活史可以看出，自我主体意识和正确价值观的树立在三位女性的发展成长中发挥了关键作用。她们都通过接受女性平等发展的思想，而使自己的人生经历更加丰富多彩。B 女士因为家庭支持，系统接受了学校教育过程，发展途径相对顺利。A 女士因为有早期小学教育的经历，而获得了进入中学读书的机会，并在社会力量的支持下，最终突破传统习俗和周围环境的影响，不断提升和实现自己的目标。C 女士没有接受过学校教育，但她从小受到男女平等政策宣传的影响，在经济独立信念的支撑下经过自身苦干，实现了其在家庭和社会地位上的提升。

二、新形势下培育撒拉族女性自我主体意识的解决途径和所面临问题

以上三位女性的个人经历，显示女性自我主体意识的形成是其实现自我发展的关键，也展现了形成女性自我主体意识的关键影响因素。在当前人口流动和经济非农化的进程中，对于这些影响因素的分析，对于探索在新形势下如何提高撒拉族女性的自我主体意识提供了启示。

1. 通过教育赋权，提升女性的自我主体意识

受教育权是每一个公民的基本权利。教育赋权就是通过系统的教育和培训，使受教育者的知识、技能和智力得到提高，从而提升个体的社会适应能力和发展的潜力。[1] 近十年以来，撒拉族整体受教育水平虽然有所提高，但相比较而言，仍远低于全国平均水平，且女性的受教育水平也远低于男性。根据第六次全国普查数据，全国 6 岁以上人口中，未上过学的占 5.00%，而撒拉族的比例是 21.18%，其中女性未上过学的占 29.71%，男性未上过学的占 12.78%；大专以上人口所占比例全国是 9.53%，撒拉族的比例是 5.10%，其

---

[1] 闫丽娟，李强. 教育增权与撒拉族农村妇女发展［J］. 中南民族大学学报，2011（2）.

中女性的比例是 4.01%，男性的比例是 6.17%。❶ 由此可以看出，女性平等
接受教育仍是撒拉族地区亟须推动的工作。虽然在以上案例中，C 女士没有
接受过教育也同样为社会做出了贡献，但其发展机会的获得具有时代特征，
在如今社会经济转型、全民教育素质不断提高的背景下，她个人也感受到没
有文化给自己发展所带来的瓶颈，因此她对下一代的教育给予了特别的重视。
因此在非农化发展的背景下，教育赋权对女性个体、家庭以及社会发展都具
有重要意义，平等获得受教育的权利将有利于女性自我主体意识的培育，其
实现程度不但影响到女性对自身社会地位的认识和自信心的培育，而且影响
到其就业权益和自我不断提升的实现程度，并对自我主体意识和发展信念的
巩固发挥作用。但在撒拉族人口外出务工流动增强的背景下，如何使女童在
随父母流动过程中不失去平等接受教育的权力，如何使青年和成年女性能够
像男性那样同样获得培训发展的机会，成为流出地政府和流入地政府需要继
续共同重视和加强的工作。

2. 通过社会舆论和加强宣传，提升女性的自我主体意识

在以上三个案例中，特别是 A 女士和 C 女士的个案中，婚姻自主、性别
平等政策的宣传教育对于其自我主体意识的建立发挥了重要作用。在当时村
民不能广泛流动外出谋生的环境下，通过农村地区定期定时的广播宣传，国
家的政策和声音在关键时期给予了她们有力的支持。如今撒拉族女性跟随家
人广泛外出务工，并主要参与个体餐馆和宾馆的服务工作，虽然进入城市能
够使其接受更多现代生活和思想观念，但目前个体餐馆、宾馆的运营方式并
不能使其真正融入城市生活，也无法独立发展，这种生计方式反而有可能进
一步增强其对于父母或丈夫的依赖。而农村地区又因为缺失了当年政治运动
形式下的宣传和舆论气氛，性别平等的社会舆论和宣传的声音弱化，使留守
在农村的女童和女性得不到强有力的支持。因此，在新形势下，如何加强男
女平等社会舆论和宣传的正面声音和支持，也成为亟须探讨和解决的问题。

3. 发动社会力量，对于女性发展给予经济上和精神上的支持

在 A 女士的案例中，学校在经济上和精神上的支持为其顺利完成中学学

---

❶ 国务院人口普查办公室，国家统计局人口和就业统计司. 中国 2010 年人口普查资料［M］.
北京：中国统计出版社，2012.

业并加强其自我主体意识发挥了重要作用。如今在新形势下，广泛发动社会力量，利用社会资源，也是政府主导之外帮助女性培育自我主体意识和实现其发展的重要途径。社会力量是指在女性发展中可以利用的社会人力、组织及其设施、技术、资金等的总称。在社会管理和服务创新的新形势下，社会组织的地位在不断提升，其在参与公益事业、提供公共服务方面正发挥着越来越重要的作用。但目前民族地区社会组织普遍面临着人力资源欠缺、组织治理不完善、发展能力不足、得到的支持力度不够、法规缺陷和监管缺位、社会参与的渠道和空间仍有待拓展等现实问题，● 且一般撒拉族女性对其的了解认识也不够，因此，如何进一步支持社会组织的发展，加强其救助、扶助和支持能力，发挥其功能，并使其得到更多人的认识和支持也是当务之急。

4. 树立草根成长的榜样，引导女性发展

榜样具有示范和激励两种基本价值。榜样的力量本质上是一种非权力的影响力，其影响过程具有自然渗透性。因此对于一般撒拉族女性而言，可模仿和学习的榜样应该具有现实感和真实性，应与其自身情境靠拢，并展现出通过一定努力有途径可达到和学习的目标。因此，要避免树立抽象化和概念化了的榜样，应挖掘和寻找从草根中成长起来的代表，缩小榜样与一般女性的距离，以获得认同和增加学习的原动力。

5. 鼓励吸纳女性广泛就业，开拓女性发展的途径

我们的调查发现，在向市场经济转型的过程中，随着经济结构的调整，撒拉族女性的就业机会正逐渐增多，并给部分撒拉族女性带来了一定的、可以自由支配的经济收入。但现有的经济参与模式，使她们中的绝大多数仍依附于男性，她们几乎没有独立外出工作的机会，普遍缺乏经济自主能力；她们承担了大部分农业和家务劳动，但其家务劳动的经济贡献隐形化；她们普遍不清楚家庭的财务状况，家庭中的财政权力仍基本由男性掌控。因此目前撒拉族女性的经济参与模式并没有明显改变其在家庭劳动中的角色分工和家庭地位，自我主体意识的培育面临现实的困境。本研究中的三位撒拉族女性自我主体意识的形成过程中，都显现出强烈的对经济自主能力的追求，并通

● 李俊清，陈旭清. 少数民族地区社会组织发展现状及社会功能研究［G］//宋敏. 边疆发展中国论坛文集（2010）·发展理念卷. 北京：中央民族大学出版社，2012：294-296.

过不断努力找到了自我实现的平台。因此，鼓励社会和企业为女性提供更多独立创造经济收入的机会，使她们有展现自我能力和价值的舞台，是培育其自我主体意识的关键。

总之，基于三位撒拉族优秀女性的案例分析，笔者认为主体意识培育是撒拉族女性实现发展的关键。教育赋权、加强性别平等的社会宣传，发动社会力量参与，树立草根榜样的示范和激励作用以及鼓励吸纳女性广泛就业，是培育和提升女性自我主体意识的重要途径。在当前人口流动和经济非农化的进程中，提升撒拉族女性的主体意识，需要政府、社会、企业和撒拉族社会以及女性自身的共同努力与合作。

参考文献

[1] 张添福. 我国人口较少民族教育发展的未来之路——以青海循化撒拉族教育为例 [J]. 柴达木开发研究，2013（3）.

[2] 闫丽娟，李强. 教育增权与撒拉族农村妇女发展 [J]. 中南民族大学学报，2011（2）.

[3] 国务院人口普查办公室，国家统计局人口和就业统计司. 中国2010年人口普查资料 [M]. 北京：中国统计出版社，2012.

[4] 李俊清，陈旭清. 少数民族地区社会组织发展现状及社会功能研究 [G] //宋敏. 边疆发展中国论坛文集（2010）·发展理念卷. 北京：中央民族大学出版社，2012：294 - 296.

维吾尔族族内互动与社会资本的维系

——对维吾尔族社会"Qatar Chay"活动的解释

米吉提·哈得尔　阿布都热西提·基力力

一、前　言

主流社会成员对维吾尔族的简要认识或评价是"能歌善舞的民族",其实这仅是维吾尔族族内互动频繁的一种体现。自古以来,维吾尔族人民举行代表着各种目的集会活动,如婚姻、节日庆典、麦西来普(Meshrep)等。其中,麦西来普作为农耕民族的维吾尔族来说是最具传统性的聚会、集会活动,可以说是当今维吾尔族各类娱乐活动的渊源。麦西来普是维吾尔族民间传统习俗,每逢佳节喜庆之日,以及农闲时节,人们都会举行歌舞、小品、笑话、诵读诗歌、长辈训导青年等集会,以尽情娱乐。但如今,随着现代化进程的不断推进,城镇化水平的不断提高,乡土文化却在消失、变迁。曾经大型的娱乐活动由于种种原因开始淡化或退出历史舞台,而对于现今维吾尔族社会,尤其是城镇居民以及年轻的一代,日常工作的繁忙,导致亲朋好友之间的交际活动正在日益减少,社会网络或人际关系开始渐渐淡化。因此,在麦西来普活动的延续及其变迁的基础上,维吾尔族人民开始慢慢参与和举行规模较小,且聚会目的性较强的"Qatar Chay"活动(以下简称 Q 活动)。该活动是一种轮转储蓄与信用互助相结合的族内互动活动,参与成员实现储蓄资金的同时,也实现了成员之间的互帮互助。此外,这种聚会形式的互动为参与成员带来了亲情交流、信息共享、社会关系网络扩展以及社会资本提升等功能。因此，Q 活动在维吾尔族社会，尤其是在维吾尔族城镇社区中，得到了传播与普及。

二、概念解释

"Qatar Chay"是现今维吾尔族日常生活中的一种集会活动。其中"Qatar"在辞典中有"排、行、地位、声望、队伍、抚养"等含义，但在此处具有"群体、集合体"之意；"Chay"本意为"聘礼、请客、便宴、设宴、宴请"之意，因此在此可以理解为"设宴"之意。

综合辞典中的注解，我们可以对复合名词"Qatar Chay"作如下的解释。首先，可以认定该活动的定义具有两个重要的组成部分。第一，该活动具有一定数目的参与人，即这是一个群体的，且维吾尔族族内的活动；第二，该活动以聚会、宴席的形式进行，聚会过程中参与者实现了轮转储蓄、信用互动以及资源共享。

根据对日常生活中维吾尔族"Qatar Chay"活动的观察，我们可以对它进行如下定义：具有一定数量的人（常常为女性）为实现某一共同的目标而集合在一起进行的聚会活动，其聚会地点往往设在一定的场所，如饭馆、茶楼、参与者之家等，群体的目标主要包括储蓄、信用互助以及资源共享。

三、"Qatar Chay"的运作机制及特点

（一）运作机制

为了进一步详细的说明维吾尔族族内互动活动"Qatar Chay"，笔者将通过图表来具体说明 Q 活动的运作机制。

	成员 1	成员 2	成员 3	成员 4	成员 5	成员 6	成员 7	成员 8	成员 9	成员 10
第 1 期	4300	– 500	– 500	– 500	– 500	– 500	– 500	– 500	– 500	– 300
第 2 期	– 500	4300	– 500	– 500	– 500	– 500	– 500	– 500	– 500	– 300
第 3 期	– 500	– 500	4300	– 500	– 500	– 500	– 500	– 500	– 500	– 300
第 4 期	– 500	– 500	– 500	4300	– 500	– 500	– 500	– 500	– 500	– 300
第 5 期	– 500	– 500	– 500	– 500	4300	– 500	– 500	– 500	– 500	– 300
第 6 期	– 500	– 500	– 500	– 500	– 500	4300	– 500	– 500	– 500	– 300
第 7 期	– 500	– 500	– 500	– 500	– 500	– 500	4300	– 500	– 500	– 300
第 8 期	– 500	– 500	– 500	– 500	– 500	– 500	– 500	4300	– 500	– 300
第 9 期	– 500	– 500	– 500	– 500	– 500	– 500	– 500	– 500	4300	– 300
第 10 期	– 300	– 300	– 300	– 300	– 300	– 300	– 300	– 300	– 300	2700
总收益	0	0	0	0	0	0	0	0	0	0

根据上表所示，其为一个活动周期内的 Q 活动模拟运转表。表中显示，这是一个为期 10 个月，每期间隔为一个月，由 10 人组成的聚会活动。成员每期举办活动的次序已经确定，但是在活动进行过程中，成员之间也可以随时通过协商而进行次序的交换。此活动参与成员中有 9 名按 500 元参与活动，而其中一名成员是按 300 元参与活动的。在 Q 活动中，个人参与活动时的金额是可以根据自身经济条件来决定的，而且如果没有特殊原因，其他成员也是会同意的。个人以较少的资金参与活动，其原因可能包括：第一，家庭经济困难；第二，因参与过多 Q 活动，个人资金周转出现问题，因而以较少的资金参与活动。在本表中的 Q 活动运转过程中，9 名成员每期需分别向当期组织者交纳 500 元（除成员 10 以外），当期组织者则一次性获取 4300 元。成员 10 每期需向当期组织活动者交纳 300 元，当自己组织活动时则一次性获取 2700 元。10 个月，即 10 个周期结束后，本次活动才宣告结束，成员在最后一次活动时会商讨是否举行第二个周期，且参与活动的成员可以选择自己是否再次参与。在活动结束时，次序靠前且急需资金的成员可以获得成员的帮助，而次序靠后的成员则达到了资金的无息储蓄。此外，除了在表格中看到的信息之外，成员在每期的活动中所获得的还包括亲情的交流、资源的共享等额外的益处。

（二）"Qatar Chay"活动的特征

1. 活动成员大部分为女性

参与 Q 活动的成员一般都为女性，即这是一个女性为主的组织或活动。但根据活动的目的的差异，有的活动中男女可以共同参与，如夫妻共同参与、亲戚中同辈人的参与以及同学、同事参与等形式。可以看出，活动成员依据性别可以分为两个类别，第一种是成员为女性型，第二种是成员为男、女混合型。

维吾尔族是一个传统的农耕民族，在其农耕文化中，家庭根据性别出现了男女分工，如"男主内、女主外"。无论是过去还是现在，维吾尔社会中妇女扮演的角色除了单位的工作人员外，主要还是家庭中的劳务者，其社交活动存在一定的局限。为了得到与亲朋好友的资源共享、信息交流、情感交流等目的，妇女们逐渐地开始自发组织此类 Q 活动。随着社会的发展及人们的需要，男女共同参与活动也开始变得普遍。

2. 成员人数有限，运转周期较短

一般来说，Q 活动为期一年左右的时间，一期为一个月，每期一个人举办。因此这也导致了参与成员一般在 12 个人左右，即一年的时间。但是，根据活动成员的内部商定，一些 Q 活动也会持续几年时间，其参与成员也会出现流动现象；另一些 Q 活动则少于一年，那么相应的每期时间则会缩短到一周或两周举办一次。总的来说，Q 活动的参与人数一般较少，运转周期也较短，这方便了组织内部的稳定与协调，成员资金的回收也将得到保障，此外资金的回收时间、信用风险、时间成本等问题也得到了解决。

3. 成员之间实现了信用互助

众所周知，银行与客户之间的联系是靠信用来链接的。银行以其信用保证储蓄用户资金的安全及取回，贷款客户则以自身的信用保障其贷款的如期归还。Q 活动与参与成员之间也是通过信用来链接的。Q 活动的参与集体保证其每个成员都能及时、安全地收回自己的资金，且每个成员都对彼此有监督成员按时交纳费用的权力及义务。对于成员个人来说，实行的是一种"信用准入"方式。参与 Q 活动的成员必须都是彼此了解和熟知的人，如亲朋好友。此外，若一个外人得到了某个成员的担保，以及其他成员的同意时，外人也可以参与到活动中。虽然这种以个人主观评价来判断的信用评价显得不够科学，但这为 Q 活动顺利、安全地进行提供了一定的保障，起码是心理上的保障。

4. 零利息的轮转储蓄

对 Q 活动而言，它是一种资金轮转储蓄的活动，参会成员按照一定的资金参与活动，即个人每期参与活动时都要为当期组织者交纳规定的资金。其实，对于每个成员而言，这种活动所形成的组织就好比一家银行。先获得资金的人实现了资金的透支，之后每期需要定额还款；后获得资金的人实现了自身资金的储蓄，只是起初阶段，他的资金以借款的方式转给了其他人先行使用。在这一过程中，无论成员资金的获得属于透支还是储蓄，其利息都为零。虽然成员资金的储蓄未能实现增值，提前透支没有付出利息费用，但 Q 活动为成员带来的是成员之间的亲情互助、信息交流与共享、社会网络以及社会资本的建立和提升。

5. 活动组织者的轮转

自 Q 活动开始起，一个由数量恒定的成员便组成了一个非正式的组织，该组织将一直持续一个活动周期。活动期间，根据开始阶段确定的个人筹办活动的顺序，每期活动都将由相应的成员负责组织。在活动进行期间，组织者或领导者是轮转替换的，每位成员都需要负责一次活动的举办工作。因此，我们可以看出，在活动过程中，成员之间没有地位的差别，是平等互助的，每个人都有组织活动的责任与义务。

6. 活动目的性强

Q 活动所形成的组织是一个目的性很强的组织，成员是由于某一共同的目标而集结在了一起的。在活动建立初期，Q 活动的目标就已经确立，个人目标与整体目标得到了很好的整合，因此个人将为整体目标奋斗，而整体则为个人目标的实现提供保障。

7. 参与主体类型多样

（1）按照活动目的的不同可以将活动分为：

第一，储蓄型，其主要目的在于快速地集结资金。在零利息的基础上，急需资金的人能以最快的方式向他人求助，获得一定数目的资金，之后又是在零利息的基础上，每期按期返还借款。

第二，情感交流型，其主要目的在于亲朋好友之间交流情感，如现今社会上有很多人因为平日繁忙的工作而不能与亲朋好友相聚、谈心，那么 Q 活动的成立就为所有参与成员提供一个相聚、相见的场所。

第三，慈善型，其主要目的在于通过成员共同的集资而为社会中需要帮助的人与团体提供资金和情感上的援助。

第四，资源共享型，其主要目的在于成员内部实现信息的交流、资源的共享。活动中的每个成员都具有个人的资源及社会关系网络，所有成员的资源与网络联系在一起，就可以获得回报。在此过程中，个人实现了社会网络的建构及个人社会资本的增加。如个人获取就业信息、与上层人物结交、家庭之间的联姻等。

（2）按照性别可以分为：

第一，单一性别型，该活动群体中参与成员全为女性（通常的情况），也存在参与成员都为男性。

第二，混合性别型，即活动群体中参与成员有男性，也有女性。如夫妻共同参与、同辈人、同学、同事参与等。

（3）按照职业可以划分为：

第一，家庭妇女型，参与活动的女性，其职业各异，但她们具有一些共同的属性，如已婚、家庭主妇。

第二，学术交流型，参与活动的成员基本上属于知识分子，聚会的目的就在于彼此间的学术交流。

第三，年轻同辈人型，参与活动的成员大部分为同龄人，其职业也一般是类似的，如同事、同学等。

以上只是简单叙述了一些分类，此外可能还有其他类型的主体。Q活动的参与主体可能是各异的，每个活动当中的个体都会有某个相同点而参与活动，这些都是为了方便集体更有效地实现目标。

四、"Qatar Chay"功能分析

（一）正功能

1. 成员间凝聚力加强

举行Q活动的初期，各个成员都是以共同的目的参与活动的，因此一定数目的成员组成了一个小型组织。在活动运行过程中，每位成员都有义务和责任让活动顺利进行，成员之间形成了一种互帮互助的关系，因此该活动的延续也将继续达到增强成员凝聚力的作用。

2. 成员间资源共享

每个成员都是带着个人资源参与集体活动，并且实现了与每位成员的资源分享。这样，成员之间形成了良好的人际关系网络，每个人将自身与外界的网络关系带入群体当中，于是个人在分享个人资源的同时也享用了整体的共同资源。

3. 个人社会资本的提升

美国社会学家詹姆斯·柯尔曼提出，社会资本是个人所拥有的、表现为社会结构资源的资本财产，它们由构成社会结构的要素构成，主要存在于社会团体和社会关系网之中，只有通过成员资源和网络联系才能获得回报。在Q活动中，每位成员的社会资源和网络关系实现了彼此间的共享，成员因此

也获得了更大、更多的回报，即提升了自己的社会资本。

4. 社会安全阀的功能

"Qatar Chay"参与成员可以获得活动所带来的情感交流、相互协作以及工作之余的放松。Q 活动为成员带来的还包括社会安全阀的功能，群体成员日常生活中的烦恼、劳累等失范情绪可以在活动中得到释放，如成员间彼此的倾诉、安慰等，这为减缓当代人社会生活压力具有一定的功能。

（二）负面影响

1. 个人经济负担加重

在上文中笔者谈到，该活动的运行过程中，每位成员每期需要承担一定的活动费用，在活动结束之际你的收支将达到平衡。但是，如今有些成员参与的"Qatar Chay"活动不止一个，每个月他将为参与不同类型的活动而支出不少数目的金钱。可想而知，如果一个成员参与了过多的活动，那么他每月都处于入不敷出的状态。现实生活中就有此类实例，如有些年轻女子每月的工资收入不能满足其参与活动的费用，于是她便伸手向父母要钱。

2. 个人炫耀、攀比心理滋生

"Qatar Chay"活动产生与形成过程中，成员之间是互帮互助、公平对待的，但如今存在一些人，参加活动时穿着名牌来炫耀自己的富裕程度和地位高低。如此一来，使 Q 活动变了味，失去了感情交流、互帮互助的本质功能。

3. 对家庭和睦及子女身心健康带来了危害

如今参与"Qatar Chay"活动的人越来越多，且以城镇社区中的妇女为主。由于参与活动过多，一些妇女每月都有大部分时间去赴宴，而忘记了对家里的丈夫、子女的照顾。这导致夫妻之间发生矛盾，家庭纷争频繁发生，而子女的身心健康也未能得到及时的照料。

4. 信用危机

如上所述，Q 活动建立在成员间的彼此信任及相互间的担保之上，但在活动期间没有任何成文的规则、制度，一切都来源于口头协定，举办活动的前提就是成员遵守信用。但这种口头上的契约保障是不可靠的，法律不会对它进行保护，因此当团体中出现个人欺骗、欺诈而卷走资金时，团体成员将受到一定的损失。

5. 总结

社会中的人不是单一的个体，他会参与到某个组织中、某个活动中，从而建立自己的社会关系网络。而这个关系网的构建就为他提供了从中获取资源的基础，我们也可以说社会关系网络是个人社会资本形成与提升的前提。在布迪厄的资本理论中，他指出了资本的三个构成，分别是经济资本、文化资本以及社会资本。经济资本就是经济学中通常所指的资本类型，指可以直接兑换成货币的那种资本形式。此外，布迪厄提出的社会资本的概念是"当一个人拥有某种持久性的关系网络时，这个由相互熟悉的人组成的关系网络就意味着他实际或潜在所拥有的资源"。因此，我们回顾维吾尔族的族内互动行为"Qatar Chay"可以认识到：首先，参与活动的成员可以获得的是经济资本，即通过信用互助、轮转储蓄的形式达到货币资本的储蓄与借贷；其次，参与活动的成员获得了社会资本，即在参与成员形成的关系网中，每个人被赋予了一种集体形式的资本和资源，它是集体共享的。

"Qatar Chay"参与成员除了得到社会资本的提升之外，还获得了活动团体带来的情感交流、相互协作以及工作之余的放松。Q活动给成员带来的还包括社会安全阀的功能，群体成员日常生活中的烦恼、劳累等失范情绪可以在活动中得到发泄，如彼此间的倾诉、安慰。这为减缓当代人的社会生活压力具有一定的功能，也为社会整合带来了益处。

随着全球化的推进，西方文化及我国内陆发达地区文化的渗透，如今维吾尔族社会中的"Qatar Chay"活动也在变迁之中，活动参与者也开始出现很多未知的个体主义倾向，如个人拜金主义、个人虚荣心膨胀、对家庭和睦及子女的身心都带来了一定的危害。如何使得"Qatar Chay"活动健康有序地进行以及为维吾尔族社会内部整合做出贡献，这些都需要当今维吾尔族群众的思考与应对。

参考文献

[1] 周长城. 经济社会学 [M]. 北京：中国人民大学出版社，2003.

[2] 王思斌. 社会学教程（第二版）[M]. 北京：北京大学出版社，2004.

[3] 安东尼·吉登斯. 社会学（第4版）[M]. 赵旭东，等，译. 北京：北京大学出版社，2003.

［4］朱国宏，桂勇．经济社会学导论［M］．上海：复旦大学出版社，2005.

［5］杨善华．当代西方社会学理论［M］．北京：北京大学出版社，1999.

［6］杨莹沁．公共文化场域与社会资本关系初探［J］．中国艺术，2011（3）.

［7］杨仕元，朱镇．社会资本研究述评与展望［J］．重庆工商大学学报（社会科学版），2009（2）.

［8］杨瑞龙，朱春燕．网络与社会资本的经济学分析框架［J］，学习与探索，2002（1）.

大学生自助旅游消费的社会学研究[*]

董　研　张毅然

（中央民族大学民族学与社会学学院　北京　100081）

一、问题的提出

近年来，随着我国人民生活水平的提高，闲暇时间的增多，旅游已从少数人的活动变成大众生活的组成部分，旅游消费越来越成为人们消费的热点。人们不断强调对于旅游本质即自由与个性的追求，旅游者自行外出旅游慢慢流行起来。旅游者的这种外出方式，通常被称为自助旅游。自助旅游的概念目前尚无定论，其内涵和外延也并不明确。笔者根据旅游者购买旅游产品的类型和旅游者的参与程度两个维度，把自助旅游界定为旅游者没有购买全包价的旅游产品，按照自己的意愿，全部或者部分地安排自己在旅游活动中的各项活动，以旅游者的自主决策和深度体验为特征的旅游方式。可见，自助旅游以"张扬个性、亲近自然、放松身心"为目标，以旅游者自己组织，自己实施为特点，强调深度体验和快乐的最大化。这种旅游形式受到大学生的欢迎，已成为大学生越来越热衷的旅游方式。

旅游是花费时间和金钱给自己放松，并同时带来人生新经验、新经历的社会行为，是一种消费活动。人们选择的消费方式不仅仅是对自己可支配的货币和资源的反映，而且同时反映了人们对某种价值目标的认同行动。本文即运用消费与认同的分析框架来分析大学生的自助旅游消费。

---

[*] 本文原载于《理论探讨》，2013 年 8 月刊，在原文基础上作了修改。

二、大学生自助旅游消费的动机

认同源于心理学范畴，是一种自我意识，意指体验与模仿他人的态度行为从而与某些人联系而与另一些人相区别。从社会学角度看，认同不仅与自我紧密相连，而且更是"对自己在社会中的某种地位、形象和角色以及与他人关系的性质的接受程度"❶。大学生处于自我认同形成和发展的重要时期。他们从高中走进大学，从老师家长呵护下的少年成长为独立、自信的青年，成为社会的精英一族。他们需要通过一些外在事实来向自己、向他人证明自身的转变，清晰并强化自我认同。自助旅游的特点决定了它可以较好地满足大学生的上述需求。

（一）实现角色认同

自助旅游最大的特点是自主性，旅游者能够自由决定旅游产品的购买内容、购买方式、购买时间。同时相较于团队旅游，自助旅游的形式更加多样，选择性更强，可以进行深度旅游，但旅行中的风险也更大。旅游者的个人独立能力直接决定着旅途中发生的一切。正是自助旅游的这些特点、对旅游者个人能力的要求，符合了大学生对自己的角色期望。这种角色期望往往来源于理想自我，即人们对于未来自我的构想，是一个人世界观、人生观和价值观的根本体现，内含着个人对自我的追求和信念。选择自助旅游的大学生表达了他们对理想化角色的认同，他们渴望独立，希望获得独特的经历和感受，将旅游体验作为社会化的一部分。正是出于对自助旅游背后体现的角色预期的肯定，这种消费才成为可能。

笔者在丽江对大学生自助旅游者进行实地研究时发现，对于初次单独自助游的大学生来说，旅行所具有的角色意义非常强烈。无论是对父母还是自己，自助旅游都是一种独立宣言，是一种"成人礼"，是成长中的个体有意识地选择与社会进行互动的表现。另外，当代大学生具有较强的个性化倾向和主体意识，有自己的人生目标，追求自己的生活风格和自我实现。他们在自助旅游的过程中表达自己的个性与理想。有多次自助旅游经历的大学生对旅

---

❶ 王宁. 消费与认同——对消费社会学的一个分析框架的探索 [J]. 社会学研究, 2001 (1)：6-7.

行中所能获得的丰富体验的认同，与其对自我的角色期待相符。对陌生环境的适应能力、与更多的人结识交往的机会以及对自我不断发展的要求，这样的角色认同决定了大学生对自助游的频繁消费。

（二）度过认同危机

自助旅游消费活动，除了可以表达大学生对其理想自我的角色认同，也为处于认同危机的大学生提供实践活动以建构自我认同，这种消费行动是个体反思性的表现。吉登斯认为，具有反思性的实践活动是个体在现代社会中对外在的结构化压力进行的抵御性的反应。现代性改变了人们日常生活的实质，个人面临着无法掌握命运的焦虑感，当个体面对危机与风险时，可以通过反思，有意识地创造自我实现的条件，并与他人及社会进行互动，这是自我认同实现的前提。[1]

对大学生来说，他们既是天之骄子，可以有更多的职业和生活选择，但同样也面临更多选择和自主决策带来的困惑、压力、挑战和责任。就业的压力、独生子女自身抗挫折能力的脆弱以及在校所学与工作要求的脱节，使大学生对自身价值产生了怀疑。当生活变得狭隘而平庸，当个体在社会中丧失方向感与意义感的时候，个体就会更多地关注自我，并希望通过一些实践活动度过认同危机。笔者访谈的多位理工科男生频频提到理工科学习压力大，生活枯燥、紧张，希望通过旅游释放压力，获得精神上的满足。据调查显示，文化动机在"80后"[2]和"90后"大学生的旅游动机中均排在首位，86.3%的"90后"被访者希望通过旅游看到不同的事物，体验新的生活。[3]

再有，大学生在人生的一些特殊时点，也容易产生认同危机。例如大学生从接受教育到融入社会的过渡中会产生一种决裂感和不适应。刚从杭州某高校毕业的杨同学将自己的自助游当作是对大学生活的告别，他的自我暗示正是体现出个体在面临认同危机时所具有的反思性，是其有意识地为融入社会做出的充分准备。还有因情感受挫而出来旅游的大学生也比较常见，他们

❶ [英]安东尼·吉登斯.现代性与自我认同 [M].赵旭东，等，译.北京：生活·读书·新知三联书店，1998：216-253.

❷ 李丽梅，保继刚.大学生旅游行为研究——以中山大学为例 [J].桂林高等专科学校学报，2000 (4).

❸ 杜继淑，郑惠."90后"大学生旅游动机与旅游消费行为研究 [J].贵州师范大学学报（社会科学版），2010 (6)：137-141.

主动地选择自助旅游这种休闲方式，调整身心，放松减压。姜玲玲通过对20位有自助旅游经验的大学生的质性研究表明，经历了自助旅游的大学生在生活和学习态度方面变得更加积极、乐观、成熟。[1] 可见大学生能够有意识地选择并运用自助旅游这种方式，解决其成长过程中遇到的问题，度过认同危机。

三、大学生自助旅游消费的行为

笔者在上文中主要从认同的角度分析了大学生自助旅游的动机。消费动机要通过消费行动得以实现，个体也要在社会实践中建构自我认同。

(一) 随性旅游与理性消费

大学生的自助旅游追求自主、独立，追求一种旅游的体验，一种"在路上"的感觉。他们在具体的旅游消费支出金额和路线行程上，并没有太强的计划性。在旅行的过程中，大学生关注的是周围的环境和人物对于自己心灵和感悟力的培养，根据自身的状态调整行程安排，以求最大限度地放松自我、享受生活。有多位大学生谈到，他们自助游会看一些旅游攻略，但绝不依靠攻略，因为攻略是别人的旅游经历，他们相信自己的能力，更希望凭自己的感觉完成旅行，寻找属于自己的乐趣。我们可以从他们的言谈中清晰地感受到他们希望通过自助游这样一种行动表达和建构自我，完成自我实现的强烈愿望。

大学生的旅游消费行为各有特点，消费结构和消费数额不尽相同。但相同的是，每个人都在旅行的过程中不断探访和发现自己的需求，选择适合自己的住宿、餐饮、交通工具、行程安排、购物、娱乐等各种消费项目，既不炫耀显示或者跟风从众，也不一味省钱穷游，而是根据自己的时间和经费量力而行。这展现出大学生自助旅游消费中理性的另一面。大部分大学生经济不完全独立，理性、克制是他们谈到自己自助旅游消费的常用词汇。大学生自助旅游所具有的随性旅游与理性消费的特征，是一种追求自身认同的价值目标，追求自我实现的实质合理性的行动。他们在自助旅游消费的实践过程中，表达并丰富了自我认同。

---

[1] 姜玲玲. 大学生自助旅游体验研究 [D]. 辽宁师范大学，2010.

（二）在消费中寻找认同群体

"个体只有在与他的社会群体的其他成员的关系中才拥有一个自我。"❶ 自助旅游的大学生同样如此，自助旅游消费成为他们社会交往和沟通的方式。旅行中的交往方式不同于人们的日常生活，互动的人群与场景都是特殊的，这样一种互动对建构自我认同最重要的作用是提供了认同群体。"认同群体是指自己在心理和情感上接受的、与之有某种心理和情感'血缘'或'姻缘'的社会群体，如自己的民族、性别和年龄群体，这种群体不一定是空间上距离很近，但是在心理距离上却是很近。"❷ 旅行中具有特色的"拼文化"，即拼车、拼吃、拼房、拼游等为了同一行动目标集中在一起共同 AA 制消费的消费文化，正是在自助旅游中发展起来的。"拼文化"一方面符合大学生理性消费的需求，另一方面它作为大学生中一种特别的交友方式而存在，为大学生寻找认同群体提供方便。"拼"是对旅行中孤独的对抗，与"拼友"间的情感释放满足了旅行者心灵慰藉的需要。志同道合者之间的沟通共享了信息，交流了经验，使行动者找到并确立了与认同群体的关系，也更加坚定了旅行者对其自身角色的认同，为其完成自助游提供了保障。

除了旅行过程中面对面的交往，大学生还通过网络寻找认同群体，包括各种旅游论坛和日常参与的虚拟社区。前文提到的旅游攻略，大部分被访大学生表示不依靠攻略，但也很少有人不看攻略。他们从攻略中得到的不仅是旅游目的地的相关信息，更重要的是找到归属，发现有这样一群人和自己拥有同样的爱好，关注同样的事情，具有相同的追求和价值观。在这样的群体中，成员相互模仿他人的态度与行为，从而与其他人联系在一起并与另外一些人相互区别，即通过与认同群体的互动清晰并强化了自我认同。

四、小 结

本文从认同的角度分析了大学生自助旅游消费的动机和行为。大学生自助旅游的消费者不仅是一个社会人，而且是一个具有特定社会位置和群体归属的人，通过认同与他人进行着社会交往。他们对于自助旅游这种消费产品

---

❶ ［美］乔治·赫伯特·米德. 心灵、自我与社会 ［M］. 赵月瑟，译. 上海：上海译文出版社，1992：145.

❷ 王宁. 消费社会学——一个分析的视角 ［M］. 北京：中国社会科学文献出版社，2001：47.

的选择，反映了他们对某种有价值的东西的认同行为。这里说的"某种有价值的东西"，包括美食、住宿等基本的物质条件，也包括对于自然、人文景观的欣赏、身心的愉悦等文化精神层面的体验，还包括对于独立、自主、个性等价值观的认同与追求。在这个过程中，大学生自助旅游消费者自主决策、独立行动，锻炼了能力，提升了自信，为完成其从少年向成年人的转变、从校园走向社会奠定了基础。他们通过自助旅游消费，树立了自身的形象，发现并确立了与认同群体的关系，创造、修正、实现了自我认同。大学生自助旅游消费的实践活动是一种追求自身认同的价值目标，追求自我实现的实质合理性的行动。

参考文献

[1] 王宁. 消费与认同——对消费社会学的一个分析框架的探索 [J]. 社会学研究，2001 (1)：6 - 7.

[2] [英] 安东尼·吉登斯. 现代性与自我认同 [M]. 赵旭东，等，译. 北京：生活·读书·新知三联书店，1998：216 - 253.

[3] 李丽梅，保继刚. 大学生旅游行为研究——以中山大学为例 [J]. 桂林高等专科学校学报，2000 (4).

[4] 杜继淑，郑惠. "90 后"大学生旅游动机与旅游消费行为研究 [J]. 贵州师范大学学报 (社会科学版)，2010 (6)：137 - 141.

[5] 姜玲玲. 大学生自助旅游体验研究 [D]. 辽宁师范大学，2010.

[6] [美] 乔治·赫伯特·米德. 心灵、自我与社会 [M]. 赵月瑟，译. 上海：上海译文出版社，1992：145.

[7] 王宁. 消费社会学——一个分析的视角 [M]. 北京：中国社会科学文献出版社，2001：47.

城市老年人社会经济地位影响健康的机制结构研究[*]

——以沈阳市城市老年人 9 年追踪数据为中心

艾　斌^{**}

（中央民族大学民族学与社会学学院　北京　100081）

一、序　言

我国的 65 岁及以上人口比例 1950～1982 年一直在 5.0% 以下徘徊，2000 年达到 7.0% 进入老龄化人口型，预计 2025 年前后将达到 14.0% 进入老龄人口型，2040 年将达到 23.3% 进入超老龄人口型（陈卫，2006）。反观世界上人口老化最严重的日本，1920～1955 年在 5.0% 以下徘徊，1970 年达到 7.1%，1995 年达到 14.5%，2010 年达到 23.0%（日本总务省统计局，2012）。

上述数据表明，我国的人口老龄化过程尽管与日本相比在时间上正好相差 30 年而老化速度却非常相似，第一阶段是从平稳期的 5.0% 到老龄化期的 7.0% 都是不到 20 年，第二阶段是从 7.0% 再到老龄期的 14.0% 都是 25 年左右，第三阶段是从 14.0% 到超老龄期的 21.0% 都是 15 年左右（我国为预测数据）。第一阶段两国都是在社会急速转型和经济高速发展过程中进入人口老龄化。日本 20 世纪 50～70 年代的 20 年间经历了结束战争恢复重建、实现国民收入倍增，经济总量增长，显著地改变了以传染病、营养不良和死婴等为中心的健康问题，平均预期寿命大幅度提高。同样，我国从 20 世纪 80 年代到 20 世纪末的 20 年间经历了从计划经济向市场经济转轨的社会变革，GDP

---

　* 项目简介：本研究是 2012 年度日本文部科学省学术振兴会资助的 "中日老年人健康寿命的文化与环境因素的结构研究" 项目的一部分成果。

　** 艾斌（1962～），男，中央民族大学民族学与社会学学院社会学系，副教授，城市学博士。

翻两番，健康状况与平均预期寿命得到大幅度改善，与日本相比并不存在未富先老的状况。从第二阶段到第三阶段，日本随着经济发展社会结构的变化出现社会阶层分化与生活压力的加剧，社会经济地位以及生活方式等社会因素变成了影响健康的重要因素（近藤克则，2004）。我国目前同样处于第二阶段而且经济高速发展之后社会阶层化不断加剧，如何有效地利用这30年的时间差，深入探讨社会因素如何影响健康状况的机制是提高老年人生活质量的重要课题。

健康与社会经济地位关系的研究有多种学科视角，其中社会学探讨的是社会分层所产生的社会经济地位的不平等是如何导致健康不平等的（Robert & House，2000），即研究的重点是社会分层而健康不平等只是社会不平等的不良后果之一。社会医学探讨的是各个社会群体的健康状态以及生活状况如何受其社会经济地位的影响，目的是从医学和社会的角度维持、增进、改善低社会经济地位较低群体的健康水平。本文将以社会医学的视角为主借鉴社会学的观点分析城市老年人社会经济地位对健康的影响机制，为我国健康介入研究以及老年政策的制定提供基础数据。

二、老年人社会经济地位和健康关系的理论以及先行研究

尽管社会经济地位同健康之间的因果关系存在争议（Warren，2009），亦即社会因果论和健康选择论（Elstad & Krokstad，2003），但如果以老年人为研究对象的情况下因果关系就比较清楚，社会经济地位在退休之前已经形成，开始观察时点的健康状态以及其后的生存时间与社会经济地位有明确的时间先后，符合社会因果论的观点。可以说个人的健康状况受社会结构因素限制，即个人在社会结构中的位置决定了他们的健康水平，社会经济地位越低的人，其健康状况越差（Dahl，1996）。我国学者的实证研究也证明了社会经济地位对健康存在影响，其中，齐良书（2010）认为20~65岁成年人社会经济地位越高，健康状况越好；汤哲（2004）认为社会经济地位较高的北京市老年人有更长的预期寿命和健康预期寿命；顾大男（2004）认为社会经济地位对高龄老人的生活自理能力等身体健康的影响有限。另外，反映社会经济地位的相关变量同样对健康产生影响。黄枫（2010）认为不同社会医疗保险待遇对于老年人口的健康有着显著而长远的积极影响；刘平贵（2004）认为60岁以前的职业是高龄老人死亡风险的重要预测变量；曾宪新（2007）认为是否有

养老金对于老年人的死亡风险有显著影响。

上述研究以及一些国外研究证明了社会经济地位越高的人其健康水平越高的观点，但是，重在阐明社会经济地位影响健康理论机制的研究却很少（Mirowsky，Catherine & Reynolds，2000）。社会因果论包括两个方面的影响机制，一是物质环境说，认为社会经济地位带来的收入与生活环境差距是影响健康的重要因素；二是生活方式说，认为社会经济地位带来的不同生活方式是影响健康的重要因素。尽管王甫勤（2012）以成年人为对象验证了生活方式说，即社会经济地位越高的人越倾向于拥有和维护健康生活方式而健康生活方式又直接影响了人们的健康水平，但对于能普遍维持良好生活习惯的我国老年人来说，这样的解释机制是否合适有待进一步讨论。

在老年人社会经济地位与健康之间有可能存在如文化性余暇活动这样的第三变量。顾大男（2007）分析3年的追踪数据发现，具有较高社会经济地位和较多医疗资源老年人的外出旅游和健身锻炼的比例较高，出游和健身锻炼有利于身体健康以及降低死亡风险。吴金晶（2012）分析截面数据发现，经常参与志愿者活动的城市老年人的主观幸福感水平高。杨宗传（1995）认为文化素质是老年人参加老年活动的重要影响因素之一。齐良书（2010）认为社会经济地位通过多种途径作用于个人健康状况，如果仅用单一指标进行量化分析，难以全面深入地揭示其作用机制。

当然，我们也发现先行研究中尚存一些亟待解决的问题。第一是老年人社会经济地位是如何影响健康的机制尚未得到解释，多数研究只证明了存在影响；第二是健康指标不全面，未同时考虑健康的质和健康的量。同样是讨论男性与女性的社会经济地位不平等，导致健康状况男性比女性好，却又导致女性寿命比男性长；第三是追踪时间较短且又未考虑生存时间。寿命或生存先行研究中一般追踪时间只有2~3年，追踪时间过短很难排除基线调查中既成事实的干扰，不能说明因果关系。多数研究只分析死亡率或生死结果而不考虑生存时间的多少，造成分析存活1年的老人和存活10年的老人会得到同样结果；第四是统计分析方法不适用于作用机制研究。双变量分析、多元回归、逻辑回归分析或Cox风险回归等只能分析社会经济地位对健康的直接影响，不能分析间接作用。而且，有些先行研究分别使用不同模型研究社会经济地位与健康的关系、生活方式与健康等的关系，却主观推断出社会经济地位通过改变生活方式而影响健康的结论。

三、研究方法

(一)研究设计与研究假设

基于上述分析讨论,本研究以社会因果论为基础,探讨城市老年人社会经济地位影响健康的作用机制。人们进入老年期,不仅有足够的时间照顾自己生活,而且由于健康水平下降更意识到需要维持一个良好的饮食作息习惯,因此,对于老年人来说良好的生活方式是健康变化的结果而不是原因。由于老年人的家庭生活与社会生活责任不断减少,生活责任性外出大幅度较少,增加文化性余暇活动内容是增加维持老年人社会交往频度的重要因素。城市老年人的基本生活已经可以得到保障,社会经济地位的不同更多的是带来文化性余暇活动的不同。

本研究使用前瞻性队列研究方法,将 2000 年调查时点之前已经形成的社会经济地位作为基本潜在因子。将 2000 年调查时点的文化性余暇活动作为中间潜在因子,将用 2000 年调查时的健康状态和其后 9 年间生存日数表示的健康的质和健康的量作为结果潜在因子。其中健康状态使用世界卫生组织的定义包括身体健康、精神健康、社会健康三个方面。分析基本因子对结果因子的直接影响与间接影响(见图 1),并提出以下假设。

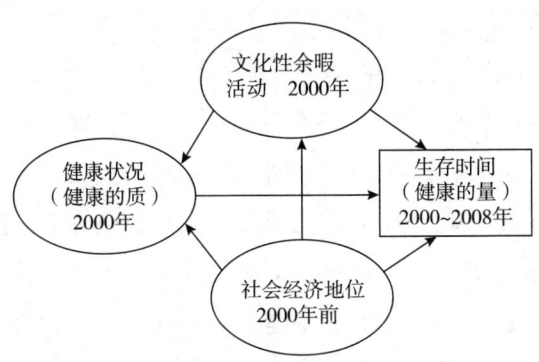

图 1 社会经济地位与健康关系的假设模型

假设 1:社会经济地位直接影响城市老年人的健康状态与生存时间,并通过健康状态间接影响生存时间。

假设 2:文化性余暇活动直接影响城市老年人的健康状态与生存时间,并通过健康状态间接影响生存时间。

假设 3:社会经济地位直接影响城市老年人的文化性余暇活动,并通过文化性余暇活动间接影响健康状态和生存时间。

（二）调查方法与统计方法

本研究的基线调查是由作者负责的日本东京都立大学城市科学研究所与沈阳市卫生局合作项目，在 2000 年 6 月 1～20 日以沈阳市的和平区、皇姑区、沈河区、大东区、铁西区五个市区 45 万人老年人为总体实施的大规模抽样调查。抽样方法是按照区、街道、社区的顺序使用分级抽样方法，在 5 区中分别抽出老年人口比率与所在区老年人口比率相近的两个街道办事处，再从被抽出的街道办事处中各抽出老年人口比率与所在街道办事处老年人口比率相近的 1 个社区，被抽出社区的全部 60 岁及以上老年人为调查对象，全市共抽出 10 个社区 4460 名老年人。调查员由经过多次培训的各区疾病控制中心的医生和街道的地段医生以及社区委员会的职员担任，使用自填式和询问试两种方式，回收问卷 3654 份，回收率为 81.9%。

本研究的追踪调查为作者负责的 2012 年度日本文部科学省学术振兴会中日养老文化比较研究项目，对基线回答者的死亡日期以及死因进行追踪调查。追踪调查对象是从基线调查回答者 3654 人中减去 134 人未登陆户籍者，姓名与身份证号码等个人情报记录不清者 703 人，问卷回答不完全者 51 人，实际追踪调查对象为 2766 人，追踪观测期间为 2000 年 6 月 1 日至 2008 年 12 月 31 日的 3135 日，追踪期间死亡 538 人。本研究为了减少调查期间已经濒临死亡者的影响，在死亡者中删除了调查后 6 个月内死亡者，即 2001 年 1 月 1 日至 2008 年 12 月 31 日死亡的 506 人在 2000 年的状态及其生存日数作为本研究的变量。

2000 年基线调查中与本研究有关项目中，社会经济地位指标包括退休前的职业、教育程度、家庭收入三项；文化性余暇活动包括社区活动、旅行游乐、个人兴趣三项；健康状态中身体健康包括身体病症和身体能力，社会健康包括外出频度和交往频度；精神健康包括幸福感和生活满足感（见下表）。年龄在下表中用年龄阶段表示，在结构模型中为实际年龄。

本研究使用结构方程分析方法，统计分析软件为 SPSS18.0 和 Amos17.0。

四、城市老年人社会经济地位影响健康的作用机制

（一）追踪对象的变量分布

数据完整的追踪对象为 2776 人，追踪期间设定在 2000 年 6 月 1 日至

2008 年 12 月 31 日，追踪期间总共死亡 538 人。本研究的分析对象为剔除了调查后半年内死亡者，即 2001～2008 年的死亡者 506 人，这期间其生存时间为 228～3134 日，平均生存 1808.34 日。见下表为调查指标以及 506 名死亡者的基线调查变量分布。

沈阳市城市老年人追踪调查死亡者基线调查指标与变量分布表

指标	变量	测量	频数	比例	指标	变量	测量	频数	比例
基本属性	年龄阶段	60～69 岁	177	35.00%	身体病症	-1－脑中风	78	15.40%
		70～79 岁	232	45.80%		0－没有	428	84.60%
		80 岁以上	97	19.20%	身体病症	-1－其他疾病	71	14.00%
	性别	男性	260	51.40%		0－没有	435	86.00%
		女性	246	48.60%	身体健康	身体病症	-1－腰痛	135	26.70%
社会经济地位	以前职业	1－其他职业	108	21.30%		0－没有	371	73.30%
		2－工厂工人	338	66.80%	身体能力	0－不能	259	51.20%
		3－干部技术	60	11.90%		1－缴水电费	247	48.80%
	教育程度	1－没有	182	36.00%	身体能力	0－不能	282	55.70%
		2－小学	222	43.90%		1－银行存储	224	44.30%
		3－中学	90	17.80%	外出频度	1－不外出	109	21.50%
		4－专科以上	12	2.40%		2－每月 2～4 次	55	10.90%
	每月收入	1－500 元以下	219	43.30%		3－每周 3～5 次	98	19.40%
		2－500～999 元	248	49.00%	社会健康	4－几乎每天	244	48.20%
		3－1000 元以上	39	7.70%	交往频度	1－不往来	74	14.60%
文化余暇活动	社区活动	1－不参加	328	64.80%		2－每月 2～4 次	84	16.60%
		2－有时参加	127	25.10%		3－每周 3～5 次	130	25.70%
		3－经常参加	51	10.10%		4－几乎每天	218	43.10%
	旅行游乐	1－不去	417	82.40%	精神健康	幸福感觉	1－不是	60	11.90%
		2－有时去	71	14.00%		2－说不清	66	13.00%
		3－经常去	18	3.60%		3 是	380	75.10%
	个人兴趣	1－没有	405	80.00%	满足感觉	1－不是	59	11.70%
		2－有一种	79	15.60%		2－说不清	83	16.40%
		3－有多种	22	4.30%		3－是	364	71.90%

（二）社会经济地位影响健康状态与生存时间的结构方程模型

在结构方程模型中，我们将身体健康、社会健康、精神健康及其构成的综合健康状态、社会经济地位、文化性余暇活动等潜在因子用椭圆形表示，将直接观测到各个变量包括生存时间，用长方框表示，用 e、d、z 表示未知部分，箭头连线表示因果关系，连线上数值为标准化路径系数在 1 ~ -1 表示关系强度与方向，方框或椭圆形的右上角数值为回归解释率，GFI 为数据与模型间的调整拟合度。本研究的拟合模型不仅 AGFI 达到 0.921，而且健康状态解释率为 70.0%，生存时间的解释率为 10.0%，说明是一个非常合理的结构模型（见图 2）。

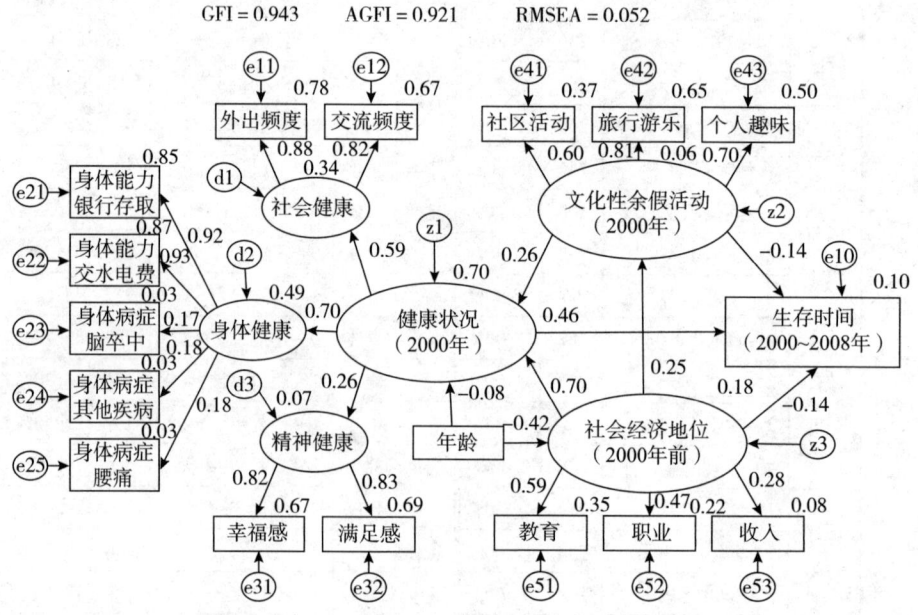

图 2　社会经济地位通过文化性余暇活动影响健康的机制结构

健康状态对生存时间具有较强的正向直接影响，其路径系数为 0.46，其中身体健康影响最大 0.70 × 0.46，社会健康的影响仅次于身体健康的影响达到 0.59 × 0.46，精神健康的影响力较小仅为 0.26 × 0.46。在身体健康的各指标中，老年人的身体能力对生存时间的影响力远大于身体病症的影响力。本研究的结果与吴晓光（2004）8 年追踪数据发现老年人日常生活能力、健康自评以及认知功能分别对死亡有较高的预测价值的结果，以及曾宪新（2007）分析 65 岁以上城乡老年人的 3 年跟踪数据发现死亡风险与生活能力等身体健康关系稳定的结果呈现一致性，但本研究不仅验证了上述身体健康的作用还证明了社会健康对死亡有较高的影响力与预测性。

社会经济地位对健康状态有着很强的正向直接影响，其路径系数达到

0.70，对生存时间的直接影响极其微弱，其路径系数不具有显著性，社会经济地位通过改变健康状态对生存时间产生很大的间接正向影响，其路径系数为 0.70×0.46。从上述数据结果我们可以发现，假设 1 有部分被验证、部分被否定，即社会经济地位对健康状态有很强的正向影响，而对生存时间并无直接影响，是通过改变健康状态间接影响生存时间。齐良书（2010）认为 20～65 岁成年人中社会经济地位越高健康状况越好，本研究在 60 岁以上城市老年人的研究中也发现上述倾向。但是，刘贵平（2004）分析 80 岁以上城乡高龄老年人的 2 年跟踪数据发现，死亡风险与社会经济地位中的退休前职业有一定相关性，而曾宪新（2007）分析 65 岁以上城乡老年人的 3 年跟踪数据发现控制了其他变量后社会经济地位对死亡风险的影响不明显。本研究认为，城市老年人社会经济地位对生存时间或死亡风险不具有直接影响而是通过改变健康状态产生间接影响。

社会经济地位对文化性余暇活动具有中等强度的正向直接影响，其路径系数为 0.25，同时由于文化性余暇活动对健康状态具有中等强度的正向直接影响，其路径系数为 0.26，所以社会经济地位通过文化性余暇活动又对健康状态产生间接影响，强度为 0.25×0.26。上述结果表明，假设 2 部分被验证而假设 3 完全被验证，即社会经济地位直接影响城市老年人的文化性余暇活动，并通过文化性余暇活动间接影响健康状态。本研究与杨宗传（1995）以及顾大男（2007）的观点一致，都认为老年人社会经济地位越高，社区活动与旅游等文化性余暇活动越丰富。而且本研究与吴金晶（2012）的观点相似，志愿者活动等文化性余暇活动越多的城市老年人，包括幸福感在内的精神健康水平越高综合健康状态越好。但是，顾大男（2007）使用 3 年的追踪数据分析死亡与出游的双变量关系认为旅游对健康长寿的作用是直接的，本研究在控制健康状态的情况下认为，文化性余暇活动对生存时间不具有直接影响而是通过改变健康状态间接影响生存时间。

与此同时，我们发现年龄对社会经济地位的路径系数为 -0.42 具有一定的负向影响，说明年龄越大社会经济地位越低，因此社会经济地位对健康状态、文化性余暇活动的影响包含年龄对健康状态与文化性余暇活动的间接影响，强度达到 0.42×0.70 和 0.42×0.25，而年龄对生存时间、文化性余暇活动以及健康状态的直接影响极小，路径系数均不具有显著性。

五、结　论

为了探讨社会经济地位影响健康的作用机制，本研究运用前瞻性队列研究方法对沈阳市 2766 名 60 岁及以上城市老年人追踪 9 年，对其中 506 名死亡者使用结构方程分析方法解析其社会经济地位、文化性余暇活动与健康状态以及生存时间的结构关系，得到以下结论。

城市老年人社会经济地位一方面对健康状态产生直接影响，另一方面通过改变文化性余暇活动而对健康状态产生间接影响，社会经济地位对生存时间没有直接影响，而是通过影响健康状态延长生存时间。健康状态对生存时间有较大影响，其中社会健康具有较大影响力仅次于身体健康，而身体健康中身体能力的影响力大于身体病症。因此，社会经济地位越高的老年人其文化性余暇活动越丰富导致外出交往频繁，提高了社会健康、满足了精神健康、维护了身体健康，间接延长了生存时间。

在我国社会经济的转型期，由教育程度、收入、退休前职业构成的社会经济地位指标受年龄的影响，高龄老年人社会经济地位较低，社会经济地位对健康状态与文化性余暇活动包含一定的年龄因素。

既有的关于社会经济地位影响健康作用机制理论包含两个方面的解释，一是认为不同社会阶层拥有不同的亚文化，其社会经济地位决定了人们的饮食烟酒、作息运动、毒品性行为等生活方式，生活方式反过来又影响人们的健康；二是社会经济地位不同所享有的医疗资源不同，社会经济地位低的人得不到及时救治（James Henslin，2010）。

相对于上述生活方式说和物质资源说，本研究寄希望于就城市老年人提出文化性活动说对上述理论做一定的补充。城市退休老年人由于健康状态下降而且有足够的时间一般都能维持健康的生活方式，但由于社会责任与家庭责任下降外出活动减少致使社会健康恶化。如果是社会经济地位较高的老年人仍然维持一定水平的文化性余暇活动，这样就增加了外出交往活动的内容与事件，客观地促进了社会健康与生活能力，并改善了精神健康，进一步延长了生存时间致使死亡风险降低。

郑杭生（2002）认为社会阶层是一个社会中资源分配与占有的关系，这种分配与占有关系决定人们的其他社会关系的形成、社会互动方式和互动过程，因而也是社会结构中主导性的社会关系。因此，较低社会经济地位的城市老年人不能参加文化性余暇活动包含两层意思，一是参与文化性余暇活动的可能性，包括能否参与老年人大学、老干部活动中心以及旅游等文化性活动都会受到退休前单位、职务、费用等限制；二是参与文化性余暇活动的意愿性，包括有无参与文化性活动意愿也会受到文化素质、活动兴趣、活动技能等的限制。

我国进入人口老龄化的 2000 年和日本进入人口老龄化的 1970 年相比，在社会经济发展状况的很多方面具有相似性，未富先老的说法也许可以作为政府或者社会不作为的一种托词。尽管老年人的社会经济地位不容易被改变或提高，但政府与社会组织以及家庭可以使用其他方式介入低社会经济地位老年人的文化性余暇活动，来改善老年人的健康状态与生存时间。改善老年人文化性余暇活动可以从两个方面入手，一是以社区为中心改善老年人活动交流的环境，减少退休前的阶层地位意识以及消除单位体制对设施使用的限制；二是由社工机构积极组织带动老年人参加低费用、低限制、低技能的文化性余暇活动。不断减少社会经济地位差异对健康的影响是我们社会进步的一个基本标志。

参考文献

[1] 陈卫. 中国未来人口发展趋势：2005～2050 年 [J]. 人口研究, 2006, 4: 93 - 95.

[2] 日本総務省統計局 (2012)：「推計人口」, 日本総務省統計局ホームページ.

[3] 近藤克則. 社会経済状况と健康 [J]. 公衆衛生 68 (2), 132 - 136, 2004 - 02.

[4] Robert S. A. , & House J. S. (2000). "Socioeconomic Inequalities in Health: An Enduring Sociological Problem." In Handbook of medical Sociology (5th edition), edited by C. E. Bird, P. Conrad, & A. M. Fremont. Upper Saddle River, NJ: Prentice Hall.

[5] Warren J. R. (2009). Socioeconomic Status and Health across the Life Course: A Test of the Social Causation and Health Selection Hypotheses. Social Forces 87 (4): 2125 - 2153.

[6] Elstad J. I. , & Krokstad S. (2003). Social causation, health - selective mobility, and the reproduction of socioeconomic health inequalities over time: panel study of adult men. Social Science and Medicine 57 (8): 1475 - 1489.

[7] Dahl E. (1996). Social mobility and health: cause or effect? British Medical Journal 313 (7055): 435 - 436.

[8] 齐良书，王诚炜. 健康状况与社会经济地位：基于多种指标的研究 [J]. 中国卫生经济，2010，8：47 - 50.

[9] 汤哲，Toshiko Kaneda，项曼君，方向华，Zachary Zimmer. 北京市不同社会经济状况老年人的预期寿命和健康预期寿命 [J]. 中国临床康复，2004，30：6569 - 6571.

[10] 顾大男，曾毅. 高龄老人个人社会经济特征与生活自理能力动态变化研究 [J]. 中国人口科学，2004，增刊：14 - 21.

[11] 黄枫，吴纯杰. 城镇不同社会医疗保险待遇人群死亡率交叉现象研究 [J]. 人口研究，2010，1：95 - 105.

[12] 刘贵平. 高龄老人死亡风险的社会经济因素分析 [J]. 中国人口科学，2004，增刊：96 - 100.

[13] 曾宪新. 社会经济地位对我国老年人死亡风险的影响 [J]. 人口与经济，2007，5：50 - 55.

[14] Mirowsky J. , Catherine E. R. , & Reynolds J. (2000). "Links between Social Status and Health Status". In Handbook of Medical Sociology (5th edition), edited by C. E. Bird, P. Conrd, and A. M. Fremont. Upper Saddle River, NJ: Prentice Hall.

[15] 王甫勤. 社会经济地位、生活方式与健康不平等 [J]. 社会，2012，2：125 - 143.

[16] 顾大男. 旅游和健身锻炼与健康长寿关系的定量研究 [J]. 人口学刊，2007，3：41 - 46.

[17] 吴金晶，梁博姣，张旭. 城市老人从事志愿者活动对自身主观幸福感的影响——基于北京市朝阳区的调查 [J]. 南方人口，2012，5：24 - 31.

[18] 杨宗传. 中国老年人口参加老年活动研究 [J]. 人口学刊，1995，6：21 - 25.

[19] 齐良书，王诚炜. 健康状况与社会经济地位：基于多种指标的研究 [J]. 中国卫生经济，2010，8：47 - 50.

[20] 吴晓光，汤哲，方向华，刘宏军，刁丽君，项曼君. 健康指标对老年人发生死亡预测价值的前瞻性研究 [J]. 中华流行病学杂志，2004，4：56 - 59.

[21] JamesHenslin. 社会阶级的影响/社会学入门———一种现实分析方法 [M]. 林聚仁，等，译. 北京：北京大学出版社，2010.

[22] 郑杭生. 关于我国城市社会阶层划分的几个问题 [J]. 江苏社会科学，2002，2：3 - 6.

民族餐馆从业人员消费方式研究[*]

——基于北京魏公村蒙餐馆的实地调查

王晓莉[**]　班丽萍[***]

（中央民族大学民族学与社会学学院　北京　100081）

党的十八大报告和 2013 年中央经济工作会议文件中都提出要"有序推进农业转移人口市民化"，同时也提出"牢牢把握扩大内需这一战略基点"，强调拉动消费促进经济的发展。农村人口进入城市，不仅获取经济收入，同时也要改变他们原有的生活方式、消费方式。因此，加强对这一群体的消费研究也引起了学界的关注。"研究农民工的消费状况不仅具有经济学的价值，而且具有非常重要的社会学意义，它可以从一个新的理论视角展现农民工在城市的生活方式以及农民工市民化和城市化程度，并有助于使我们从一个全新的角度揭示农民工的城市化水平和城市社会内部正在发生变化的现代化过程"[❶]。

一、从社会学角度对消费的研究

从社会学角度关注消费是"把消费同更广阔的社会背景和过程，或更为一般的社会互动和关系联系起来加以考察"[❷]。借助消费这个维度，探究不同人的社会属性，进而透过消费方式的差异，反映其所属社会阶层的特征。

　＊　本文是中央民族大学"985 工程"中国当代民族问题战略研究基地民族生活问题研究中心项目："蒙古族流动人口的城市融入"阶段性成果，项目编号：SH985 – 1011。

　＊＊　王晓莉　副教授　中央民族大学民族学与社会学学院，100081.

＊＊＊　班丽萍　广西河池市委党校。

　❶　幸丽萍. 城乡二元结构视角下的农民工消费研究 [J]. 理论探讨, 2010 (5)：193 – 194.

　❷　王宁. 消费社会学——一个分析的视角 [M]. 北京：社会科学文献出版社, 2001：16.

最早将消费与社会阶层相连接的是韦伯。他指出身份群体可以"依照'声誉'和'生活方式'进行的分层是地位群体所特有的。……人们就可以把'阶级'看成根据它们与产品的生产和获取的关系而进行分层的,而'地位'群体则是根据它们消费产品的原则(表现为特定的'生活方式')而得到分层的"❶。正是从这个维度上,韦伯将消费作为地位群体的区分标志。

凡勃伦和布迪厄也谈到了社会分层对生活方式和消费模式的影响。凡勃伦在他的《有闲阶级论》一书中论述在私有制社会中,社会各个阶层中存在金钱的竞争,金钱的竞争就"形成了为个人享受和体面生活的支付方式和采购对象。"有闲阶级通过炫耀性消费使自己与其他阶级区别开来,也使自己获得好的名声。布迪厄在《差别:关于品位鉴赏的社会评判》中也提到不同阶级会消费不同的物质和文化产品,形成自己阶层的"品位"。他指出品位差异与其所拥有的文化资本和经济资本的不同有关,也与受教育程度和社会出身相关。

从上述理论中可以看到,透过消费方式可以反映出社会中的分层状况。不同社会阶层的人以不同的消费方式,建立起社会联系和社会区别,构建阶层认同。

二、调查对象的基本情况

本文关注进城务工人员中从事餐饮业这一群体在社会整体中的位置如何,试图探究其消费方式有何特征?因此选取在京少数民族餐馆的流动人口作为研究对象,主要采用深入访谈的研究方法。调查了位于中央民族大学附近的魏公村小区、民族大学路民族食品一条街及中央民族大学家属院的五家蒙古族餐馆。被调查者涵盖餐馆厨师、服务员、经理在内的全体工作人员,共计41人,其中蒙古族27人,汉族12人,其他少数民族2人(见图1)。男性19人,女性22人。

---

❶ [美]戴维.格伦斯基.社会分层 [M].北京:华夏出版社,2006:116,117.

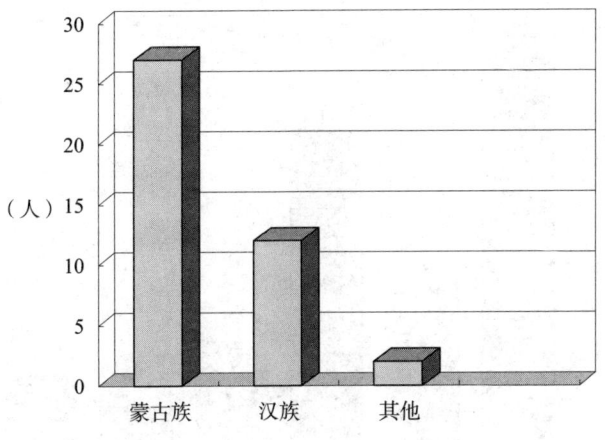

图1 民族构成

被调查对象的年龄在 15~20 岁的有 18 人，21~30 岁的有 18 人，31~40 岁的有 5 人，40 岁以上 0 人。可见，被调查者的年龄主要在 15~30 岁。属于新生代进城务工人员。其婚姻状况为 32 人未婚；7 人已婚；2 人离异。

调查的这 41 名蒙餐馆从业人员中，1 人没上过学，2 人小学毕业，20 人初中毕业，11 人高中毕业，7 人大专及以上（见图 2）。

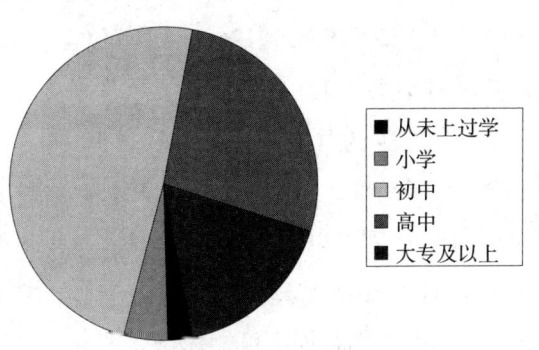

图2 学历情况

调查对象中在京居住半年以下 14 人，半年到 1 年 6 人，1~3 年 11 人，4~9 年 7 人，10 年以上 1 人（见图 3）。

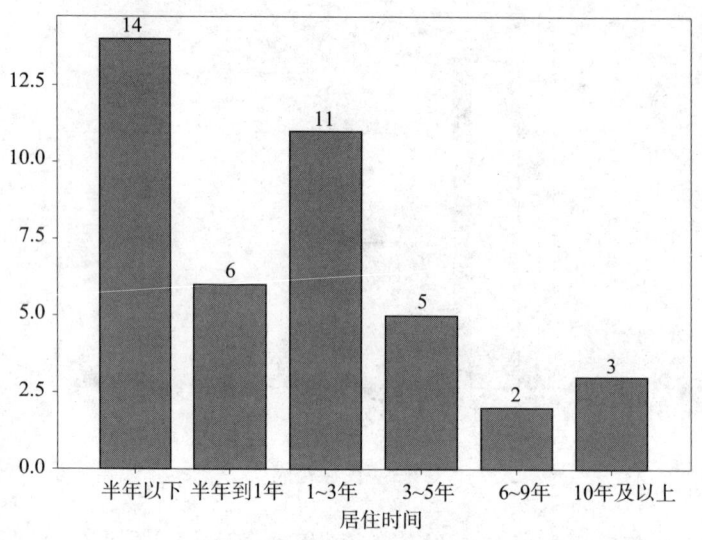

图3 居住时间长短

被调查者月收入在 1500 元以下的有 6 人，1501～2000 元 26 人，2001～3000 元 3 人，3001 元以上 6 人。其中工资在 1500 元以上的人员比例为 85.4%；工资在 2000 元以下的人员比例为 78%。北京市 2012 年最低工资标准为每小时不低于 7.2 元；每月不低于 1260 元；不包含加班、加点工资和夜班费。2012 年北京市的社会平均工资为 56016 元，月平均工资为 4672 元。从上述调查结果看，被调查对象的月总收入大部分高于北京市最低工资。但考虑到他们从事的是餐饮服务行业，工作时间普遍较长，一般上午 9 点就上班，大约晚上 10 点才能下班，中间可以休息 1～2 小时，一天工作近 12 小时。按一个月休息 8 天算，每月即使收入 1500 元，每小时仅 5.7 元；月收入 2000 元，每小时 7.6 元。更何况他们每周不可能休息 2 天，如果有客人待到很晚，他们也要陪着，"有时客人会到早上五六点才走。"可见，相对于这些餐馆从业人员工作时间，其收入多在北京市最低收入线以下。与北京市职工的平均工资相去甚远，是北京市收入最低的群体。

三、餐馆从业人员的消费方式

餐馆从业人员由于职业特点，多由工作的餐馆包吃住。因此，对他们消费方式的研究主要集中在以下几个方面。

（一）服装消费

餐饮业是服务行业，许多餐厅给服务员统一着装，以体现餐馆的特色和档次。由于调查的五家蒙古族餐厅地理位置较为独特，在餐馆附近除了中央民族大学外，还有北京外国语大学、北京理工大学、解放军艺术学院、北京舞蹈学院等高等院校。蒙餐馆的主要服务对象是大学的学生、教师。蒙餐馆多以中低档餐馆为主，因此，只有两家蒙餐馆给从业人员配有统一的工作服。其他三个蒙餐馆没有统一服装，服务员上班时着便装。

年轻人追赶时尚的潮流，餐馆工作人员业余时间也穿便服。他们的衣服在样式上与城市中其他人没有太大的区别，但仔细观察会发现服装的质量不是很好。其服装多为低档服装。

不同社会阶层购买服装的地点有所不同，魏公村离北京有名的服装批发市场动物园服装批发市场很近，方便这些外来务工人员改善自己的衣着。他们多到批发市场或晚上的路边摊位上购买服装。其中34%的人买衣服时首先考虑的是服装的质量和款式，有31%的人在购买服装的时候没有具体的考虑。仅有29%的人会考虑服装的价格。这也体现出新生代农民工在自己经济能力许可的情况下，愿意跟上时代的潮流，与城市穿着保持一致。

（二）住与日常生活用品的消费

餐饮服务业由于自身的工作特点，往往为员工提供住宿和三餐。老板往往会在离餐馆很近的地方租房子，提供给员工。北京的高房价决定了这些蒙餐馆提供的集体宿舍条件不会太好。房间里设施简陋，较为拥挤。老板出房租，而水电费需要居住在房间中的每个人平摊。小 M（汉族，女，23 岁，已婚，河南人）说："住的地方有点窄，有电视、电话、卫生间，可以洗澡。每月的水电费、卫生费大家平分，一般每月每人二三十块钱。"

也有少数人觉得餐馆提供的住宿条件实在太差，或者和老乡、朋友一起自己出去租房住，但这个比例很少，41 人中仅有 2 个人在外自己租房子。

一起就餐是中国人的一种交往方式。餐厅从业人员由于其职业特点，由老板提供三餐。休息日也会偶尔和朋友去外面的餐厅吃饭。对于蒙古族而言多会选择本民族的餐厅，而汉族则多选汉族的餐馆。在外就餐时多选小餐馆。选择的标准是价格实惠排在第一，吃饱即可，没有营养方面的讲究。

平时日用品的购买多选择街边小摊位，也会去附近的中小型超市。

（三）耐用消费品

这些餐厅从业人员虽然住得比较拥挤，但房间中彩电、冰箱、热水器等耐用消费品都由房东或替他们租房的老板提供。他们自己并没有其他的耐用消费品。对于耐用品他们的态度是只要可以用即可。不会考虑质量、牌子等因素。

拍照多用手机，很少人有数码相机，没有人有数码摄像机。他们也没有电脑，如果上网多去网吧。

可见这些餐厅从业人员，由于流动的特点，基本耐用消费品多由外面提供，自己基本不拥有耐用消费品。这一方面体现出他们流动性强的特点，另一方面也表现出他们社会底层的特点，即仅能维持基本生活，而较少物质享受。

（四）交通与通信消费

北京作为一个现代化的大都市，虽然城市地理空间很大，但是近些年来城市公共交通得到了很大的发展，形成了四通八达的公共交通网络。北京市的公共交通除了发达外，价钱也很优惠。持公交卡上车每次每人 0.4 元，调查节点时地铁无论去哪里每次每人 2 元。这样的价钱对这些收入不多而又有活力的年轻人来说很有吸引力。

由于住的地方离餐馆很近，他们往往采用步行方式上下班。如果外出，会根据去的地方远近选择不同的出行方式。出行时选择何种出行工具的首要因素是价格便宜。因此，近的话会坐公交车，较远的地方则坐地铁。如果出去玩到特别晚没有公交和地铁了，也会几个人合打一辆车。

自行车出行也是餐馆从业人员的选择之一。他们中有 6 人拥有自行车。不是很远的地方会骑自行车。他们觉得这样方便而迅速，同时还能锻炼身体。

餐厅从业人员通信的主要方式是使用手机。这与其流动性相关。每月手机费用支出低于 50 元。

（五）医疗

这些蒙餐馆从业人员虽然都很年轻，但也会有生病的时候，他们在面对疾病时，会因病情而选择不同的治疗方式与治疗地点。

如果仅仅是一些头疼脑热的小毛病，他们当中的 39% 会根据以往的经验，到附近的药店买一些药来吃，也会咨询药店卖药的人吃什么药合适。当然也有 29% 的人选择不吃任何药，自己扛着。由于各地、各民族对一些常见病都有自己独特的治疗方法，所以也会有 15% 的人选择本民族（或家乡）传统的治疗方式。去医院在他们看来经济上是不小的支出，但是他们当中有 5% 的人会到正规医院找专家进行治疗。而 10% 的人认为正规大医院看病贵，从而选择去小诊所治疗。

遇到大病时，54% 的人则会选择正规医院找专家进行治疗；17% 的人到小诊所治疗；12% 的人到附近药店买药来吃。有 2% 的人选择利用本民族（或家乡）的传统治疗方式；有 2% 的人选择不治疗，自己硬扛。

从他们在大小病时不同的选择可以看出来，虽然各个民族（地区）的劳动人民在漫长的历史发展过程中形成了自己治疗或处理某些疾病的独特而有效的方法，但对这些新生代农民工而言，这些传统的治疗方式只针对小毛病时才有效。遇到大病，他们的首选是正规医院的西医治疗。从这里可以看到科学的力量，也可见传统医药的影响力日渐下降。

这些农民工在生病问题上充分体现了理性原则。北京作为首都，拥有全国最好的医疗卫生条件，但对这些流动到北京工作的人来说，这些高水平的医疗卫生条件不是他们所能享受到的。他们所说的医院是自己家乡的医院。他们觉得北京医院的治疗方式有些昂贵，家乡相对便宜。由于他们加入了农村新型合作医疗，觉得回到家乡可以享受到农村医疗合作的保障，这样可以减轻自己经济上的负担。

是否每年做健康检查是阶层性的一个表现。被调查对象除了找工作时做必要的体检或者由老板带着体检外，自己不会主动去医院做任何健康检查。

（六）娱乐休闲消费

文化娱乐消费对这些新生代进城务工人员来说也是必不可少的。通过调查发现，他们在选择工作地点时，工作或居住附近有娱乐消费场所有一定的影响。没有或离娱乐消费场所较远的工作岗位对他们具有较少的吸引力。

他们的娱乐消费还是属于理性消费，仅有 27% 的调查对象每月会将收入的 1/10 以上用于娱乐消费。每月娱乐消费在 30 元以下的有 5%，没有娱乐费用支出的从业人员占 7%。这些被调查者常采用的娱乐方式就是上网和唱KTV。与老乡或同事一起去 KTV 房唱歌，是最受他们欢迎的娱乐方式。有的人甚至每周都会和老乡、朋友去 KTV 玩。

小 H（蒙古族，女，20 岁，未婚，内蒙古人）说："我们平时最喜欢的活动是去 KTV 唱歌。多和同事老乡一起去。有时单纯为了玩，有时是为某个同事过生日。独自出门在外，我们都相互为对方过生日。大家在一起玩得最开心。我们出去玩一般都是 AA 制。如果是有人过生日，我们还需要送点礼物，表示一下心意。基本上每个月都会出去玩的，当然也在这上面花了一些钱。可这也是没办法的事啊。我有时也不想去，想省点钱，但看到别的同事老乡都去，也就不好意思不去了。"

此外他们的休闲就是在房间中睡觉、看电视、逛街。可见这些餐馆从业人员娱乐休闲方式较为单调。从调查中得知，他们也从来没有自费旅游的花费。

（七）教育与文化消费

我们所调查的对象是蒙餐馆的从业人员，因此这些调查对象中有 27 个蒙古族，这些蒙古族都会说蒙语。而其他人员原本都是说自己的家乡话。来到北京后，在工作中他们的普通话水平都有所提高。有些汉族在蒙餐馆工作时间长了还可以听懂简单而常用的蒙语。有些汉族员工反映刚来蒙餐馆时一些客人点菜会说蒙语，他们一点也听不懂，只好让蒙古族员工来招待，在餐馆工作一段时间后，一些简单的蒙语不仅可以听懂，而且自己也会说了。但这些都是在日常生活的互动中学习的。没有人专门花时间和金钱去提高自己的普通话或蒙语水平。

被调查的 41 人中，没有人去接受任何职业培训。仅有 3 个人说自己在闲暇时间会读书看报。没有人订阅报纸或杂志。

（八）保险与投资

餐馆从业人员没有人购买商业保险。由于餐馆工作人员流动性大，有些人也没有失业保险、医疗保险、养老保险。他们仅有的是在家乡参加的农村新型合作医疗。

他们的收入低而支出较多，很多人存不下钱，因此也没有任何投资的意识。觉得自己在北京没学历、没资本、没关系，要找一份收入较高又较为轻松的工作是不可能的。反正无论在哪里工作强度和收入都差不多，能够维持现状就可以了。仅有一个访谈对象表示自己在工作中努力提高厨艺水平，也在存钱，等时机成熟了想自己开一家小餐馆。

没有人考虑到对家中老人的赡养。能维持自己在北京的生活，不伸手向家中要钱对他们而言似乎就足够了。

四、餐馆从业人员消费支出的特点

（一）理性的消费方式

通过对这 41 个餐馆从业人员的调查，我们发现在这五光十色的大城市中，这些新生代的进城务工人员并没有迷失自己。面对求新求变的消费浪潮，他们基本上还是选择适合自己收入水平的消费方式，没有炫耀式消费。

在都市中生活，要随时和老乡、朋友保持联系，手机是每个人必不可少的通信工具。被调查者在手机的消费上注重手机的实用功能，不追求名牌效应，只要可以满足他们的需求即可。一般使用的手机价钱为三四百元。手机更新的时间较长，通常手机使用几年后坏了，不能用了，才换一个新手机。也有的人买二手手机用。调查对象中，仅有 2 人使用的是现在较为流行的触屏手机。

（二）消费处于较低层次

我们所调查的这些餐厅从业人员中 60% 对他们的收入感到满意。但由于他们的收入在北京属于低收入阶层，使得他们在消费层面上也处于一个较低的水平。他们的工作不稳定，赚的钱少，积蓄也少。对于他们而言，工作挣到的钱仅仅可以维持他们的简单生活。每天努力工作，闲暇时间睡觉、看电视、逛街、去网吧上网、唱唱歌就是可以接受的生活模式。

消费方面没有任何超前消费，基本做到量入为出。没有分期付款的超前消费方式，也没有高档次的消费行为。

（三）多娱乐消费，缺乏发展性消费

调查表明新生代进城务工人员流动到北京后，他们的生活环境发生了较大的改变，工作内容也与以前有很大不同。因而，他们的消费结构也有所改变。他们消费的内容除了衣物、食品及日常用品等基本生活消费外，享受消费有明显增长。与此形成鲜明对比的是，这些餐馆从业人员在学习、文化方面的支出很少或几乎没有，显示发展性消费的贫乏。

纵观餐馆从业人员的消费结构可以看出，由于其独有的职业特色，他们的食品、住房支出在所有消费支出的比重最小。其次少的为通信、医疗保健

支出。他们更多人把钱花在购置衣物和文化娱乐等方面。这种现象的出现说明新生代进城务工人员收入多用于享受消费，展现了餐馆从业人员积极的生活态度，对城市生活的适应与热爱。由于没有上一代农民工那么重的经济压力，他们更少考虑存钱或将钱寄回家。

小 T（蒙古族，男，19 岁，未婚，内蒙古人）说："我来北京工作之后，从没给家寄过钱，家里人也不向我要。他们说：'足够我用就行了。'因此我大部分都是用在吃和玩上。"

（四）消费缺乏计划性

流动到城市的这些人离开熟悉的家乡，到城市中从事一个较为辛苦而收入不多的工作，他们如何对待这有限的收入？如何选择合适的消费内容和消费方式，使自己心情愉悦地度过每一天、每一月？

通过调查发现，这些新生代的农民工在消费上少有计划性。仅有 4 个人每月都有盈余，可以存点钱。高达 68.3% 的人有多少花多少，没有计划。很多人都是月光族。有 9 个人对自己的消费状况有清楚的认识，可以把日常消费都记下来，做到心中有数。

年轻人离开家乡来到陌生而繁华的都市，在这里工作和生活，一方面可以增长见识，另一方面也是要有经济上的收获。被调查的对象年龄结构年轻，面临将来成家、抚养孩子、赡养老人等诸多事情，这些无一不需要一定的经济基础的支撑。而他们在现在责任较少、较为轻松的时期，对自己的收入与消费没有一个系统的计划，这样不利于他们今后承担家庭和社会的重担。

（五）消费方式与民族

本次调查所选择的地点——魏公村，这里有中央民族大学及其附属中学，在这里学习的学生中有很大比例是来自全国各地的少数民族，而我们又选择的是蒙餐馆。因此民族性是否与消费方式相关也是我们关注的重点。

调查结果表明，对于新生代进城务工人员而言，民族属性与消费方式没有太大区别。这与我们调查少数民族是蒙古族有关，他们多可以流畅使用蒙语与汉语。唯一差别在于和朋友外出就餐时，蒙古族多选择蒙餐馆。民族大学路是民族饮食一条街，街上各民族餐馆林立，所以有朋友来时，大家也会去各个民族餐馆品尝各民族美味佳肴。透过饮食这个窗口，加强了各民族之间文化上的了解。

　　总体来说，被调查的这些从事餐饮服务业的新生代进城务工人员在收入上属于底层群体，其消费方式也呈现出底层群体的特征。但他们与父辈不同，没有很强的节俭存钱意识。在消费方面较为理性，多数虽没有计划，但也很少超前消费。除了满足日常生活所需外，娱乐享受也占一定的比例。而学习、文化支出的缺乏也限制了他们在城市中进一步向上流动，寻求更好发展的可能。

破解"空心化"农村养老困境的对策初探

赵淑兰　姚丽娟

（中央民族大学民族学与社会学学院　北京　100081）

一、"空心化"农村养老的背景与现状

我国农村曾经被城乡二元结构禁锢过，至今依然如此，虽然禁锢程度在不断下降。在"农业支持工业""农村支持城市"的政治号召和国家政策主导下，这片土地上勤劳、坚韧而不乏智慧的人们用家庭联产承包责任制这一伟大创举极大地解放了农村的劳动生产力，使农村一度焕发出勃勃生机。不仅使农产品供应短缺在短时间内成为历史，而且为乡镇企业的迅速发展积累了原始资金，准备了劳动力，促进了广大农村的发展。当这种制度改革效应基本释放完毕，乡镇企业在受到短缺经济时代逐渐远去，买方市场逐渐形成的影响的同时，又受到外部资本和技术的强力挤压而陷入困境。农民在城乡二元结构内求生存图发展的希望之光不断暗淡的时候，千百万曾经卷起裤脚或未曾卷起裤脚的农民又开始背起行囊，冲破城乡二元制度的种种藩篱，向城市进发，寻找新的希望，形成了华夏大地上一道令人无法释怀的独特"风景"。在这条风景线的一端，是城市的繁荣发展和城市服务的日益完善以及农民工忍字当头的城市生存策略和利他主义的坚守；在这条风景线的中间，是规模宏大的"民工潮"和"候鸟式"迁移；在这条风景线的另一端，则是农村日趋严重的"空心化"以及留守部队的漫长等待。这支留守部队的成员由最初的老年人、孩子和妇女，逐渐演变成只剩下老年人或者老年人和学龄前或学龄期孩子。

这就将"空心化"农村的养老问题摆到了我们面前。众所周知，由于身体机能的自然衰退，多数老年人都面临体能不断下降、体质逐渐变弱的事实。随着年龄的增长，他们的生活不可避免地受到独立性不断下降、依赖性不断上升的挑战。与年轻时候相比，他们需要更多的日常生活协助。然而，农村年轻人的普遍外出，使老年人想从自家年轻一代那里获得及时的日常生活协助已经变得越来越困难甚至不可能。以 H 村为例，该村位于湖南省邵东县，只要有年轻人的家庭，都存在年轻人外出经商或务工的情况。村里除了春节期间能见到年轻人，其他时间基本上见不到年轻人的身影。留在村里的大多只是老年人，或者五十几岁的人以及少量的留守儿童。老年人日常生活照料已成为该村老年人特别是高龄老人及其远在外地的子女共同担忧的问题。

二、农村"空心化"给养老带来的问题

农村年轻人的"缺位"对农村养老意味着什么？只要我们仔细看一看农村的社会化养老服务状况，相信没有人能够轻松起来。在我国中西部大多数农村地区，由于长期以来，主要依靠家庭养老，包括经济上的赡养、生活上的照料和精神上的慰藉，只有极少数无子女老年人才由集体养老或政府养老，因而农村社会化养老服务设施基本上是一片空白。在年轻人普遍进城务工经商、家庭养老难以为继（这里是针对生活照料而言）的情况下，由于政府财政支持不足甚至缺乏、农村人口密度相对较低、社会化养老服务规模效应差等多方面的原因，农村社会化养老服务设施建设非常缓慢。

农村日益"空心化"和农村社会化养老服务设施短缺并存的现实，给农村老年人养老带来了哪些具体问题？笔者对 H 村的调查表明，这些问题至少包括以下几个方面：第一，老年人日常生活中干不了的重活找不到人干，结果要么放弃，要么自己硬着头皮干。第二，老年人怕生大病或意外受伤，因为没有年轻人在家，进医院是一件很困难的事情，由于老年人是高风险群体，多数医院在提供比较重大的医疗服务时，常常要求有老年人的年轻子女陪护；年轻人也担心自己的父母生大病或意外受伤，因为一旦父母生大病或意外受伤，就意味着自己要立刻回家提供照顾，在农村年轻人普遍外出的情况下，要找一个能够代为提供照顾的亲戚也越来越不可能。第三，老年人的精神生活状态欠佳。一方面，老年人对天伦之乐的渴望越来越强烈；另一方面，由

于经济、时间，甚至年轻人的心意等方面的原因，儿孙绕膝却日益成为一种昂贵的"奢侈品"，常常只有在春节的时候，他们才有机会享用。加上对日常生活照料的担忧所带来的心理压力以及"人老不中用"的无用感，使相当一部分老年人的精神生活处于亚健康状态。第四，农村独居老年人的生命安全无保障。H 村的居住方式多为单家独户，这对老伴已经仙去、只剩下孤身一人的老年人来说，生活安全风险尤其大。因为在特别紧急的情况下，他或她很难获得必要的及时的帮助。

三、"空心化"农村养老的对策

（一）开发农村社会的社会资本

由于目前我国国家财力和农村社区建设规划相对滞后等方面的原因，要在短时间内大规模地兴建农村社会化养老服务设施似乎是不大可能；而在城乡差距没有得到根本消除的情况下，让农村年轻人回乡协助养老，在可预见的将来同样是不太可能。换言之，在当前情况下，我国解决"空心化"农村养老问题的现实条件是不成熟的。但这是不是意味着我们就无可作为了？对这一问题的回答是否定的。笔者认为，在大环境一时难以发生根本性改变的情况下，可以充分利用和强化农村所蕴含的社会资本来缓解"空心化"农村的养老问题。这也许是当前一条最经济实惠的可行之路。事实上，H 村的老年人们已经在自觉地建构自己的社会资本，以使自己的日常生活在没有年轻后代相伴情况下能够得以继续。

社会资本是一个目前尚无统一权威定义的概念，不同的学者从不同的角度对这一概念进行了界定。例如，布迪厄从社会网络角度，把社会资本界定为"实际或潜在的资源的集合体，那些资源是同对某种持久性的网络的占有密不可分的，这一网络是大家共同熟悉的、得到公认的，而且是一种体制化关系的网络"。"特定行动者占有的社会资本的数量，依赖于行动者可以有效加以运用的联系网络的规模的大小，依赖于和他有联系的每个人以自己的权力所占有的资本数量的多少"（布迪厄，1988，转引自包亚明，1997：202）。科尔曼从功能角度，把社会资本界定为由构成社会结构的各个要素所组成的具有各种形式的不同实体，它们为结构内部的个人行动提供便利，并认为"与其他资本形式不同，社会资本存在于人际关系的结构之中"（科尔曼，

2008：279）。帕特南从社会组织角度，认为 "社会资本是指社会组织的特征，诸如信任、规范以及网络，它们能够通过促进合作行为来提高社会的效率"（帕特南，2001：195）。伯特从社会联系角度，把社会资本视作 "朋友、同事和更普遍的联系"。波茨从能力角度，将社会资本界定为："处于网络或更广泛的社会结构中的个人动员稀有资源的能力。" 在社会资本理论倡导者林南那里，社会资本被视作 "通过社会关系获取的资源"，是 "在目的性行动中被获取的和/或被动员的、嵌入在社会结构中的资源"（林南，2005：18，28；赵延东，1998，2003；黄锐，2007）。福山从合作与信任角度出发，认为 "社会资本可以简单定义为一个群体的成员共有的一套非正式的、允许他们之间进行合作的价值观或准则。如果该群体的成员开始期望其他成员的举止行为将会是正当可靠的，那么他们就会相互信任。信任恰如润滑剂，它能使任何一个群体或组织的运转变得更加有效"（福山，2002：18）。

从上面的界定中，大体上可以看出，社会资本是一种不同于经济资本（包括金融资本和物质资本）和人力资本的资本形式。这种资本产生于人与人的互动过程之中，蕴含于互动的结果即关系之中，它以社会义务的形式存在着，使这种义务得以兑现的机制主要是声誉和惩罚。也即遵守社会资本运行规范的人，将受到该资本受益群体的赞赏和尊重，而违背社会资本运行规范的人，则会遭到该资本受益群体的舆论谴责和抵制。因而，社会资本在本质上就像阿尔弗雷德·赫希曼所说的那样，属于一种 "道德资源"（Alfred Hirschman）。这种资源的使用，会增加而不是减少自身的供给；相反，如果不使用它，它就会消失殆尽（帕特南，2001：199）。作为一种资源或资源集合体，社会资本能够为人们的日常生活与目标达成提供便利。

为了保持或维持资源，社会资本需要一个相对封闭的运行环境。因为社会资本具有公共用品的特性，任何建构者的撤离都不可避免地会造成某些社会关系的中断，从而影响其他建构者的社会资本存量。因而，在这种情况下，"密网存在相对的优势"（林南，2005：26）。由于农村老年人的流动性比较小，所以，"空心化" 农村可以视作一个相对封闭的社区。在这样的社区中，人们不用担心社会资本因为社区成员的频繁撤离而不断流失。换言之，参与社会资本建构的预期收益是有保障的，这进一步激发了老年人们参与社区社会资本建构的积极性。当然，更深层次的原因是年轻人的普遍 "缺位"，使老年人对加强同侪之间的联系，以共同应对日常生活中的困难，产生了明显的需求。H 村老年人日常交往模式为这一点提供了实证支持。在 H 村，当邻居家有困难时，其他家庭的老年人会提供力所能及的帮助。按照老年人朴素的逻辑，"我们不帮，谁去帮呢？他们的子女都在外面，离得远，村里又没个年轻人。再说呢，自己的情况也一样，说不定哪天就遇到困难了，到时还指望着别人来帮自己呢"。正是这种共同的境况和共同的需要，强化了 H 村老年人的义务感，密切了他们之间的关系，提高了 H 村的社会资本存量，使得 H 村的老年人们在遭遇"空心化"的困境之后，依然能够在很大程度相对独立地维持其日常生活。从主观感受来看，H 村的老年人也普遍感到，现在的农村（指只剩下老年人的农村）比以前（指年轻人未普遍外出时的农村）更加和睦了。

当然，H 村老年人的这种自发的社会资本建构也并非完美无缺，因为他们的资本建构范围主要局限于互为邻里的老年人之间，主要内容仅仅停留在临时的日常生活协助上。当老年人的身体健康与生命安全出现危险时，由于事关重大，责任性强，其他的老年人除了帮助联系其子女之外，别的实质性帮助非常有限。然而，由于各家大多都只知道自家子女的电话等联系方式，而不知道邻家子女的有效联系方式，所以这种信息沟通服务有时也难以在短时间里实现。这就意味着老年人自发建构的社会资本虽然能在一定程度上缓解老年人的日常生活困难，但并不能解决老年人独自生活可能存在的根本性危机。因此，需要有一种外部力量的介入，协助老年人建立起更深更广更有效的社会联系网络。比如，将老年人的子女的联系方式以及常用的公共服务信息变成社区老年人共同的"口袋信息"（像小册子之类的东西），强化其现有的社会资本，以使他们在遭遇重大危机的情况下，依然能够获得及时有效的帮助。

需要说明的是，利用与强化社会资本虽然能在一定程度上缓解"空心化"农村的养老问题，但它终究不能替代子代的事亲与孝亲以及社会化养老服务。因而，要最终解决农村的养老问题，恐怕要等到"空心化"消失之后或者农村社会化养老服务完善之时。在此之前，加强"空心化"农村的社会资本建设对农村养老无疑具有突出的现实意义。

(二) 构建发展性家庭政策

发展性家庭政策是一种支持家庭增强其功能的社会政策,以使家庭能够更好地发挥其职能。当前,虽然家庭的功能因为种种现实原因而被弱化,但这并不否定强化家庭功能的可能性。注重家庭一直是中国社会的传统观念,这种传统观念并没有因为那些导致家庭功能弱化的现实障碍而瓦解,相反,许许多多中国人因为遭遇严峻现实的冲击无法坚守传统家庭观念而痛苦。这正是构建发展性家庭政策,协助家庭发挥照料功能的社会基础所在。直至今日,我们依然难以否认家庭是中国社会最有价值的资产。构建发展性家庭政策,就是为了更好地开发这一资产,以便使"未富先老"的中国能够更好地应对养老问题。

有研究表明,西方福利国家为应对福利危机和经济全球化挑战而进行的社会政策改革过程中,家庭对经济和社会发展的作用重新受到重视,很多社会政策转向了对家庭的支持或投资。它们在强调家庭责任的同时更加重视对家庭的支持,并在社会政策中注入了发展的成分(张秀兰、徐月宾,2003)。

发展性家庭政策是在新的形势下对社会问题和社会需要的反应,其经验依据不仅在于家庭是经济和社会政策发挥作用的焦点,还在于家庭是满足家庭成员需要,预防社会问题最有效的切入点。发展性家庭政策的核心在于支持与协助家庭增强功能,帮助社会成员特别是中坚家庭成员实现工作与家庭责任的平衡。因为他们的工作对大多数家庭来说都是最为重要的收入保障(张秀兰、徐月宾,2003)。

构建发展性家庭政策,需要对现行社会政策实施过程中所出现的政策悖论现象有一个清晰的认识,即一方面赋予家庭以重要的社会保护责任,使家庭成为满足社会成员保障和发展需要的核心系统,在社会保护体系中起着最为重要的作用;另一方面又使家庭在某种程度上变成了老人等家庭的中弱势成员获得政府和社会支持的障碍(张秀兰、徐月宾,2003),一个拥有健全家庭的弱势社会成员不容易得到政府或社会的直接支持,即使这样健全家庭的经济境况并不比残缺家庭的境况好多少。换言之,构建发展性家庭政策需要全社会形成这样一个基本认识,即发展性家庭政策是所有家庭的共同需要,而不是问题家庭的需要。

构建发展性家庭政策,要求在全社会形成一个支持家庭的社会环境和制度体系，形成一个政府、市场组织、社会组织、社区及公民等都有责任，并用行动支持家庭、帮助家庭更好地发挥功能的制度框架与运行机制。发展性家庭政策是一种综合性社会支持政策，既包括经济性支持，也包括非经济性支持，后者如制度性支持与服务性支持。在经济性支持方面，近些年来，国家已经通过完善社会保障体系的方式采取了一系列重大举措，特别是新型农村社会养老保险制度的出台，让广大农村老人有了自己的养老金。虽然现在的发放标准不高，但却在一定程度上缓解相当部分农村老人对现金的迫切需要。在制度性支持方面，可以考虑从政策设计的高度，制定出鼓励并支持工作单位制定有利于职工发挥家庭责任的工作制度的政策导向。在服务性支持方面，结合社会主义新建设的发展趋势，加强基层社区建设，在完善社区服务功能时特别强调开发蕴含在农村社区诸如社会资本之类的软资源。

参考文献

[1]［法］皮埃尔·布迪厄. 文化资本与社会炼金术［M］. 包亚明，译. 上海：上海人民出版社，1997.

[2]［美］弗朗西斯·福山. 大分裂：人类本性与社会秩序的重建［M］. 刘榜离，等，译. 北京：中国社会科学出版社，2002.

[3]［美］林南. 社会资本——关于社会结构与行动的理论［M］. 张磊，译. 上海：上海人民出版社，2005.

[4]［美］罗伯特·D. 帕特南. 使民主运转起来：现代意大利的公民传统［M］. 王列，赖海榕，译. 南昌：江西人民出版社，2001.

[5]［美］詹姆斯·S. 科尔曼. 社会理论的基础［M］. 北京：社会科学文献出版社，2008.

[6] 黄锐. 社会资本理论综述［J］. 首都经济贸易大学学报，2007（6）.

[7] 赵延东. "社会资本"理论述评［J］. 国外社会科学，1998（3）.

[8] 赵延东. 社会资本理论的新进展［J］. 国外社会科学，2003（3）.

[9] 张秀兰，徐月宾. 建构中国的发展型家庭政策［J］. 中国社会科学，2003（6）.

进京农民工的语言能力与城市融入[*]

——基于适应性区群抽样数据的分析

秦广强

（中央民族大学民族学与社会学学院　北京　100081）

一、研究背景

第六次全国人口普查数据显示，2010 年我国流动人口数量达 2.21 亿，当代中国已经进入人口流动迁移最为活跃的时期。积极推进农民工的市民化已成为新时期我国城镇化和城乡一体化发展的重要战略举措。近年来，有关流动人口城市融入的议题得到了各界持续的关注和热烈的讨论，产生了一大批理论和经验成果。本研究独辟蹊径，尝试从语言视角入手，探讨语言这一人际交流沟通的基本媒介在农民工城市适应、融入过程中所发挥的作用。

语言是人们用以交流沟通的一套涉及声音和文字的符号体系，传递信息、表达情感是语言作为人际交往媒介的两大基础性功能。对于操持各地方言、走出家乡封闭的语言环境而步入以使用普通话和当地方言为主的城市社会的农民工而言，其城市工作与生活面临的首要问题就是语言障碍。因此，进入城市以后，他们要尽快实现语言上的再社会化，习得并掌握城市普通话和当地方言这两种语码，从而为工作、生活、社会交往等方面的适应与再社会化奠定基础。

在西方学界已经发展成熟的语言经济学和移民语言研究中，语言常常作为一个重要的分析性变量应用在对诸多社会后果性变量（如经济收入、行为、

---

* 本文已发表于《语言文字应用》，2014 年第 3 期。

态度）的解释之中。一个被多次验证的结论是，移民或少数语言群体若能熟练地掌握主流语言，那么语言能力将作为一项人力资本优势，使其主体在劳动力市场和工作组织中更具竞争力并带来更为丰厚的经济回报。这一结论是否适用于中国当前同样面临语言障碍的农民工群体？另外，熟练的语言能力作为交往沟通的符号链接，能否在流动人群社交网络的拓展及生活空间的构建过程中发挥一定的符号性、归属性意义？这些都是本研究试图回答的主要问题。

一般而言，农民工的城市融入一般要经历职业或行业进入、经济报酬获得、社会交往展开及生活方式与价值观念认同等诸多阶段（朱力，2002），这几个阶段由低及高，代表了融入广度和深度的不断提升。由此，考察语言与经济收入、语言与社会交往之间的关系问题，也就是探讨语言在农民工城市经济和社会融入过程中所发挥的作用。

二、语言作为人力资本要素与意义性符号

（一）作为人力资本的移民语言：语言经济学的视角

第二次世界大战之后，随着移民潮的大规模出现，西方学界将移民群体的语言能力与其迁入地适应问题（职业获得、经济报酬及社会交往展开等）纳入研究视野，催生出一大批理论和经验性成果。20 世纪五六十年代，一门新兴的交叉学科——语言经济学应运而生。作为该学科的主要奠基人之一，马尔沙克认为，语言具有价值、效用、成本和收益等经济特征，在人们的日常经济生活中扮演着关键角色（Marschak，1965）。20 世纪 70 年代起，移民的语言能力逐渐被视为一种重要的人力资本要素，因为语言的学习和掌握是一个知识累积的过程，其主体需要花费一定的时间、精力和费用，这些成本是对人力资本特殊形式的投资（张卫国，2008）。按照奇斯威克等人的说法，生产过程中需耗费成本、具有收益性和生产性、体现出个人特征这三点满足了移民语言作为一项人力资本要素的基本要求（Chiswick & Miller，1999）。

西方学界大量经验成果表明，熟练掌握迁入地语言的移民，在劳动力市场就业和维持工作、获取较高经济报酬等方面均具有明显优势。奇斯威克等人的研究表明，在劳动力市场上，那些能说（读）当地语言的移民很容易就能找到工作，或是在工作上更具有生产力；对于流入美国的移民来说，英语

水平高的人倾向于到那些对英语熟练度有较高要求的工作当中（Chiswick &
Miller，2007）。语言与收入上，杜斯特曼对德国客籍工人和当地人收入的比
较，威伦考特对加拿大英语母语者和法语母语者收入的比较，格林等人对在
瑞士的外来移民的英语水平与收入关系的分析，都得出了熟练掌握移民国语
言能够显著提高经济收入的结论（参见汪丁丁，2001；蔡辉，2009）。另外，
语言技术在消费活动和降低沟通费用上也具有价值性，那些能熟练地说当地
话的人，能够更有效地、以更低的价格获取高质量的商品和服务（Chiswick &
Miller，2003）。

　　除了在经济发达国家的发现，戈多伊等人在发展中国家玻利维亚也得出
同样的结论，熟练掌握西班牙语和当地语言这两种语言的人与只掌握一种语
言的相比，前者能够获得高于后者 36.9% ~ 46.9% 的收入回报（Godoy，et
al，2007）。国内学界尚没有出现从人力资本的角度对语言能力展开系统的实
证分析的成果，仅有少量描述性分析。如刘玉屏的一项调查显示，农民工中
分别有 12.6%、37.4% 和 40% 的人曾经遇到过因语言不通而影响求职、影响
日常交际和影响工作的情况（刘玉屏，2010）［国家语委的调查报告指出
(2006)］，方言和很不标准的普通话，在很多情况下限制了农民工就业的机
会，在一些普遍使用普通话的行业里，他们很难找到适当的岗位。

　　（二）作为意义性符号的语言：对于流动人口扩展社会交往的作用

　　语言是一套具有明显地域性特征的符号体系，语言的共通性因地缘性纽
带的连接而富于情感意义和认同价值，这些都显著地有利于语言共同体增进
情感上的共鸣和群体内部的凝聚力。在这一层面上，语言可以被视为一种意
义性符号或象征性资本，熟练掌握该语言的主体将较为容易地获得共同体内
的身份归属。对于远离家乡语言共同体而进入城市陌生语言环境的农民工而
言，能否摆脱家乡话并顺利习得城市普通话，或许是影响其人际交往、身份
认同的重要因素。

　　奇斯威克等人（2007）对移民语言如何影响其生活空间的问题进行过解
释。他们指出，那些不会讲迁入地语言的移民，通常会选择居住到那些讲他
们母语的聚集地。这使他们的社会和信息网络局限于来自同一国家的移民群
体的小圈子里。他们很难与本地居民展开有效交往，从而难以拓展生活与生
存空间。就国际迁移而言，语言直接影响移民社会交往的最重要的表现就是

种族聚居区的形成。国内亦有经验研究表明，只有 5.8% 的农民工和"当地城里人"有过交往（李汉林，2003）［农民工更倾向于选择独处或只与熟悉的老乡交流，因为讲方言很容易让别人发现自己是外地人，这样就有可能会受到歧视或欺骗（崔晓飞，2008）］。

综上，在西方的语言经济学以及移民语言研究中，语言已成为一个重要的解释性变量，而在国内这一研究尚属空白。尽管中国情境下的农民工群体与西方移民在所处制度环境、迁徙流动模式等方面存在诸多不同，但就实质而言，农民工亦可被视为国内社会的迁徙者、流动者。对他们而言，流动过程亦涉及两个截然不同的生活世界的转换：从传统、封闭的"乡土社会"到现代"市场化社会"，并且语言问题也构成了他们城市适应的首要障碍。据此，我们将借鉴西方移民语言研究中的理论观点和分析模式，结合中国经验数据，重点检验和回答如下几个问题：对于进京农民工而言，熟练掌握普通话能否作为一项人力资本优势，显著地有利于他们获得更高的经济收入，从而促进其社会经济地位的提升和经济融入的程度？语言上的趋同能否消除农民工与城市居民之间的沟通障碍，促进其社会交往的深入发展和社会空间的横向拓展？如果上述语言的外显实用性功能够得以彰显，其背后可能的影响路径或作用机制又是什么？

三、研究数据与变量

（一）适应性区群抽样调查数据

适应性区群抽样（Adaptive Cluster Sampling，ACS）最早应用于对分布广阔、总体不明、稀少但聚集的珍稀动植物的研究之中，后来在社会学领域逐渐发展成为研究总体不明情形下的一种重要抽样方法。城市农民工群体具有较强的流动性和聚集性，总体分布不明，同样难以建立有效的抽样框，这使常规抽样方法抽样效率低且成本高，而适应性抽样方法不需要建立抽样框，可以使调查聚集于特定区域，调查成本较低，调查组织和实施也更方便，能经济高效地获得概率样本，因而是目前调查农民工最为适宜的抽样方法（陈传波等，2012）。

2008 年，课题组在北京市城八区采用 ACS 方法抽取并获得了 843 户农民工的详细信息。在整户调查的基础上，又在每户中随机选取了一位年龄在

16~65 岁、未上学且为农业户口的成员开展进一步的调查，843 名农民工构成了项目研究的"随机抽取个人样本"（Rondomly Selected Idividuals，RSI）。在对 RSI 样本数据进行加权处理的基础上，本文的分析是对京城农民工总体状况的统计推断。加权后研究总体的数量为 2549015 人，其中男性 1420544 人，女性 1128471 人。

（二）分析变量

1. 因变量

经济收入：被访者上个月拿到的工资（H09 题），取对数形式。

社会交往：从以下三个在交往深度和广度上均有所不同的层面对"社会交往"变量进行操作：a. 是否有当地人朋友（SI07 题），二分变量，"没有"为参照；b. 有没有到当地人家做过客（SI08 题），二分变量，"没有"为参照；c. 是否适应与当地人交往（SN32b 题），二分变量，"不太适应"为参照。

2. 自变量

普通话水平：对农民工语言能力的测量主要集中在对普通话的"听"和"说"两个方面（SI01 题、SI02 题），区分出"普通话熟练"和"普通话非熟练"两个水平。

其他人力资本变量：教育程度（小学及以下、初中、高中及以上，三分类）、工作经验（年限）。

3. 控制变量

性别、年龄、工作所属行业（建筑业、加工制造或交通运输、商业、餐饮或生活服务业、其他行业，五分类）、来京时间。

四、数据结果

（一）基本描述分析

图 1 展示了刚来京时和调查时两个时间点不同普通话水平的农民工的月收入状况。从中可知，无论是刚来北京时还是现在，普通话熟练的农民工的月收入均高于语言非熟练者；随着时间的演进，尽管普通话熟练者与非熟练者的经济收入都有所提升，但二者间的收入差距却在不断拉大，从刚来时 1.20 的比值扩大到调查时点的 1.36 倍。

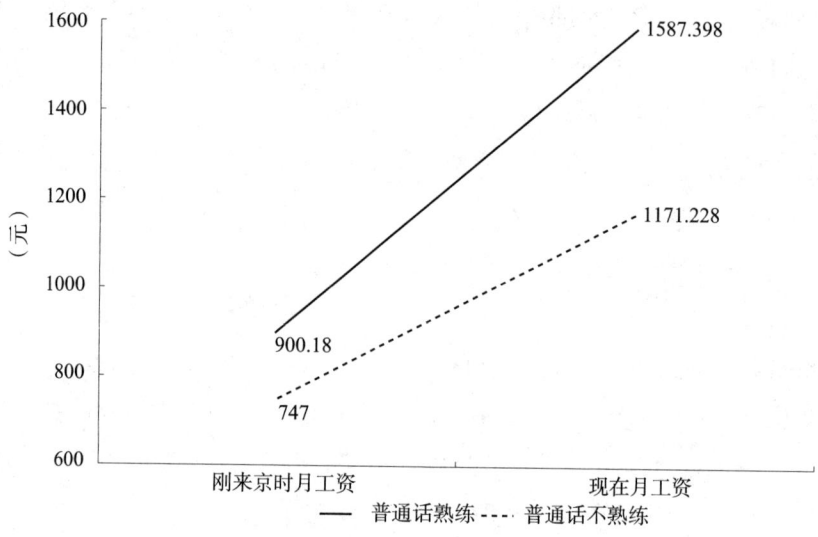

图1 普通话水平与月工资收入

图2是从进京农民工初次进入的行业来看不同语言能力者的经济收入状况。结果显示,仅仅在交通运输业中,普通话熟练者的月收入低于非熟练者,在其他各行业中均是普通话熟练者获得更高的收入;另外,在餐饮、生活服务和文教卫生等行业中,二者间的收入差距较大,表明在与外界或他人打交道较多(更为需要语言交流)的行业中,普通话熟练者相比于非熟练者能够获得更高的经济回报。

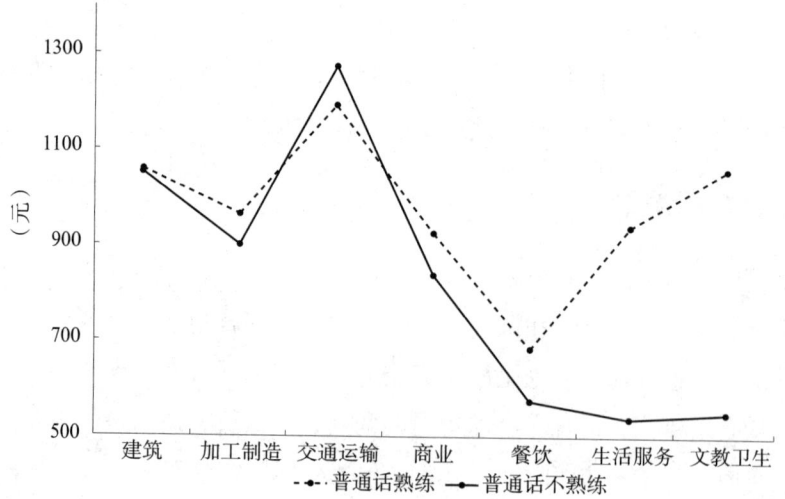

图2 分行业(初次进入时)看不同普通话水平者的月收入

另外，从农民工来京时的普通话水平与现在的普通话水平交叉形成的列联表中，可以观察农民工群体的语言能力变动情况，进一步地，可以考察语言能力的变动与收入提升幅度之间的关联。表 1 显示的是语言能力变化状况下相应群体的收入增加值（当前工资收入减去刚来京时工资收入的差值）。从中可以看出，语言能力提升者（来京时普通话不熟练而现在熟练）获得了最高的收入增长幅度 743.9 元，其次是语言能力一直保持高水平者，其收入增长 703.9 元，收入增长幅度最小的为语言能力一直存在障碍者，仅为 252.9 元。可见，与语言障碍者相比，语言水平一直较高或由低变高的农民工能获得更丰厚的经济回报。

表 1　语言能力变化与收入增长幅度

		现在的普通话水平	
		熟练	不熟练
刚来京时普通话水平	熟练	703.3 元	—❶
	不熟练	743.9 元	252.9 元

（二）统计模型分析：普通话水平与经济收入

表 2 展示的是以月工资对数为因变量的回归模型分析结果。模型 1 在控制变量的基础上仅放入了语言变量，结果显示普通话熟练的农民工能够获得高于普通话非熟练者 40% 的月工资，且统计结果高度显著。模型 2 和模型 3 依次加入了人力资本要素——教育、从业经验（行业工作年限）及其平方形式，教育和经验对收入的影响显著，这一点与经典人力资本模型得出的结论一致。在控制这些变量的基础上行，语言变量对收入的影响依然显著，但影响效应因教育、经验变量的加入而有所削弱，普通话熟练与非熟练者之间的收入差距在 21.4% ~33.0%。进一步地，我们在模型 4 中加入了语言和教育、语言和工作经验两个交互项，此时语言变量依然显著，而两个交互项统计上均不显著，这表明普通话熟练与收入之间的正向影响独立地来源于语言变量，而非语言与其他人力资本要素的交互作用。

---

❶ 刚来京时普通话熟练而现在不熟练的这类语言能力退化的群体样本量极少，故其收入差值未列出。

表2　以月工资取对数为因变量的回归分析结果

	模型1	模型2	模型3	模型4
人力资本变量				
普通话熟练[a]	0.402 ***	0.330 **	0.214 *	0.391 +
初中[b]		0.132 +	0.104	0.254
高中及以上[b]		0.464 ***	0.450 ***	0.201
行业工作年限			0.0506 **	0.0900 ***
行业工作年限平方			− 0.00158 *	− 0.00152 *
交互项				
语言熟练×初中				− 0.171
语言熟练×高中以上				0.237
语言熟练×工作年限				− 0.0421
控制变量				
男性[c]	0.137	0.0907	0.0589	0.0635
年龄	0.00218	0.00698	0.00171 +	0.00133
加工制造/交通运输[d]	− 0.122	− 0.171	− 0.166	− 0.171
商业[d]	− 0.0553	− 0.0831	− 0.0548	− 0.0639
餐饮/生活服务业[d]	− 0.348 **	− 0.381 ***	− 0.349 **	− 0.358 **
其他行业[d]	0.0969	− 0.0721	− 0.0627	− 0.0641
截距	6.730 ***	6.526 ***	6.638 ***	6.519 ***
样本量	616	616	615	615
加权总数	1692250	1692250	1688074	1688074
调整的 R^2	0.112	0.167	0.191	0.195

注：1. 显著性水平：+ < 0.1，* p < 0.05，** p < 0.01，*** p < 0.001。

　　2. 参照项：a = 普通话不熟练；b = 小学及以下；c = 女性；d = 建筑业。

　　上述数据结论表明，语言能力对农民工的经济收入有着显著正向影响，这是一个令人欣喜的发现。进一步需要考虑的问题是，熟练的普通话为何能为农民工带来经济收入上的显著提升，中间或内在的关联机制、影响途径是什么？结合农民工的特殊制度身份及其工作状况，我们从以下几方面寻求可能的答案：（1）语言与工作能力；（2）语言与身心健康；（3）语言与工作适应。

　　首先，工作培训能够提升员工的业务素质和生产能力，而技能则是劳动能力的直接体现，它们对经济收入的贡献是显而易见的。表3数据显示，在普通话熟练的农民工群体中，高达39.2%的接受过专业技能培训，而普通话非熟练者中这一比例仅为 3.7%。技能等级上，普通话熟练的农民工也占有优势，14.2% 的具有初、中高级别的技能，这一比例同样高于普通话非熟练者。

其次，较强的自我价值认同能够为个体的工作提供更强动力，而身心健康则能够为工作上的高产出奠定生理和心理两方面的基础。表 3 数据显示，良好语言能力的农民工往往具有更为强烈的自我价值意识，而他们的自评身心健康状况也要优于存在语言障碍者。

最后，在工作内容和工作场所人际关系方面的适应能力，对个体的工作产出意义重大。数据表明，普通话熟练的农民工对于工作条件、工作纪律有更强的适应能力（78.9% 比 71.7%），同时在工作关系（与上下级、同事的关系）的处理上也更加游刃有余、如鱼得水（90.8% 比 77.7%）。

总之，经验数据表明，普通话熟练者往往具有更多的工作培训机会、更高的工作技能、更为强烈的自我价值认同、更为良好的身心健康状态以及对工作内容、工作关系更强的适应能力。尽管中间或内在的作用形式以及具体的影响效应我们尚不得而知，但表 3 数据结果对于我们所试图寻找的语言与收入间的中间路径而言，已然提供了具有较强说服力的信息。

表 3　语言能力影响收入的可能的中间路径

		普通话熟练	普通话不熟练
工作培训	未接受过	37.6%	68.3%
	一般性培训	23.1%	28.0%
	专业技能培训	39.2%	3.7%
技能等级	无	85.8%	92.5%
	初级	4.8%	1.0%
	中级及以上	9.4%	6.5%
自我价值意识不太	强烈	20.2%	38.4%
	强烈	79.8%	61.6%
自评身心健康	稍差	13.4%	24.5%
	健康	86.6%	75.5%
工作适应（工作条件、工作纪律）	不太适应	21.1%	28.3%
	适应	78.9%	71.7%
工作人际关系适应（上下级、同事）	不太适应	9.2%	22.3%
	适应	90.8%	77.7%

(三) 普通话水平与社会交往

对于农民工而言,相比于经济融入,与当地市民展开人际交往、逐步构建并拓展个体的社会空间则是一种在广度和深度上均有所延伸的社会融入阶段。前面的研究已然表明语言在农民工的城市经济适应中发挥重要的作用,那么再高一个层级的社会交往中,具有符号和意义价值的语言是否仍能发挥一定的积极效应?

表 4 展示以三个社会交往指标为因变量的二分类逻辑回归分析结果,在控制性别、年龄、教育程度、来京时间以及所处行业等变量的基础上,普通话熟练均对社会交往的展开起到了正向促进作用,但只有在"是否有当地人朋友"这一项目上,语言变量统计显著。可见,语言只是在"是否有当地人朋友"这一社会交往的初步层次上具有显著影响,在更深一步的"做客"层面以及更为综合全面的"适应与当地人交往"上发挥的作用均不明显。

表 4　以社会交往为因变量的 logistic 回归分析

	模型 5	模型 6	模型 7
	有无当地人朋友	是否到当地人家做过客	是否适应与当地人交往
普通话熟练[a]	0.741 *	0.0886	0.149
男性[b]	0.929 *	0.37	1.166 *
年龄	− 0.0405	− 0.0875 ***	− 0.0847 *
初中[c]	0.475	− 0.353	− 0.388
高中及以上[c]	1.462 *	0.933 *	− 0.458
来京时间	0.133 ***	0.217 ***	0.0329
加工制造/交通运输[d]	− 0.192	0.710 *	− 0.583
商业[d]	− 0.349	0.794 +	− 1.011
餐饮/生活服务业[d]	− 0.149	0.795 +	1.119
其他行业[d]	0.00194	0.725	− 0.658
截距	− 1.483	− 0.331	3.652
样本量	656	639	599
加权总数	2113214	2061137	1924699

注:1. 显著性水平: + < 0.1, * p < 0.05, ** p < 0.01, *** p < 0.001。

　　2. 参照项:a = 普通话不熟练;b = 女性;c = 小学及以下;d = 建筑业。

上述数据结果可以从表 5 中得到一定的解释。我们设想,普通话熟练的农民工更有可能外出逛街、参与娱乐活动而非待在家里、打牌或打麻将；对周围的人有更高的社会信任程度；有更高的阶层地位认同，从而更加自信和从容地与城市人打交道；能够拥有更为异质性的关系网络从而有助于社会空间的拓展。然而，表5数据只是部分地验证我们的设想，普通话熟练者与非熟练者在我们预设的中间关联因素上的表现虽有差异，但幅度不大，且没有表现出一致的趋向。这或许可以解释语言变量在促进农民工人际交往的展开上为何只发挥了微弱的作用。

表5　语言能力影响社会交往的可能的中间路径

		普通话不熟练	普通话熟练
工作之外的时间（多选题）	待家里、打牌或打麻将	39.0%	40.7%
	外出逛街、娱乐	28.9%	35.2%
社会信任指数（对城里人的信任程度）	不信任	26.2%	37.8%
	信任	40.7%	46.7%
	说不清	33.1%	15.4%
社会阶层地位认同	上层和中上层	9.8%	12.6%
	中层	44.4%	54.6%
	中下和下层	45.8%	32.8%
关系网的异质性（拜年网中城里人比例）	一大半或基本全是	7.3%	11.0%
	将近一半或一少半	25.0%	35.6%
	基本不是	67.6%	53.5%

五、小结与讨论

语言作为一项人力资本、具有外显性价值功能的一面并没有引起国内学界的关注与重视。本文使用在北京城八区收集到的有关农民工群体的适应性区群抽样数据，对语言能力与经济收入、语言与社会交往之间的关系进行了检验。数据结果表明，熟练掌握普通话的农民工基于人力资本优势能够获得更高的经济回报，即使在控制其他人力资本要素如教育、工作经验及人口特征变量的基础上，语言变量依然能够发挥独立、显著的影响。研究表明，普通话熟练者往往具有更多的培训机会，更高的工作技能、更为强烈的自我价值意识、更加健康的身心状态以及更强的工作条件和工作关系适应能力，这些可能是语言能力显著影响工作收入的中间路径。与之相比，语言能力对农民工城市社会交往的展开则没有显著的影响，仅仅是在"与本地人交友"上起到一定作用，而在更深层次的"做客"和更广层面的"人际适应"上均影响微弱。

为何语言能力在提升经济收入和扩展交际空间这两方面所发挥的作用截然不同？我们认为，这是处于特定制度环境和生存状态下的农民工群体理性选择的结果。在户籍制度没有出现根本性变革的前提下，农民工群体很难依靠自身能力在城市扎根，真正成为城市户籍人口中的一员。这就决定了他们只能成为在城市短暂停留"觅食"而终究难逃漂泊迁徙命运的"候鸟"。在制度约束和生存条件局限的双重胁迫下，出于实用性、功利性目的，流动人口只能"积极地"去学习和掌握流入地的方言及普通话，这样才能在竞争激烈的就业市场谋取一份职位并展现出一定的工作能力，由此凭借人力资本优势获取较高的经济回报。

另一方面，在一个基本上"与己无关"的城市世界中，与当地人展开交往、扩展生活空间、提升对城市生活方式和文化价值观的认同感，等等，相比于谋生和赚钱，都属于一种可遇而不可求的高层次需求，他们当然既无动力、也没必要通过习得语言这一中介工具实现这些目标。更可能出现的情形是，在工作之余的生活世界中，他们回归到本源，家乡话成为交流的首选。由此，我们可以大致理解为何会出现语言在社会交往层面难以发挥"敲门砖"的作用，而在经济回报上却可以大有作为这一迥异结果。

参考文献

［1］朱力. 论农民工阶层的城市适应［J］. 江海学刊，2002（6）.

［2］Marschak, Jacob. The Economics of Language［J］. Behavioral Science, 1965（10）.

［3］张卫国. 作为人力资本、公共产品和制度的语言：语言经济学的一个基本分析框架［J］. 经济研究，2008（2）.

［4］Chiswick, B. R., & Miller, P. W. Language Skills and Earning Among Legalized Aliens［J］. Journal of Population Economics, 1999（12）.

［5］汪丁丁. 语言的经济学分析［J］. 社会学研究，2001（6）.

［6］蔡辉. 语言经济学：发展与回顾［J］. 外语研究，2009（4）.

［7］Chiswick, B. R. & Miller, P. W. The complementary of language and other human capital: Immigrant earnings in Canada［J］. Economics of Education Review, 2003（5）.

[8] Godoy，R. et al. Language skills and earnings：Evidence from a pre – industrial economy in the Bolivian Amazon ［J］. Economics of Education Review. 2007 （26）.

[9] 刘玉屏. 农民工语言行为的社会学研究 ［J］. 求索，2010 （8）.

[10] 国家语委"中国语言生活状况报告"课题组. 中国语言生活状况报告 ［M］. 北京：商务印书馆，2004.

[11] Chiswick，B. R. & Miller，P. W. The Economics of Language：International Analyses ［M］. London：Routledge，2007.

[12] 李汉林. 关系强度与虚拟社区——农民工研究的一种视角 ［D］//李培林. 农民工——中国进城农民工的经济社会分析 ［M］. 北京：社会科学文献出版社，2003.

[13] 崔晓飞. 城市农民工阶层的语言使用状况及思考 ［J］. 社会工作下半月 （理论），2008 （5）.

[14] 陈传波，白南生，赵延东. 适应性区群抽样：研究流动农民工的方法与实践 ［J］. 统计研究，2012 （5）.

社会文化组织与乡村公共生活的重建：基于 X 村个案研究的讨论

良警宇　李银雪

（中央民族大学民族学与社会学学院　北京　100081）

　　改革开放以来，农村社会的离散性已成为当代中国的突出问题之一。农村大量人口外流等因素所导致的原子化的生活状态，使许多乡村的人际关系日渐疏离、公共文化日趋衰落，也使传统乡村社会中的网络关系和乡村公共生活遭到破坏。如何通过组织化的活动使村民的私人空间与公共空间连接起来，以重建乡村公共生活，建设和谐乡村，是当前农村社会治理面临的重要课题。本文在此以 X 村的一个民间文化组织的实践为例，探讨社会文化组织在重建乡村公共生活进而实现社会整合中的作用。

一、农村社会文化组织的作用及其发展困境

　　农村社会文化组织是农村社会组织的一种，是指主要活动于乡村，由农民组织和参加，以维护、实现和发展农民利益为目的的政府和企业之外的文化类社会组织。其秉承非政府组织的组织性、民间性、非营利性、自治性、志愿性的特征，并在维护社区稳定、促进社区发展方面发挥重要作用。

　　对于农村社会文化组织建设的重要性及其意义，学界提出以下观点：第一，通过对因农村生产方式变革、农民闲暇时间增加，但农村日常性公共生活严重匮乏、仪式性公共生活严重异化的状况的反思，提出应通过培育民间文化组织，重塑农民主体性，重建农民的公共生活。❶ 第二，强调社会文化组

---

❶ 王德福. 农民公共生活变迁与重建之道 [J]. 周口师范学院学报, 2012 (1).

织的直接目标在于改善农民之间的人际关系，提升其对生活意义及自身价值的理解。但同时其成功运作，则又可发挥有效调解村庄内部纠纷、增进农民之间的经济合作、抑制村干部的不良行为的作用。❶ 第三，基于改革开放后，农村社会出现的离散性特征，即传统的乡土社会在现代化进程中日益瓦解，人际连接趋于松散的状况，提出在分散的个体经济之上重建组织对于建设新农村极具重要意义。民间文化组织因为能够承载公益性文化职能，不但可以成为农村文化建设的有效载体，而且成为培育农民新集体主义意识与互助合作精神，成为将农民的私人空间与公共空间连接起来，实现个人权利与社会责任之间的平衡，从而增强农村社区内聚力，实现农村社区整合和治理的重要载体。❷❸

在国家治理能力和治理体系现代化的背景下，民间社会组织获得了极大发展空间，其作为政府和市场失灵的公共事务领域中的有效补充，在公民社会与和谐社会建设中发挥了重要作用。乡村民间社会组织因为具有草根性，即植根于乡村特定环境，与当地自然、文化环境融为一体，依据兴趣、意志、愿望等社会旨趣连接在一起，而为广大农民所接受。❹❺ 但其发展面临重重困难，主要问题在于如何解决志愿失灵，如何提高社会组织的自身能力、加强独立性和提升社会公众对社会组织的认同感。❻ 具体而言，农村社会文化组织面临如下发展困境：政府职能转变不到位，限制了其发展空间；规模偏小，经费来源无可靠保障；人力资源匮乏，组织登记管理混乱，等等。因此，学者们提出加强内部的组织建设，优化组织发展的外部环境，提供制度保障，给予经费支持，发挥农村文化精英作用等建议。

学者们对于农村社会文化组织作用及其发展困境问题多集中于概然性讨

---

❶ 贺雪峰. 农民组织起来的五种形式，三农中国，华中科技大学中国乡村治理研究中心［EB/OL］. 2006. 10. 30，http：//www. snzg. cn/article/2006/1030/article _ 282. html，2014 年 12 月 31 日下载。

❷ 张良. 浅析农村公共文化的衰弱与重建［J］. 调研世界，2009（5）.

❸ 路冠军，郭宝亮. 公共文化服务体系构建中的农民组织化——基于农村基层文化社团的实践考察［J］. 前沿，2010（23）.

❹ 佟玉权，邓光玉. 农村非物质文化遗产保护中的民间组织作用［J］. 贵州大学学报，2012（6）.

❺ 徐柳凡，马剑虹. 农村社群文化组织发展研究［J］. 科学社会主义，2007（5）.

❻ 杨立青. 社会文化组织与公共文化服务［J］. 江汉大学学报，2012（2）.

论，基于实地研究，对农村社会文化组织的微观层次上的实际运作的观察亟待补充。因此，本文期冀通过对 X 村战鼓队具体案例的考察，从微观层次上对农村社会文化组织的存在基础、组织特征、运行机制及其对个人、人际和社区所发挥的影响进行研究，从而对乡村社会文化组织对乡村公共生活的重建和实现社会整合的作用进行探讨。

二、研究方法

本研究为个案研究，主要通过问卷调查、深入访谈、非参与观察等方法搜集资料，对 X 村战鼓队的人员、历史发展、组织机制、组织管理与结构进行描述，并在此基础上，从个人、人际、社区三个层次分析其在农村公共生活重建和社会整合中所发挥的作用。

问卷调查：目前 X 村内参加战鼓队成员有 28 人，笔者对所有队员的个人基本信息进行问卷调查，以此了解成员包括性别、年龄、受教育程度、婚姻状况、加入战鼓队时间等基本信息。此外还通过问卷测量战鼓队成员对乡村生活的满意度。态度测量的结果具有较高的同质性，成员普遍选择"非常满意"这一选项。

深入访谈：笔者对战鼓队成员、管理人员以及村民进行广泛而深入访谈，了解和分析了战鼓队文化组织的组织结构、权力分配、成员边界等信息。笔者以 N 先生为关键访谈人为导引，顺利实现了与其他成员的沟通交流。

非参与观察：笔者作为局外人身份持续近半个月观察战鼓队成员的排练、表演、组织的运行过程和成员的日常生活，并在此过程中，与战鼓队村民建立了信任的关系，获得真实而细致的第一手资料。

三、X 村战鼓队发展概况

X 村位于中原地区某省的一个镇政府所在地，其地理位置优越，交通便利。全镇总面积 67.5 平方公里，人口众多，农业发达，是当地的政治文化经济中心。X 村战鼓舞是以古代战争为题材的征战舞蹈，通过多种队形、步伐变换，鼓手边打鼓边对击，以舞蹈形式进行表演的民族文化和艺术，舞蹈尚武精神贯穿始终，具有丰厚的文化积淀和恢宏的表演气势。2009 年，X 村战鼓舞成功申报为省级非物质文化遗产。早期打鼓主要用于战前鼓舞士气和战后庆祝胜利，后其渐渐演变为当地节庆娱乐的表演活动。新中国成立后，战鼓舞濒临失传，1969 年，战鼓舞第九代传承人原 X 村支书 N 先生曾提出挽救本村战鼓民间艺术，但困难重重。期间民间艺人有的故去，有的鼓点记不全，但 N 先生和另一位先生以简谱完成战鼓音乐初稿，从而将这一文化遗产记录下来。为鼓励后人传承，村队以学会战鼓舞奖励 20 元的激励措施（当时一劳动力每天工分不过 1～2 角报酬），吸引村民学习，从而将这一文化遗产传承下来。当时第一批四个学员参加省会汇演获得了一等奖。

过去 X 村战鼓鼓手是清一色男子，民间对女性打鼓有不吉之说。20 世纪 90 年代，上级政府要求扩大文化节的演出规模，村干部要求干部子弟带头学习，但达不到要求的规模，女青年 H 破世俗，联系了六七名女同学开始学打鼓。在她们的带动下，女青年们踊跃报名，村里培养了 16 名女鼓手，完成了演出任务，成了当地第二届市级文化艺术节演出队伍中独具特色的风景，打破了当地女子不能挎鼓的戒律。但随后的两三年中，这批女鼓手纷纷出嫁，演出又面临困境，加上当地男青年多外出务工，村领导决定从本村妇女中选拔培养鼓手，由此出现了一大批优秀的女性鼓手，也出现了母女、婆媳、姐妹同场演出的红火场面，战鼓队由此得到发展。

四、组织特征

通过问卷调查和深入访谈，笔者对 X 村战鼓队的组织特征情况进行了调查分析，介绍如下。

组织性质和组织领导：战鼓队是具有文化娱乐功能的农村社会文化组织。其具有鲜明的本地特色，得到农村社区成员的整体认同，能够广泛地渗入到群众日常生活中去，具有牢固的群众基础。其带头人为 X 村前支书，在村中享有较高威望，赋予了 X 村战鼓队一定的政治资源，减小了其开展活动可能遇到的阻力。

成员特征：战鼓队成员全部来自 X 村及其周边农村，总规模约 300 人，多数为妇女，介于 40～65 岁。每两年战鼓队有一次新成员招募活动，主要通过村庄广播以及口口相传的方式进行招募。相当一部分成员在参加战鼓队的同时还参加了秧歌队、军乐队。成员文化程度普遍不高，学历以小学初中为主；成员多数参加战鼓队年限较长，普遍在 10 年以上，更有两位 66 岁的老人加入战鼓队已经 30 年，因此战鼓队被戏称为"奶奶姥姥队"。

组织结构：之前战鼓队所有事宜均由 N 先生一人负责联络，目前战鼓队则内部分工明细：一位总经理负责内外统筹安排，一名组长负责内部联络、活动通知、人员分配；一名会计负责财务；一名保管员负责物资核对和保管。

组织运营：战鼓队的演出活动多，每逢节假日村中都有战鼓表演。平时战鼓队则到周边演出，小到嫁娶喜事、开业庆典，大到当地"中国文字博物馆"开幕、奥运会火炬传递仪式，演出活动非常频繁，一个月平均会有十几次演出机会，每位成员单次演出可得到 50～70 元不等的报酬。战鼓队目前采取"以鼓养鼓"的自养模式，即通过战鼓表演获得的报酬来支撑战鼓队的运转。由于场地和资金限制，新招募进来的成员前期培训的时间比较短，多通过"以演代练"提高水平。

五、组织功能分析

已有研究认为，不同社会组织形态对于激励农村政权提供公共物品的作用程度是不同的。如有学者用共容性和嵌入性来概括不同社会组织的特征，所谓共容性是指社会组织面向村庄里的所有人，每个村民都有加入组织的机会；所谓嵌入性是指村干部是组织中的成员。凡同时具有这两方面特征的社会组织，村庄政权往往成为良好的公共物品提供者。❶ X 村战鼓队就同时具备了高度的共容性和嵌入性，由原村支书领导，广大村民自愿参与，对成员个人层次、人际层次、社区层次均发挥了巨大作用。

（一）个人层次的功能

强身健体：X 村战鼓的表演形式有三种：人不动，只敲鼓；人舞动，鼓也动；部分成员敲鼓打锣，部分成员站成两列拿出扇子，表演类似秧歌的舞蹈。战鼓队成员一轮表演下来，全身上下都得到锻炼，加上平时的排练和练习，强身健体之效不言而喻。

愉悦心情：战鼓队成员多来自 X 村本地，有演出活动时出来表演，无活动时在家务农。演出活动不仅丰富了其日常生活内容，而且扩大了其人际交

---

❶ Tsai, Lily Lee. Cadres, Temple and Lineage Institutions, and Governance in Rural China. The China Journal. No. 48, July 2002.

往圈，令其感受到集体特有的氛围。而且由于时常能参与一些大规模的活动，他们的眼界得以开阔，心情愉快、满足，精神生活极大丰富，幸福感显著提升。

（二）人际层次的功能

战鼓队将原子化的个人聚集在一起，打破了社会隔离，提供了合作机会，使人们在交往合作中发现了共同利益，获得了组织技能，抑制了将个人目的置于公共利益之上，创造出了共同体。战鼓队对其成员而言，既是限制，又是解放。限制体现在成员需要依照组织的规则来活动，解放体现在战鼓队为成员提供了资源，在满足集体利益的同时兼顾个体利益。访谈中，战鼓队成员纷纷表示，参加战鼓队对夫妻关系、婆媳关系、邻里关系等社会关系都有缓和及改善作用。夫妻之间打起鼓来就不生气了；婆媳之间本来闲言碎语、说东道西、互相指责，现在有了新的话题可聊，可以聊聊打鼓的经历，聊聊今天的收入，矛盾锐减；邻里之间更是相约相伴一同打鼓，互相照应和提醒。因为战鼓，X 村邻里矛盾大幅降低，凝聚力大大提升。战鼓活动充当了农村社会人际交往的润滑剂。

（三）社区层次的功能

增强村民凝聚力和归属感：战鼓是 X 村独有的民间文化，在老支书 N 先生的带领下，每到大小节日，村中到处是轰轰的战鼓声，尤其是在春节期间，格外热闹。村民通过战鼓的表演形式，在精神上形成有共同的载体和归属，代代传承，村民之间的凝聚力和村民的归属感空前提高。笔者对成员询问了许多关于生活满意度方面的问题，发现战鼓队成员对生活的满意度非常高，对于交通、社会治安、食品安全、政府行政效率、九年义务教育、医疗服务、生态环境都选择了"非常满意"，表现出了很强的认同感和归属感。

解决留守妇女问题：X 村男性劳动力外出打工后，留下妻子在家照顾小孩和老人的比例很高。留守妇女加入战鼓队，一方面增加了家庭收入，改善了物质生活；另一方面成员之间形成了非正式的联盟，相互沟通感情，互相支持，精神生活得以丰富。加入战鼓队有效地减少了留守妇女的在健康、经济、精神状态等各方面的问题。

肃清不良风气，弘扬传统文化：战鼓队成员在参加战鼓队之前，农闲之际的主要消遣是打麻将。加入战鼓队后，大家找到了既能打发时光，又能获得收入的办法，于是踊跃报名参加战鼓活动成为时尚，村庄的健康文化氛围得以提升。X 村战鼓作为一种非物质文化遗产，成员的参与就是对战鼓文化的传承和延续。战鼓表演承载了历史和文化，具有丰厚文化底蕴与重要的现实意义。

六、发展困境

X 村战鼓队在乡村公共生活重建中发挥了巨大作用，但其发展也面临一些困境，具体而言，主要有以下四点。

资金紧张：战鼓队是以鼓养鼓，从参加各种活动的劳务费中抽取 10% 作为运营维持费，除此之外，政府也会有不定期少量拨款。鼓队总体收入微薄，但开销庞大，既要给成员发放劳务费，又要支付包车费和饭费，维护和更新战鼓队的装备也是一笔庞大的开销。除了这些开销，战鼓队作为河南省的非物质文化遗产，有时候还需要完成一些不带任何补贴政治性任务，尽管 X 村战鼓在不少媒体上获得宣传，并经常完成上级安排的各类庆典迎宾活动，受到各级政府和文化部门的表彰，也在 2009 年被列入省级非物质文化遗产，但是精神上的鼓励不能解决资金上的问题，资金困境是目前战鼓队面临的首要问题。

成员和传承问题：从 20 世纪 90 年代开始，乡村男青年大量外出务工，因此表演队成为"奶奶姥姥队"，除此之外，成员的流动性大，使得战鼓表演质量偏低。另外，由于战鼓表演是通过口头记录恢复，能完全掌握鼓点并进行教学的只有传承人 N 先生，鼓队表演面临无人教、学员质量低的尴尬局面。此外作为唯一的传承人，N 先生表示，国家级传承人可以得到每年一万的补助，省级传承人则没有任何固定补助，更遑论市级以下，他对战鼓队在他之后的这项非遗文化传承的前景感到忧虑。

七、总 结

在当下的社会转型过程中，在农村社会的离散性已成为当代中国的突出问题的背景下，通过社会文化组织重建乡村公共生活，以连接村民的私人空间与公共空间，增强集体意识，丰富日常生活，传承优秀文化，进而实现社会整合，建设和谐乡村，是当前农村社会治理创新的重要途径。尽管 X 村战鼓队发展中存在种种困难和问题，但通过本研究可以发现，X 战鼓队这一农村民间社会组织在乡村公共生活和社区重建中发挥了显著作用，应当予以支持和倡导。除了政府加大支持力度以外，如何进一步发动社会力量、市场力量，在创新发展形式的同时，实现文化传承和社区发展是亟待进一步研究的课题。

参考文献

［1］王德福．农民公共生活变迁与重建之道［J］．周口师范学院学报，2012（1）．

［2］贺雪峰．农民组织起来的五种形式，三农中国，华中科技大学中国乡村治理研究中心［EB/OL］．2006.10.30，http：//www.snzg.cn/article/2006/1030/article ＿ 282. html，2014 年 12 月 31 日下载．

［3］张良．浅析农村公共文化的衰弱与重建［J］．调研世界，2009（5）．

［4］路冠军，郭宝亮．公共文化服务体系构建中的农民组织化——基于农村基层文化社团的实践考察［J］．前沿，2010（23）．

［5］佟玉权，邓光玉．农村非物质文化遗产保护中的民间组织作用［J］．贵州大学学报，2012（6）．

［6］徐柳凡，马剑虹．农村社群文化组织发展研究［J］．科学社会主义，2007（5）．

［7］杨立青．社会文化组织与公共文化服务［J］．江汉大学学报，2012（2）．

［8］Tsai, Lily Lee. Cadres, Temple and Lineage Institutions, and Governance in Rural China. The China Journal. No. 48, July 2002.

人情社会与社会工作专业关系的建立

杨 慧 苏 腾

社会工作是以利他主义为指导，以科学的知识为基础，运用科学的助人技巧和方法进行的助人服务活动。社会工作实务的第一步就是接案和建立专业关系，而在"人情社会"这样一个大的环境背景下，社会工作者与案主建立关系时容易产生"双重关系"的伦理困境。我们不可能完全模仿西方社会工作明确职业界限的专业关系，要重视中西方文化在社会工作伦理上的差异，必须在适合我国国情的前提下，对专业关系进行符合实际的界定，并进行相关的教育和监督，探讨现代中国社会中社会工作者应该如何与案主建立合适的专业关系，以促进社会工作在中国更好更快的发展。

一、我国的人情社会与助人系统

（一）人情社会

1. 人情社会的形成

宗法制度与熟人社会对人情社会的形成和巩固起到了巨大的作用，数千年的历史使人情观念潜移默化地影响着人们的行为，进而影响整个社会的运行模式。

宗法制度形成于奴隶制社会时期，宗法包括"宗"与"法"两方面，"宗"是指由血亲关系维系起来的宗族，"法"是法律规则，宗法制度可以说就是一种法律规则化的血缘亲族制度。宗法制度的核心在于"家国同构"，即国家是按照家族结构划分权力等级，家族的核心领导者也是国家的核心领导者，形成了中国古代家国难分的特殊社会环境。尽管后来严格意义上的宗法制度在西周末年已经开始瓦解，但其在中国历史上的影响却十分久远，"家国同构"式的社会结构成为之后的历代封建王朝的基石，"父母官"、"爱民如子"等概念都是"家天下"思想的佐证。在这种社会环境的影响下，人情成为维系社会稳定框架的纽带，人与人的关系都可以由情感的亲疏远近来概括。

中国传统社会是以自给自足的小农经济为主导的农业社会，生产力水平低下，人们受制于自然经济条件的影响，生产和社会活动空间常常仅限于十分狭小和封闭的自己熟悉的社会圈子中，亲缘、地缘关系构成了社会关系的基本形式，即费孝通先生提出的"熟人社会"，中国的熟人社会是一种差序格局，即"以'己'为中心，像石子一般投入水中，和别人所联系成的社会关系，是像水的波纹一般一圈圈推出去，越推越远，也越推越薄"❶。在这种社会中，人际关系是靠人情来维系的，人们会因别人与自己关系远近的不同而适用不同的标准来对待。

2. "人情社会"中的关系

大部分中国人都认为自己处于"人情社会"中，而西方的学术界几乎没有"人情社会"的说法。从社会交换的理论来说，人情社会是和契约社会相对的一种社会交换的基本类型，最基本的含义就是在人与人的交往互动中主要以人情作为交换媒介。简单来说，甲和乙是朋友，乙送了一个生日蛋糕给甲，甲就欠了乙一个人情，而不是单纯的一个蛋糕，到了乙的生日，甲送给乙一束花，甲就还了乙一个人情，是人情与人情的交换，而不是蛋糕和花的等价交换。在人情社会中，"给予—回报—再给予—再回报"就是"欠人情—还人情—再欠人情—再还人情"，人和人的社会关系就在这样的过程中建立和强化。

"人情社会"中，建立和维持与他人的亲密关系需要通过人情的交换，不管是接受别人的东西还是接受别人提供的帮助都属于"人情"，必须通过人情的交换才能维持关系，因此接受别人的"人情"也是维持关系的重要部分。人情社会中人情的交换只存在于"熟人"之间，因而只有接受了别人的"人情"，才会让对方觉得已经被纳入"熟人"范围，才会有深入的交流。❷

（二）传统人际关系

中国传统的人际关系基本模式由人情、人伦、人缘这三位一体的结构构

---

❶ 董璐，崔芳芳. 人情社会浅析 [J]. 法制与经济，2010 (4).

❷ 余佳伲. "人情社会"中社会工作专业关系处理方式探讨 [J]. 法制与社会，2013 (5).

成。人情表现传统中国人基本的心理和行为模式，人伦提供一套原则和规范，使人们在社会互动中能遵守一定的程序，人缘将人与人的一切关系都限定在一种表示最终的本原而无须进一步探究的总体框架之中。

中国文化的血缘本位导致人们对情感的重视，但情感并不是纯粹的"情"，还有规范、疏导这种情的"理"，是一种"情理主义"，它要求情必须符合宗法、伦常和规范。但如果在"情"与"理"之间比较的话，中国人是重"情"不重"理"的，这与西方人在人际交往中重"理"不重"情"是有区别的。

人伦作为人际规范或人际秩序源于中国传统伦理思想对人情的规定，其外在形式是"礼"，而内在心理是"仁"。血缘亲情被染上了伦常的色彩，而伦理思想扎根于日常生活，从而导致中国人的人际互动能保持长期稳定以及差序有别的特征。感情从个体转向关系，且又受到一番规定之后，会造成个人行为的他人取向，所以，中国人要比西方人更在乎他人对自己行为的看法和评价。

造成中国人重视人缘的最主要因素有两个：一是传统中国是一个典型的乡土社会，乡民们在自然和社会力量面前普遍感到无法掌握自己的命运，故而形成了很强的宿命观念；二是佛教进入中国后，其"因缘果报"之说以及前世、来世、轮回等观点对中国人解释现实生活和人际关系产生了很大影响。中国人在对自己生活经历作归因时，会十分自然地将人的一切偶然的遭遇和与他人发生的各种关系都看成一种无可奈何的事先定好的必然性。❶

（三）助人系统的结构

中国社会存在民间和官方两个助人系统。民间助人系统是指来自家庭和邻里、亲友的帮助，由于家庭成员的相互隶属性，家庭成员之间的相互帮助实际上是一种自助，而邻里和亲友间的帮助则是互助，这种自助与互助是由前面提到的中国社会中的差序格局决定的。官方助人系统通过两个渠道发挥作用：当某人属于某单位，特别是国有单位时，他会享受到由政府统一规定的职业福利，包括单位提供的特殊帮助；当社会成员不属于全民所有制和较高水平的集体所有制工作单位时，他便在社会救助领域接受来自政府的帮助。

---

❶ 刘志红. 传统社会的人际交往特性对建立社会工作专业关系的影响 [J]. 求索, 2003 (2).

中国社会的助人系统的结构并未发生重大变化，一是社会文化不可能发生迅速变化，作为民族的一种生存经验，它还会在相当长的时期内和相当广阔的领域内发生作用；二是中国的社会服务机构不发达，阻塞了人们求助表达的渠道。

（四）助人系统的特点

1. 消极的求助模式

在传统社会文化中，人们的求助行为是比较消极的，原因主要有两点：一是自我解决问题的动机，中国文化有一种内向性，表现为当人们遭遇困难时的不事声张，默默进取和在无能为力时的忍耐；二是最小求人原则，出于情面和回报的考虑，人们尽量不求人或少求人，在迫不得已必须求助于他人时，则遵循代价最小原则，要考虑需求对象的偿还价值和对方所提供的帮助的潜在成本。人们希望通过正当的权力和责任关系获取福利，否则就会增加其获利的声誉成本，"随大溜"式的获利方式就是缩小成本的一种策略。

2. 相对主动的助人行为

相对于消极的求助行为，人们的助人行为却是主动的，主动助人有两种情况：一是助人者握有某种有困难者所需要的资源，当他发现后者处于困境时，出于友好的关系基础，他会主动提出帮助后者解决困难；二是当他没有满足有困难者所需要的资源，但知道如何获取时，充当一种积极的中介，帮助有困难者去获取资源。在行政性的助人系统中，主动的助人行为也时常发生，如在执行社会福利政策过程中，当政府制定了某一社会福利政策，但有困难者却不知晓时，政策执行者会主动帮助有困难者按政策规定获得福利。

3. 感情介入

中国社会的助人活动有强烈的感情介入，表现为：一是我群观念，在助人过程中，助人者将受助者纳入自己的群体，拉近心理距离。即使是官方支持关系发生作用的情况下，参与行动者也会淡化正式关系；二是互为客体性，在求助阶段，求助者是主体，被求者是客体，在助人过程中，助人者是主体，受助者是客体。助人者在助人过程中会有设身处地、感同身受的意识；三是协商，助人者与求助者讨论要求的可及性和帮助行为的可接受性，有利于助

人者深入了解求助者的需求，并同其探讨如何才能客观实际地满足其需要。❶

二、西方社会工作的专业关系与制度信任

社会工作实务的一个前提条件是社会工作者与案主建立专业关系，专业关系是指在社会工作服务过程中工作者与案主之间的态度表现与内心感受的动态交互反映关系，透过此种交互作用以协助案主改善和增强社会生活适应能力，构建良好专业关系的基本要素有：尊重、同感、接纳、真诚、保密等。❷良好的专业关系有助于形成信任、轻松的氛围，既可以降低工作者与案主可能产生的信息交流的扭曲，也可以增强工作者对案主的影响，提高案主改变或发展的意愿与效果。

专业关系是为了达到特定的目标而形成的，社会工作专业关系主要具有以下特征：第一，专业关系有明确的目的，专业关系的目的是解决案主社会适应方面的困难，以增进他们的社会适应能力。第二，专业关系不是私人关系，专业关系不同于日常生活中的人际关系，它的突出特点是社会工作者和案主之间是两个专业角色的帮助和受助的关系，因此存在一定的界限，工作者在助人活动中必须严守"专业自我"。第三，专业关系是手段而不是目的，意在获得案主的认可，促成其良好的参与，并不是工作者无原则地讨好或迁就案主。第四，专业关系具有时效性。专业关系是为了协助案主处理问题而形成的，案主的问题解决之后，专业关系就结束了。第五，建立良好专业关系的主要职责在工作者，虽然社会工作者和案主是互动的关系，但在关系的建立、维持和把握中，社会工作者始终处于主导地位。❸第六，专业关系的建立还需要投入情感，使案主获得心理支持，从而愿意接受帮助并做出改变。

而信任是建立专业关系的基础。案主对社会工作者的意向和能力有正面的预期，因而愿意在社会工作者面前处于弱势，案主相信社会工作者不会利用他的弱势来剥削他，并且有能力协助他从弱势中恢复过来。只有存在这种信任，案主才会吐露心声，与社会工作者分享一些重要的经历，甚至隐私，而这些对于正确预估和诊断服务对象的需求和问题、制定合理的目标和计划

❶ 王思斌. 中国社会的求—助关系——制度与文化的视角 [J]. 社会学研究, 2001 (4).
❷ 刘志红. 传统社会的人际交往特性对建立社会工作专业关系的影响 [J]. 求索, 2003 (2).
❸ 闫涛. 信任与双重关系：社会工作伦理本土化中的专业界限 [D]. 上海：复旦大学, 2010.

是至关重要的。❶信任发展具有不同的途径，卢曼将其分为人际信任和制度信任，人际信任建立在人与人之间的情感联系的基础之上，而制度信任建立在人与人交往中受到规范准则制约的基础上。制度信任主要有四个特点：第一，凝固性，制度信任是相对稳固的，不受时间变化影响；第二，普泛性，制度信任不受特定个体的影响，只与信任者的处境有关，而与他的历史无关；第三，非动机性，制度信任不受动机形态影响的；第四，规范性，信任建立在正式的、合法的社会规章制度基础上，拥有一致的标准保障系统行为的可识别性和可衡量性。❷

西方社会工作主张社会工作者与案主之间的信任是一种制度信任，就建立专业关系来讲，高制度化的专业环境有利于工作者在实践中快速取得案主的信任，从而开展服务过程。就像大家都知道警察这个职业，也明白这个职业的高度制度化，在遇到困难向警察求助时，人们确定求助对象是警察，就会毫不犹豫地相信他。在西方社会，人们对社会工作者的了解建立在制度化的环境下，对社会工作者的职业范围、权利、限制、守则等有充分的了解，也明白自己与工作者的关系中拥有什么样的权利和义务，有制度这一保护圈，人们对工作者的信任不用要求高度的情感卷入。❸西方社会工作对于社会工作者与案主彼此之间的信任只能建立在制度之上的这一观点，也与近代以来的西方主流文化传统息息相关，M. 韦伯指出西方现代化的一个重要特征是理性化，帕森斯则认为近代以来的西方在价值系统上是普遍主义而非特殊主义的。❹因此，在理性主义的制度中，工作者与案主之间的关系不是两个具体的个体之间的关系，而是两个角色之间的关系，这种关系不需要私人情感的投入，只需要双方按制度办事，案主之所以相信工作者，不是因为工作者的个人特质，而是相信整个社会工作专业。

三、中国社会工作专业关系的现状

在中国，社会工作是一个新兴的职业，是一个舶来品，正处于刚刚起步

---

❶ 曾群. 人情、信任与工作关系：灾后社区社会工作实务的伦理反思 [J]. 社会，2009 (3).
❷ 闫涛. 信任与双重关系：社会工作伦理本土化中的专业界限 [D]. 上海：复旦大学，2010.
❸ 李同. 现阶段本土性社会工作之专业关系研究 [J]. 社会工作，2011 (10).
❹ 曾群. 人情、信任与工作关系：灾后社区社会工作实务的伦理反思 [J]. 社会，2009 (3).

的阶段，它的社会认可度不高。社会工作的功能以前都是由政府组织和准政府组织包办，政府已经着手将这方面的职能通过政府购买服务的形式转到社会工作组织，但人们的思想还是停留在没有转化之前。❶中国的社会工作没有西方那样高度的制度化环境，中国本土的社会工作者要想与案主建立关系，必须借助于人情，建立起人际信任。

（一）人际信任应用普遍

前面我们提到过西方社会工作专业关系是建立在制度信任基础上的，而我国的现状是制度信任尚不成熟，人际信任应用普遍。

我国在 2004 年颁布的第九批国家职业标准中，才首次包括了社会工作者，2008 年开始才有社工师的职业资格考试。所以，社会工作在短时期内不可能获得如飞行员、律师或医生那样足够的制度信任。❷而且前面提到过中国文化传统之下的主导性人际关系是一种直接关系，强调的是面对面的交往，要维持好这样的交往就必须投入感情，而不是借助于冷冰冰的制度。人们比较信任熟人，而作为生人的社会工作者要取得案主的信任，必须让案主将工作者视为"自己人"。

（二）比较看重人情关系

与西方社会不同，我国的社会工作者不可能拥有某些行政权力，或隶属于政府部门，只能依靠双方建立起来的人际信任。并且社会工作者面对的案主有可能是通过朋友介绍来的，或是过去帮助过社会工作者而现在有困难来求助的，他们往往认为自己已经与社会工作者具有了或强或弱的人际关系，因此非常希望能够获得特别的关照。如果我们的社会工作者恪守西方的专业关系的准则，一味强调纯粹的职业关系，而案主对社会工作的了解甚少，就会认为这是不通人情世故，不值得交往。而且，与案主建立西方那种纯粹的职业关系会让案主觉得工作者不可能真心帮助他们。

（三）因人而异十分明显

西方的社会工作渗透着"上帝面前人人平等"的观念，不论案主是有着身份标签的犯罪分子还是吸毒者，只要生活陷入困境，西方社会工作者就认

❶ 余佳伲．"人情社会"中社会工作专业关系处理方式探讨［J］．法制与社会，2013（5）.
❷ 潘绥铭，侯荣庭，高培英．社会工作伦理准则的本土化探讨［J］．中州学刊，2012（1）.

为应该帮助他们。而在中国，我们的助人思想是与案主的道德身份联系起来的，认为值得同情和帮助的人才有权获得他人的支持。[1]而且工作者都有自己的生活经验和价值观念，对于一些与传统的道德标准相违背的案主，要求工作者无条件地接纳、不采取否定拒绝的态度，还是比较困难。可能需要对案主的生活加以了解，通过一段时间的相处之后，社会工作者才会真正地接纳案主。

（四）不思回报的追求

在我国，虽然也宣传助人为乐精神，但在现实生活中这种助人为乐更多的却是来自于由"施恩图报"升华的"不思回报"。这是基于这样一种前提：助人活动本来是应该获得劳动报酬之外的其他实际回报，只不过由于助人者希望自己能够达到"义"的道德境界，才会"不思回报"。因此，社会工作就变成了一种对于道义理想的追求，而不仅仅是一种职业。[2]在当前的中国社会中，如果不是依靠道义上的追求，仅凭现在的低收入、低声望与高付出的社会工作专业恐怕很难吸引较多的有志青年，像西方那样把社会工作规定为仅仅是一种职业，既不符合中国的现实，也有碍于社会工作的发展。

四、专业界限与双重关系

（一）专业界限

最初我们可能认为中西文化不同，我们就应该走与西方不同的路径。具体而言，西方是通过制度信任建立专业关系，我们应该通过人际信任建立专业关系。但实际上，当代西方社会工作也出现了反思专业主义和专业界限的思潮。一部分学者认为专业主义和专业界限是迷信理性的现代性的表现，实质上是维护了社会工作者作为专业人士的权威，导致了与案主的不平等关系。另一部分学者指出在小型社区和农村社会工作中，社会工作者与案主发生双重关系是不可避免的，有时双重关系可能是建设性的，有利于专业关系的建立。[3]

专业界限是专业角色所要承担的全部责任和义务，在伦理层面，专业的

---

[1] 高培英. 社会工作专业关系的本土化探讨 [D]. 北京：首都经济贸易大学, 2012.
[2] 潘绥铭, 侯荣庭, 高培英. 社会工作伦理准则的本土化探讨 [J]. 中州学刊, 2012 (1).
[3] 曾群. 人情、信任与工作关系：灾后社区社会工作实务的伦理反思 [J]. 社会, 2009 (3).

界限就是该专业伦理的界限，专业界限决定了专业关系双方互动的领域，对专业界限的突破，会导致专业关系的破坏。西方社会工作在专业关系问题上出现了一种实用主义的观点，对专业界限违背与专业界限超越进行了区分。专业界限违背是指社会工作者为了利用、操控、欺骗或压迫案主而建立双重关系，例如社会工作者与案主发生性关系等，专业界限违背的实质就是社会工作者由于利益驱动而伤害案主的权益，必须严格禁止。与专业界限违背相反，专业界限超越是指社会工作者并无意图利用、操控、欺骗或压迫案主而建立双重关系，例如与案主互赠礼物等，只有当这些双重关系在现实和潜在中给案主造成不利影响时，才需加以限制和禁止。❶因此，问题的实质不是可否有双重关系，而是如何判断双重关系是无害而有益的以及如何保证社会工作者不会利用这种双重关系剥削或伤害案主。

规制专业界限超越的路径，在当前中国本土情境中，应当遵循三个原则：第一，严格禁止涉性双重关系，无论其发生在建立专业关系之前、当时或之后；第二，对已存在的非性、非剥削的双重关系不应刻意回避或主动破坏，而应审慎接纳；第三，主动超越专业界限，包括建立非性、非剥削的双重关系是可以接受的，但要进行严格的控制。❷

（二）《伦理守则》与双重关系

双重关系首次作为一个伦理问题被单独列出是在 1958 年版 APA 伦理守则"来访者关系"一项中。而 1977 年版的 APA 伦理守则第一次明确提出禁止咨询师与来访者发生性关系。几经修订后，APA 伦理守则在 1992 年版中将"多重关系"作为一项规范单独列出，并且在"滥用心理学家的影响"和"剥削关系"两项中也提及了双重关系问题。2002 年版的 APA 伦理守则将双重关系纳入"人际关系"这一大项中加以规范，其界定是：当心理学家与一个人发生专业关系并且同时与该人发生其他关系，或同时和与该人有亲密关联的人发生专业关系，或承诺在将来与该人或该人的亲密他人发生其他关系的时候，双（多）重关系就产生了。APA 伦理守则对双重关系问题并非一味地否定，它提出只有当多重角色关系妨害或违反了来访者的利益时这种关系才应该被

---

❶ 沈黎，刘斌志. 双重关系——社会工作中专业关系的伦理困境 [J]. 西南农业大学学报（社会科学版），2006（4）.

❷ 闫涛. 信任与双重关系：社会工作伦理本土化中的专业界限 [D]. 上海：复旦大学，2010.

禁止。❶

美国社会工作界，1960 年制定了第一部正式的伦理守则，并于 1980 年做出修订。后来美国社会工作者协会（NASW）于 1996 年制定了更为全面和详尽的《伦理守则》，并在 1999 年做了修订。1980 年的《伦理守则》已经认识到案主存在被利用的巨大危险，因此提出"社会工作者应当避免自己与案主的关系或责任会与案主的利益发生冲突"，且"社会工作者不得利用自己与案主的关系为自己谋利益"，并且明确提出不得与案主发生性关系，但并没有明确提到双重关系问题。1996 年的《伦理守则》中明确提出反对双重关系，并且做出了详细的说明，"社会工作者不应当和案主建立双重关系或多重关系，因为这样会产生对案主的利用或使得案主存在潜在伤害的可能"。新的《伦理守则》在此方面做出了大量详细的说明来帮助社会工作者辨别潜在的困境，但同时包含了命令性和建议性的规定，这就为特殊情况留有余地。

（三）双重关系的分类及特征

双重关系的分类能够很好地帮助社会工作者来识别双重关系并避免潜在的困境及对案主利益侵害的发生。一般来说我们都是将双重关系分为涉及性的双重关系与不涉及性的双重关系。学者 Reamer 的分类比较全面详细，他注意到在双重关系中存在 5 个主要的主题：亲密关系、追求个人利益、情感和依靠的需要、利他性的表示、未曾预料的境遇。❷由此可见，双重关系有如下几个特征：第一，在关系性质方面，专业关系、社会关系和商务关系，均可能在双重关系中呈现；第二，在时间方面，双重关系可以在保持专业关系期间发生，也可在专业关系结束之后发生，甚至包括对未来非专业关系的承诺（例如在进行心理咨询期间承诺结束咨询后与来访者发展亲密关系）；第三，在人物关系方面，包括与来访者本人发生专业以外的关系，也包括与来访者的亲密他人发生关系（例如与来访者的母亲进行交往）。❸

---

❶ 李扬，钱铭怡. 国外心理咨询与治疗中双重关系及其利弊（综述）[J]. 中国心理卫生杂志，2007（12）.

❷ 沈黎，刘斌志. 双重关系——社会工作中专业关系的伦理困境 [J]. 西南农业大学学报（社会科学版），2006（4）.

❸ 李扬，钱铭怡. 国外心理咨询与治疗中双重关系及其利弊（综述）[J]. 中国心理卫生杂志，2007（12）.

五、专业关系处理方式探讨

实务中，不同的社会工作者与案主建立关系采用的方式不尽相同，同样的方式因不同的案例导致的结果也是截然不同，我们不能笼统地说哪一种关系是绝对正确的，但规范社会工作者的职业界限是迫切而有必要的，主要从以下几点来看。

（一）注重人才培养的教育

仅学习理论是没有意义的，必须传授如何更好地做出伦理决策的技巧。伦理教育侧重预防为主，每一个社会工作者都应在执业前接受系统的伦理教育。与其等到发生伦理疏忽之后才觉醒，不如之前多接受预防教育，尤其是要面对的超越专业界限的情形，因此有必要通过研究和教育来逐步将其操作化。中国的伦理法则不同于西方社会，其伦理教育的内容也就不同于西方社会，社会工作者应具备丰富的伦理知识和成熟的伦理决策能力。

（二）完善伦理守则的制定

由于中西方社会结构和文化的差异，中国本土的伦理守则必然与西方的不同，要制定本土的伦理守则，尤其是在建立专业关系的路径方面，需要进行详细的规范并在实践中完善。西方社会工作伦理认为应该严格禁止的情形，如小礼品馈赠、熟人介绍、共餐等，在中国本土情境中，应当是可以接受的。小礼品馈赠可以实行申报制度，规定一定价值以上的应上交；熟人介绍不能一概回绝，而要分析具体情况再决定是否有必要转介；共餐应实行费用控制，可与案主分摊费用或由社会工作者垫付后报销。在考虑制定本土伦理守则的过程中，特别需要注意以下几个方面：一是注重调查研究，从实践中总结和归纳；二是以案主福利为中心，以审慎的态度进行摸索和尝试；三是注重引导和教育，及时监督社会工作者在助人实践中的失误和缺陷。[1]

（三）加强环境的制度化

我们需要通过努力来使社会工作这个职业也能够高度的制度化，让人们都清楚社会工作者能做什么，会做什么，对这个职业有信任感，那么社会工作者和案主之间的专业关系的建立就能够避免过度的情感卷入，就像警察这

个高度制度化的职业，有困难找警察是人们思维里的定式，只要求助对象是一个警察，不在乎这个警察是谁，求助人都会选择完全相信警察。

（四）重视工作的监督指导

社会工作督导能够协助社会工作者解决在工作中遇到的困难，通过专业督导，能够在社会工作者与案主的关系建立时给予指导，在社会工作者与案主的关系发展不正常时及时进行干预，及时引导和规范社会工作者的行为，有助于社会工作者与案主专业关系的建立。❶

总之，在中国人情社会的现状之下，社会工作的发展，特别是专业关系的建立，应该从多方面努力，我们应加强社会工作的教育力度，特别是社会工作伦理实践的学习，还应加大社会工作职业的宣传，从而让更多的人了解社会工作并且产生信任，同时，还应结合我国特有的传统文化观念，完善我国的社会工作伦理守则，并在实践中加强督导。只有这样，才能在中国人情社会的环境中尽量避免专业关系以及更多其他的伦理困境，也才能让社会工作在我国得到更好的发展。

参考文献

［1］董璐，崔芳芳. 人情社会浅析［J］. 法制与经济，2010（4）.

［2］余佳伲. "人情社会"中社会工作专业关系处理方式探讨［J］. 法制与社会，2013（5）.

［3］刘志红. 传统社会的人际交往特性对建立社会工作专业关系的影响［J］. 求索，2003（2）.

［4］王思斌. 中国社会的求助关系——制度与文化的视角［J］. 社会学研究，2001（4）.

［5］闫涛. 信任与双重关系：社会工作伦理本土化中的专业界限［D］. 上海：复旦大学，2010.

［6］曾群. 人情、信任与工作关系：灾后社区社会工作实务的伦理反思［J］. 社会，2009（3）.

［7］李同. 现阶段本土性社会工作之专业关系研究［J］. 社会工作，2011（10）.

［8］潘绥铭，侯荣庭，高培英. 社会工作伦理准则的本土化探讨［J］. 中州学刊，2012（1）.

［9］高培英. 社会工作专业关系的本土化探讨［D］. 北京：首都经济贸易大学，2012.

---

❶ 余佳伲. "人情社会"中社会工作专业关系处理方式探讨［J］. 法制与社会，2013（5）.

［10］沈黎，刘斌志．双重关系——社会工作中专业关系的伦理困境［J］．西南农业大学学报（社会科学版），2006（4）．

［11］李扬，钱铭怡．国外心理咨询与治疗中双重关系及其利弊（综述）［J］．中国心理卫生杂志，2007（12）．

重复受灾地区的社会工作介入

——以汶川县为例

杨 慧 赵 颖

社会工作，以利他主义为指导价值观，运用专业方法帮助弱势群体克服困难，恢复功能的专业助人活动。弱势群体，是因生理、心理或个人无法抵御的自然和社会因素而陷入生活极度困难的群体，具体来说包括失去依靠的儿童、无人赡养的老人、残障人士、因各类原因导致生存困难者。灾害社会工作是一种特殊的社会工作，它以遭受到自然或人为灾害的人群为主，帮助其脱离危险、走出困境、恢复正常生活。经历过一次灾难后，受灾群众往往面对生活"归零"的现实，灾后的恢复和重建更是一个漫长的过程，"救灾和灾后重建需要做更多工作，要站在'以人为本'的角度看得更加深远，在这方面，社会工作能以其对人类的深刻关怀及专业服务方法而发挥自己的独特作用。"❶

一、灾害社会工作主要内容

扶弱济贫、助人自助是社会工作两个基本的价值理念。扶弱济贫，是当公民出现社会功能失调、社会需求不能够满足、基本生活得不到保障的情况下，帮助其恢复功能、解决问题、满足需求；助人，是在个人、家庭、群体、社区出现困难时，社会工作者向其提供专业的支援和服务；自助，则是在助人的基础上，整合社会资源、挖掘困难人群的潜能，推动困难人群从"受助"走向"自助和自立"。社会工作因为其特有的专业优势介入到灾害救助和灾后

---

❶ 王思斌. 发挥社会工作在灾后重建中的作用 [J]. 中国党政干部论坛，2008（6）.

重建的工作中，它的基本功能在于恢复生活状态、预防贫困发生和发展社区经济文化，灾害社会工作不仅在灾害发生后给予及时的帮助，更注重在重建工作中以及恢复重建后的生活生产中给予充分的支援和引导。

社会工作开展的相关服务必须和服务对象的需求紧密相连，灾害社会工作也不例外。灾后救助按照灾后特征和受灾群众需求，分为三个阶段❶，每个阶段灾害社会工作的内容和重点都有所差异。具体来说，灾后社会工作包括心理辅导与支持、评估灾后需求、整合社会资源、搭建沟通平台、扩大政策宣传、开展就业培训、协助功能恢复、增强自助能力、培育社区文化、医疗社会工作者介入等众多工作，这些工作都嵌入在灾后救助的各个阶段中，随着灾后救助的发展阶段变化而有所不同。

（一）灾害应急期社会工作

在灾难发生后的 72 小时内，是灾害的应急期，也是生命救援的黄金时期，在这一时期，生命救援和伤亡处理是首要任务。社会工作者主要以协助者的身份介入应急期的救援工作。灾害的突然发生，容易导致受灾群众产生无所适从的心理感受，为了防止伤害范围的进一步扩大，社会工作者一方面协助专业救灾人员进行生命救助、协助医务人员开展医疗救治，另一方面组织志愿者协助有关部门及时转移安置群众，分发帐篷、食物、水等基本生活物品，维持救灾现场和群众安置的秩序。应急期各项工作通常在灾害发生前或发生后立即执行，往往面临时间紧张、人员情绪激动、事先无准备等情况，社会工作除了完成基本的转移安置工作以外，更要注意到群众因遭受灾难惊吓、亲人突然离世、财产瞬间殆尽等原因造成的情绪波动，对于出现情绪危机的人员及时介入，安抚人员情绪，稳定受灾群众心理，降低群体焦虑。

（二）灾害过渡期社会工作

灾后三个月内，是灾害过渡期。政府在这一时期发挥了主导作用，提供和维持受灾群众的基本生活。这一时期受灾群众的生活趋于稳定，于是各类心理问题和适应性逐步显现出来。灾害实际上就是一次重大的创伤性事件，这样的事件所带来的心理创伤是难以统一评估的。在灾害的应急期对受灾群众的情绪实施了紧急的干预，而在过渡时期，受灾群众所表现出的心理问题

---

❶ 孙树仁. 灾害社会工作培训教程 [M]. 北京：中国社会出版社. 2011：73 – 102.

更加复杂、更加系统化、个体差异也更加明显，这时社会工作的介入首要重心就转移到了受灾群众心理辅导方面。一般来说，灾后心理辅导主要集中在情绪疏导、哀伤辅导几个方面，主要形式有个别辅导、家庭治疗、小组活动。对于灾难幸存人员，社会工作者需要及时干预，恢复培养他们的安全感，疏导幸存人员的激动情绪，并采用联想、转移注意力等技术缓解幸存人员压力；另外，参与救援的志愿者、其他专业人员的情绪和心理创伤，也是社会工作不可忽视的角度❶。适应性问题主要包括受灾群众对安置环境的适应程度，对于受灾群众来说，灾害不仅导致了人员和财产的损失，更导致了他们原来的生活环境、社会关系和社会网络发生变化，社会工作者此时以协调者的身份介入，引导和帮助受灾人员顺利适应新的安置环境，建立良好的临时邻里关系。过渡时期的第二个重要的任务，就是需求评估，灾害社会工作的评估包括受灾情况评估、需求评估和社会资源评估。受灾情况评估主要包括受灾的形式、范围、程度、人员伤亡情况等，社会工作者以协助为主。需求评估分为紧急需求评估和长期发展评估，紧急需求评估是在灾难发生后短时期内，对于受灾安置的群众维持基本生活的物资情况评估，对于受灾群众就医、求学等特殊需求的评估，或者对于困难、伤残等特殊群众需求进行评估，评估过程直观、简单，评估结果需要同有关部门沟通交流，必要时社会工作者还要充当资源筹措者的角色，为过渡时期的受灾群众争取必要的资源和条件以满足过渡时期的基本生活需要；长期发展评估则是在重建工作开始之前，对当地环境承载能力、经济发展支柱、重建产业依托、社区文化发展核心的评估，提出合理的重建规划方案，它关系到灾后重建的地点、形式和方向。

（三）灾害重建期社会工作

灾后三年内，是灾害的重建期。灾害发生前，受灾群众生活在稳定的社会结构和固定的社会网络中。社会结构是占有一定资源、机会的社会成员的组成方式和关系格局，例如城乡结构、人口结构、家庭结构等，结构的形式和个人所处结构的地位影响着社会成员的生活模式和行为方式；社会网络，即社会个体成员互动而形成的相对稳定关系体系，社会成员从他的社会网络

---

❶ ［美］Barbara Gilin. 灾害社会工作干预研究［J］. 重庆工商大学学报（社会科学版）. 2012 (3).

中获得情感支持、消费支持、资源支持等。因此，灾后重建不仅是房屋建筑、经济文化的重建，更重要的是要在社会关系恢复的基础上，重建因为灾难受到破坏的社会结构和社会网络。社会功能的恢复，需要个人、家庭、社区三方面的共同努力。个人功能的恢复，主要包括生计安排和心理调适，生计安排恢复个人生活经济来源渠道，恢复个人社会角色；心理调适旨在接受灾害伤亡事实、适应新的环境、建立新的社会关系网络。家庭的重建重点在于因家庭成员伤亡，家庭结构改变而导致的家庭关系、权利结构的改变，社会工作者尤其针对特殊家庭和功能残缺家庭提供社会工作服务，评估其现实需要，促使家庭功能恢复正常。社区的恢复主要需要恢复社区秩序、社区管理系统和社区文化，依托社会工作地区发展的模式，充分调动社区居民的参与、互助合作，在政府和民间组织的配合支持下，通过居民自治和自决，重新建立社区规范和管理制度，在居民充分参与和沟通的前提下，解决重建问题和社区矛盾，在社区恢复过程中发展个人能力，培养社区归属感，重建社区文化。另外，社会工作是社会福利转化为具体服务的过程，灾害救助中，政府出台一系列针对保障受灾群众顺利过渡和恢复重建的政策措施，社会工作者既可以作为实施者，协助发放政府各项补助，对有特殊需求的家庭或人群提供服务；还可以作为倡导者，宣传政府重建政策，提供政策咨询，甚至作为有关部门和群众沟通的桥梁，及时反映问题、传达政策；还可以作为资源筹措者，通过申请有关部门的协助或发动社会力量，例如募捐或招商，获取更多的资源，帮助解决重建过程中因为分配不均、资金缺乏、技术空白等问题造成的重建阻力；同时，社会工作者在灾后救助的每个阶段都提供心理辅导的服务，灾害重建阶段的心理辅导更多倾向于心理发展和能力提升。

对比我国和其他国家现行的灾害社会工作内容，不难发现，我国灾害社会工作还需要完善和发展。以日本为例，日本灾害社会工作的重点不在于灾难发生后的救助，而在于对灾难发生前的预警。日本的城市规划包含了完善的防灾减灾措施，具有世界领先的灾害预报技术，尤其日本国民从小培养灾害防范意识和灾害自救技术，❶ 而这点正是我国灾害工作忽略的环节。另外，我国的灾后恢复需要以一定的时间年限为基础，重建效率不高。在角色分工

❶ 李娟. 日本的防灾抗灾机制与灾害救助中的社会工作 [J]. 社会工作. 2010 (19).

上，社会工作在不同阶段承担的小规模、分散性、灵活式的角色，填充了政府单一角色导致的工作空白，成为救灾工作中有力的补充力量和协调力量，但由于我国的社会工作还没有形成自己的专业救援机制，尚不能作为一个整体性的专业力量去协调沟通，因此在灾后救助过程中，社工更要注重自身的建设，积极发挥自己的角色，尤其是资源联系者的角色❶。

二、灾害社会工作的介入特点

灾害社会工作不同于其他社会工作的地方，第一在于它实施条件的特殊性，是在灾难发生后组织实施的；第二在于它服务对象具有高度的地域一致性、文化一致性和困境原因一致性。灾害社会工作的特殊内容致使社会工作者在工作介入和实施上，有着特殊的方式方法。

灾害社会工作，是社会工作专业价值观、助人理念的集中体现。专业机构在提供服务时，通常非常强调需求评估，根据服务对象的实际需求开展社会工作服务；另外，社会工作者也作为灾害评估的协助者，对灾难导致的后果、受灾人群的基本需要等提出客观的评价和建议，甚至作为资源筹措者，帮助需求未被满足的受灾群众争取基本的生活资源。这些专业的社会工作充分体现了"以人为本""以服务对象为中心"的社会工作专业价值观。同时，"助人自助"的理念也充分体现在灾害社会工作之中，比如一些以机构推动的生计发展小组现已逐步发展为互助组，由组员自己协商和管理，而社工的角色也发生了转变，逐渐淡出。

纵观各国社会工作者介入灾害救助的途径，主要有专业机构进驻、志愿者服务两种，我国以政府支持下的专业机构进驻为主。灾害救助工作的复杂性不仅需要政府在灾害救助中起主导作用，同时也需要专业社工机构、志愿者队伍等社会力量的参与协助。据不完全统计，自汶川地震发生以来，先后有300多个机构5000多名社工参与了社会工作专业服务。❷ 不同的机构有不同的服务对象，例如儿童、青少年、妇女、残疾人、老年人以及普通受灾群

---

❶ 周利敏. 化危机为转机——灾害救助中社工组织的角色实践及行为策略［J］. 防灾科技学院学报. 2008（4）.

❷ 戴均良：《在2011民政标准化工作视频会议上的讲话》，原文载于 http：//rjs. mca. gov. cn/article/tzgg/201107/20110700166357. shtml.

众和基层干部等各类人群；从介入领域看，主要体现在医务社会工作、家庭
社会工作、学校社会工作、社区社会工作和社会救助社会工作等领域；从服
务内容看，涵盖了经济性项目、康复性项目、社会心理性项目、社区整合项
目等类别❶。工作实施主体的多元化、服务对象的多元化确保了在灾害救助中
每一类人群都可以得到服务和保障。

　　与其他各国大力借助民间组织力量参与救灾工作相比，在我国，无论防
灾设施的修建还是灾后的救助，均为政府主导，这也是由我国政治体制所决
定的。政府主导的灾害社会工作，是将灾害的防御和救助纳入政府工作范围
内，由政府出资金委托机构组织提供服务，这种政府直接购买社会工作服务
的发展模式也称之为"嵌入式发展"。例如汶川地震后，广东省援建工作组将
社会工作服务纳入援建项目，在对口支援的汶川县投入 460 余万元专款，用
于购买服务。政府主导的社会工作，因为由政府推行，实施阻力小，且有充
分的资金保障，人员充足、设施齐全，服务效果明显，切实解决了灾后重建
的部分问题。但同时也因为其政府推行，在服务的效率和效益层面有所欠缺。
2008 年的地震，是我国灾害社会工作成熟化、系统化的标志。经过近年来的
发展，我国的灾害社会工作已经渐渐摸索出了一套适合我国国情的灾害社会
工作完整的介入模式和体系。与国外成熟的灾害救助体系相比，我国的灾害
救助体系尚缺乏一套完备的法律制度和规范来管理灾害救助工作，也缺乏一
套标准来规范和评估专业机构在灾害救助中的行为和效果。

　　然而，需要特别指出的是，无论国内外，几乎所有关于灾害社会工作的
实务和理论研究，都是针对重灾区、一次性的、单一灾害而言的，换言之，
灾害社会工作都将服务范围锁定在遭受灾害较为严重的地区，很少涉及轻受
灾地区；工作者在开实施工作、研究者在研究灾害社会工作时，存在一种共
同的假定，即某一地区只发生一次灾害或一种灾害，不会连续发生多次、多
种灾害。在这种前提假设下，社会工作才将灾害社会工作分成应急、过渡、
恢复重建三个阶段，设定三年或者更长时间来进行灾后的恢复重建。显然，
灾害恢复的前提是足够的时间，若在灾害恢复重建过程中再一次受到灾害袭

---

　　❶ 谭祖雪，周炎炎，邓拥军. 我国灾害社会工作的发展现状、问题及对策研究 ［J］. 重庆工商
大学学报（社会科学版），2011（6）.

击，其第一次受灾的恢复工作不但难以完成，还会产生新的问题，增加恢复重建的难度和工作量。

三、重复受灾地区的社会工作介入

重复受灾，即同一地区在短时间内（距上一次受灾 3 年以内）重复发生相同或不同种类的自然或人为灾害。重复受灾之所以特殊，是因为某一地区由于上一次灾难还未完全恢复，群众的生活和经济收入还没有达到可以承受灾难的水平，灾害又再一次发生了。灾害的重复发生不仅影响灾后重建，更在受灾群众应对灾害的心理上产生负面的影响。重复受灾地区的社会工作介入也因其介入背景的特殊性和介入内容的挑战性使介入方法必须结合微观技术和宏观导向，在原有的社会工作方法上有所突破和创新。

（一）介入背景的特殊性

灾害，尤其是地震灾害发生之后，地质结构发生了巨大变化，其次生灾害频繁发生。以汶川为例，2008 年的地震时，全县人口约 11 万，地震造成汶川县全境 13 个乡镇遭受重大损失，转移安置群众 81604 人，汶川与外界联系的唯一通道国道 213 线中断数月，庆幸的是灾后重建工作在全国各界有力支援中顺利开展，广东对口援建预计投资 82 亿元，其中投资 4.1 亿元修建 1341公里道路，直到 2008 年年底，公路动工建设 90 公里，60 户工业企业基本恢复生产经营，农牧业完成粮食复播 4.96 万亩，复垦整理土地 9.18 万亩，补栏牲畜 30000 头（只），改扩建圈舍 50000 平方米。治理地质灾害隐患 87处❶。但是，从 2008 年起，地震的次生灾害便不断发生。2009 年，山体再次滑坡，导致 213 线桥梁坍塌，造成 6 死 12 伤的悲剧，2009 年又增加治理灾害隐患 127 处❷。2010 年，泥石流导致河道改道，全县 11 个乡镇累计 84 个村34109 人次不同程度受灾，因灾生活困难 679 户 2933 人，河水冲进了刚刚正式完工的映秀镇，灾后重建安置房被淹，泥石流同时冲毁了当时正在施工的都汶高速路❸。2011 年，泥石流袭击了汶川 9 个乡镇，没有造成重大的人员伤亡，但地质隐患点数量再一次增多，乡村公路受到不同程度的损坏。2012

---

❶ 以上数据来源于 2008 年汶川县政府工作报告。
❷ 以上数据来源于 2009 年 7 月 19 日汶川县报送阿坝州第 140 号文件。
❸ 以上数据来源于 2010 年汶川县防汛工作抗洪抢险会议纪要。

年，汶川境内塌方和泥石流，导致公路交通阻断 93 次❶。2013 年泥石流袭击了汶川 11 个乡镇，导致国道 213 线、317 线和都汶高速公路中断，汶川县 90% 以上的人和村寨受灾，死亡 14 人，失踪 15 人；国道断道 19 处，农村道路损毁 216 公里，房屋损毁 6938 户，损毁耕地 11800 亩，农作物 8787 亩受灾；44 户大中型企业严重受灾，因灾直接经济损失 38 余亿元❷。地震发生 5 年时间，汶川连续 5 次遭受山洪泥石流袭击，交通连年中断。

灾难的破坏性是强大的，这不仅表现在灾难对于自然环境和建筑的破坏，还表现在对人的心理以及社会环境的破坏，面对频繁的、重复发生的灾害，受灾地区的社会氛围和群众心理开始悄然地发生变化。自然环境方面，灾害导致植被、土壤等环境改变，其恢复需要漫长的时间，尤其植被的破坏，导致土壤的固质结构改变，土壤松散，当发生大雨、台风等恶劣气候时，更容易发生山洪、泥石流等灾害。社会环境方面，灾害的频繁发生致使人们需要另外寻求安全的居住地，尤其对于农村而言，一旦丧失了安全的宅基地和稳定的耕地，农民可能无法维持基本的生活。脆弱的生态环境也随时威胁着城市的商业、工业和旅游业等经济支柱产业。个人心理层面，频繁的灾害致使群众基本的安全需要得不到满足。马斯洛认为，安全需求是人类的低层次需求，如果安全需求得不到满足，将影响到人归属感、工作等高级需求的满足，社会质量下降。综合来看，重复受灾地区社会工作的介入与一次受灾地区的介入相比，难点和特殊性主要表现在以下几个方面。

1. 居民再重建能力低

抗风险能力，是人类为了保护基本需要而具备的在条件恶化的情况下仍旧可以维持正常生活的基本素质，它既包括精神强度，也包括物质储备。但它不是一直都保持在可抗状态，而是有一定的弹性和周期，即当一次风险来临后，人类发挥抗风险能力渡过困难，之后需要一定的恢复时期，若其恢复受阻或在其此恢复期间再次遭受风险，抗风险能力将降低甚至丧失抵御的能力。灾后重建能力也是如此。以汶川为例，当 2008 年地震袭来之后，居民在有关部门领导下有序地开展自救互救，更有来自全国各地的支援和支持。城

---

❶ 以上数据来源于 2012 年汶川县 "8.18 罗圈弯塌方情况汇报" 稿件。

❷ 以上数据来源于 2013 年 7 月 14 日汶川县应急快报。

市格局重新规划，公共设施和安置房迅速动工；农村大部分人翻盖了新房，并在政府优惠政策下承包土地，经营苹果、花椒等经济作物，另外有农民从事牲畜养殖，也有农民投资开发地震遗址的旅游项目。总体来说，2008年的地震虽然对汶川地区造成毁灭性的破坏，但因为支援力度强大、重建信心十足，反而给汶川地区带来一次前所未有发展的机会。不幸的是，从2009年重建工作还未正式结束开始，次生灾害就频繁地发生，山洪和泥石流导致农房被埋、农田被淹、交通中断。次生灾害的发生使原本对生活充满希望的人们感受到了大自然的残酷，房屋受损、农作物减产、家禽因交通中断滞销、旅游因交通不畅难以维系等，导致重建后人们的收入水平远远低于期望值。地震的重建耗费了当地居民尤其是农民的大部分积蓄，重建后经济尚未完全恢复，居民还未从重建中获益，灾害又再一次发生了。重复而来的灾害使他们的生活趋于贫困、捉襟见肘甚至负债累累，削弱了他们恢复重建的能力。

2. 群众重建信心不足

古语言：一而再，再而衰，三而竭。信心与心理创伤有着直接关联。心理创伤是个体的独特体验，在这种独特的体验中，如果个人的综合能力不足以处理创伤所带来的问题时，个人便会出现放弃、自卑等逃避性行为来保护心理不受创伤。创伤的程度越严重，其负面效应越大。Giller认为，当创伤涉及"人为造成的""反复的""无法预料的""儿时经历的"等因素时，这些类型的创伤对人的心理伤害是不可小觑的。[1]第一次遭受灾难时，群众对抗灾难的经验欠缺，但对抗灾难的勇气和恢复生活的信心是十足的。在2013年汶川地区突然爆发第五次大面积严重的泥石流灾害时，受灾群众坚强的心被击垮，在转移安置过程中出现情绪失控、不配合、消极救灾等负面情绪，重建的信心受到沉重打击。

3. 对政府的依赖性极强

政府在重建过程中的主导地位，没有能调动群众重建的积极性，反而致使政府功能的失效，阻碍重建工作的进行。以汶川地区为例，2008年的地震牵动了全中国的心，捐款、物资从四面八方汇集到汶川，受灾群众获得了充

---

[1] ［美］Barbara Gilin. 灾害社会工作干预研究［J］. 重庆工商大学学报（社会科学版）. 2012 (3).

分的物质保障。政府制定了相应的补助政策，每人每天补助一斤粮食和 10 元钱，持续六个月；房屋倒塌、损毁等按程度和面积补助 3000～25000 元不等；学校、医院、安置房等公共设施由广东省政府对口援建。群众在这次灾后重建中获得了来自政府和社会方方面面的帮助和扶持，有了这样的经验，当灾害又一次发生时，群众坚信政府和社会依旧会给予同样的支持和帮助，甚至有人认为每一次的灾难政府都会是他们强有力的资金来源，足够让他们恢复重建，因此在次生灾害重复发生后，政府执行了应有的安置过度工作，群众却没有履行政府号召投入抗灾救灾的工作中，而是在政府安排的过度点里等着政府的求助。当地有人总结群众的想法是"等、靠、要"，即等着政府安排、靠政府救助、要政府补贴。灾害社会工作原本应该以地区发展为核心，利用当地的优势和文化，调动受灾群众发挥功能，实现自我救助和自我发展，但在多次受到灾难侵袭后，因为重建信心的丧失，也因为曾经接受过外界巨大帮助的经验，形成了如今受灾群众对政府极强的依赖心理。

4. 社会问题集中爆发

灾害发生后，由于人们的生活重心转移到基本的生存层面，社区原有的社会秩序被打乱，社会关系网络结构暂时解除，这时社区的社会控制力减弱，可能会出现失范行为。第一次遭受灾难时，群众的心理受到震撼，感觉到生命可贵，因此对于过往的问题、矛盾等通常会由此化解，这是灾难带给人们的成长。然而，重复受到灾害的地区，灾害对于人们心理的冲击逐渐减小，灾害发生后，以往社会中积存的矛盾冲突有可能不但没有被化解，反而更加激化❶。以汶川为例，在地震的灾后重建中，每个家庭受到政府的补助因为受灾情况评估结果有所不同，不可避免的是，对于评估结果总会存在或多或少的疑问和不满；另外，由于贫困、机构项目特定服务对象等特殊原因，在重建过程中有部分家庭受到了特殊的照顾，对于这些照顾也有人持怀疑态度。政府与群众的关系，也是矛盾爆发的缺口。在汶川 2013 年泥石流爆发前，群众向政府反映七盘沟（2013 年 7 月 10 日泥石流重灾区）里出现多处地质隐患，要求上级政府拨款治理。泥石流灾害发生后，群众一致指责政府没有采纳群众意见导致灾难发生，一度出现群众围堵政府大楼的群体性事件；而据

❶ 陶鹏，童星. 分布与消减：灾害的群体脆弱性探析 [J]. 苏州大学学报. 2012 (4).

上级政府报告，政府每年划拨转款用于地质隐患的维修，包括七盘沟在内。另外，邻里的矛盾、群众与政府的其他矛盾，在灾害发生后，也更容易被激化。

因此，重复受灾地区社会工作介入的背景不是单纯的灾害救助，而是牵涉到自然、环境、社会、个人综合失调的特殊情形。

（二）介入内容的挑战性

灾害社会工作的内容，在实施过程中主要涉及心理辅导、需求评估、资源筹措和重建协助，重复受灾地区的社会工作介入，同样涵盖以上内容。由于介入背景的特殊性，重复受灾地区的社会工作介入还需要增加以下内容。

1. 信心的重建是首要任务

心理创伤是导致信心下降的主要因素。重复发生的灾害导致受灾群众"创伤负荷"达到极限，使个体感受到压力，当压力导致个人功能瓦解而无法应对外界挑战时，便会陷入危机状态；个人也会因为受他人或群体危机的影响而陷入危机状态。重复受到灾难侵袭的群众，危机状态长期普遍存在，个人的压力感和无助感难以消除，信心重建困难。但无论是争取社会力量的支援，还是发展当地优势重建地区文化，无论是群众个人功能的恢复生计的安排，还是社会功能的恢复保障的实施，都要以受灾者自身为依托，一旦信心难以恢复，所有的工作将无法开展。信心的重建，是重复受灾地区社会工作介入的首要任务。

2. 改变思想才能改变行为

人的行为受到个人观念影响，不合逻辑的思考和不合理的观念导致人产生情绪障碍和心理问题，从而表现出异常行为。在重复地区的灾害社会工作，受灾群众根据以往经验，已经形成了例如"会哭的孩子有奶吃""政府不敢让我冻死饿死""重建什么，反正还得遭灾""修路把神兽惊动了，要发大水报复"等思想，正是这些思想导致群众在面临重复发生的灾害时情绪更加激动，态度更加消极。群众对于受灾后生活"归零"的现实存在恐惧心理，这种恐惧并不是来源于对白手起家的害怕，而是源于对社会资源分配不平等的恐惧。社会资源占有和分配的不平等导致群众在"天灾"和"人祸"的双重压力下，灾后地方政府治理危机加重了紧张的社区政治氛围，从而加剧了个人心理压力和恐惧感。❶ 可见，推动思想的革新，既是改变受灾群众不合理的观念和消极的思想，更是要从社会制度的角度，消除社会资源分配的不公平，减少群众的"恐惧"思想，从而促使社会走向公平、正义、透明的道路，推动社会变革。

3. 物质救助为主

不少学者在研究中提出，我国的灾后救助以实务救助为主，轻视心理救助，因为人们在经历重大灾难后，各种心理障碍的发生率平均会增加。❷ 在普通灾害救助过程中，的确应该将精神救助与物质救助并重，恢复重建的同时避免心理障碍的发生。但是对于重复受灾地区，精神救助转向危机感的减轻和信心的建立，而导致其危机感和信心丧失的原因，归根结底是实施重建物质能力的降低。对于频繁发生灾害、抗风险能力尚未恢复的群众来说，物质救助和物资保障更为重要，这也正如马斯洛所说的，首先满足生理、安全等低层次需求才能追求精神需要。

4. 维持社会公平

如果灾害救助中爆发社会问题，社会工作者需要做的就是维持社会公平。社会公平分为过程公平和结果公平，例如每家每户按统一规定领取政府补助，这就是过程公平；按受灾情况、实际条件等分层次领取补助，或者对于困难、残障家庭给予额外帮助，使其能够恢复到同其他家庭一样的生活状态，就是结果公平。是维持过程公平还是结果公平，需要社会工作者针对具体的情况进行评估，选择恰当的调节方式。

5. 救灾秩序维护

经历过多次灾难后，受灾群众对于灾难从最初的害怕、逃避变成麻木甚至利用灾难。以汶川为例，2008年地震发生后，群众听从安排到广场等开阔地带避险，自觉远离楼房等危险设施。当2013年灾难再次发生时，部分群众对避险安排置若罔闻，有人趁机潜入他人房间实施盗窃，有人不顾统一安排擅自搭建帐篷独自避险；在经济秩序方面，抢购随处可见，还有人利用灾情提高商品价格，社会秩序一度陷入混乱。以往的灾难经验引发了救灾秩序的

---

❶ 张和清. 灾难的社会根源与灾害社会工作 [J]. 开放时代. 2011 (11).

❷ 曲绍旭，周沛论. 灾害救助中的社会救助网络构建与社会工作介入 [J]. 社会工作. 2010 (6).

混乱，维持救灾秩序，尤其是社会秩序，是重复受灾地区社会工作的一项特殊任务。

（三）介入方法的创新性

以人为本、助人自助、公平正义是社会工作的终极理念。对于重复受灾地区的社会工作介入，要从系统的视角，运用社会工作微观、中观的专业技术，结合宏观规划形成方法体系，为下一次灾害做好心理防御和准备。

1. 微、中观方法运用

微观层面的社会工作专业技术，在灾害社会工作中用于解决因恐惧、紧张、焦虑等带来的心理障碍和行为异常，常用的包括心理辅导、行为治疗和结构家庭治疗。中观层面的社会工作介入，以互助小组的建立和社区重建为代表。

个案模式的治疗方法贯穿了灾后救助的整个过程，针对不同的对象可能面临的不同心理障碍开展不同内容和形式的心理辅导，采用的治疗模式也不尽相同。理性情绪治疗和行为治疗，是两种最常用的治疗模式。理性情绪治疗以认知行为理论为基础，通过驳斥不合逻辑的思考和非理性的信念，改变负向情绪、非正常的认知和异常行为。理性情绪治疗分为四个步骤，第一，向当事人说明其问题是由非理性观念所致；第二，讨论、找出当事人持有的非理性信念；第三，驳斥非理性信念，修正错误思维方式，灌输理性信念，倡导合理思考；第四，巩固干预效果。行为治疗模式运用于治疗异常的外显行为，他认为行为模式由经验决定，尤其是操作性行为，其经验来源于环境和教育，不恰当的行为可以通过学习、模仿、强化等手段改变。在灾害社会工作中，服务对象可能因为灾难产生焦虑，从而产生极度恐惧、攻击甚至生理反应，可以采用系统脱敏法从弱到强的适应和消除引起不良反应的因素，建立习惯于接触有害刺激而不再敏感的正常行为；也可以采用松弛训练法，由身体的放松到整个身心的放松，以对抗由于心理应激而产生的紧张感。

家庭治疗可以用于因为灾害导致成员变动、功能缺失而出现问题的家庭。受到帕森斯结构功能主义的影响，结构家庭治疗模式认为，个人的问题根本上是由于家庭导致的，工作的重点在于改变家庭的交流模式、权利结构、角色方式等。结构家庭治疗在灾害社会工作中的运用非常普遍。灾害可能导致家庭成员的伤亡，原有的家庭结构势必受到影响，例如，原是家庭经济支柱的男人伤亡，家庭角色模式变动；或者原是家中的长者去世，家庭权利结构变化；再或者灾害后家庭功能变化、家庭交流方式变化等。无论家庭结构出现哪一种变化，其变化后的病态结构都有可能引发成员问题。结构家庭治疗，就是在评估家庭问题产生原因的基础上，打破现有的病态平衡、打破原有家庭结构，重新分配权利、讨论角色、设定界限、树立适当的家庭观念。结构家庭治疗将个人问题放在所处的家庭中，既解决了个人的适应性问题，又修正了家庭这个社会基本细胞的功能和结构。

互助小组的建立通常根据受灾地区的实际需要为基础，建立心理支持小组、生产合作社等。心理支持小组由有共同心理特征的人群组成，相互诉说感受、分享经验、提供支持，例如，单亲母亲小组、空巢老人互助小组；生产合作社以维持生计为主要目的，例如，汶川映秀的"母亲羌绣小组"。社区重建包括社区救助、社区秩序恢复和社区文化培育。社区救助主要针对社区中孤老、孤儿、残疾人等特殊群体，或者社区居民的其他特殊要求而开展的社区服务，主要依靠社区内居民互助的力量；社区秩序恢复包括社区居民关系恢复、社区问题决策结构恢复、社区互动形式恢复，例如，社区领导力量的组建、社区集体文娱活动的开展；社区文化培育是个长期的过程，群众共同认可的文化也是灾后社会工作的切入点，社会工作者可以参与到文化评估、社区文化发掘和培育计划制定中，例如，汶川地震后对藏羌文化、大禹文化的发掘，还有生态旅游、农家旅游等项目的开发。

2. 宏观层面的策略

（1）推动公开透明的资源分配机制。

前文提到，受灾群众的"恐惧"心理并不是源于灾难和生活"归零"的恐惧，归根结底，是源于对社会资源掌握和分配不均导致的社会不平等和重建困难的恐惧。这样的恐惧心理还有可能加重信心重建的难度和心理辅导的难度。"巧妇难为无米之炊"，只有当受灾群众拥有一定的资源才有可能开展重建，恢复生活。而社会资源的分配机制，就成为影响群众"有米""无米"、有多少"米"的关键所在。公开透明的资源分配机制，也将降低社会矛盾爆发的概率。

（2）以群众为主导，政府做"守夜人"。

无论政府还是社会工作者，在灾难应急期和过渡期，都发挥着绝对的主导作用。社会工作者在灾难初期，扮演资源筹措者的角色，将有限的资源集中到最需要的人群手中。随着重建工作的展开，继续实行政府主导的模式会加强群众对政府的依赖性，削弱群众自身力量，同时也加重政府自身的无助感，这就要求政府转变角色，以受灾群众为核心，开展重建工作。增强权能，是社会工作协助服务对象"自助"的核心理念之一，即促进感到无力的个人挖掘自身潜能，认识到无力感的来源，在与他人积极互动的过程中，获得更大的对生活的掌控能力和自信心，使其具备争取环境资源和机会的能力。增能的概念，在近年灾害社会工作的重建发展中，运用颇多。以汶川为例，广州社会工作机构在汶川映秀协助建立的"母亲羌绣小组"，社工从组织者到协助者到旁观者，"母亲羌绣小组"从妇女刺绣的优势到集体的经营到规模的运作，社会工作者充分发挥了妇女的潜能，同时发挥了少数民族文化的优势，为受灾妇女开辟了一条生计之路。"守夜人政府"，如同亚当·斯密所阐述的那样，政府在重建过程中褪祛主导者的角色，而是在重建过程中充当保护、保障的角色。只有这样，才会降低群众对政府的依赖，减轻社会工作的困境，增进群众自身能力的发展。

（3）预防重于救助。

灾前预防是灾害社会工作另一个重点。美国社工通过社区教育加强居民的防灾意识，降低灾害风险；在德国，内政部与红十字会、生命救助会等志愿机构建立了救灾办公室，其注册的 120 万名普通志愿者和 7.6 万名医生等专业技术人员随时待命。❶ 在日本，人们不断提高住宅的抗震性能，例如，将家庭中家具固定在墙上以防地震时砸到人。此外，家庭中常备有紧急避难用品包，包括水、食物、药品、手电筒等。日本有近 60% 的家庭加入居民自主防灾组织，这些自主防灾组织平时开展防灾训练、防灾知识普及、防灾巡逻等活动，发生灾害时进行初期消防、引导居民进行避难、救助伤员、收集和传递信息、分发食物和饮用水等活动等。❷ 我国建立预防体制，需要完善监测技术，设计各类防灾救灾预案和演练，合理配置救灾物资；建立灾害研究机构，培养灾害管理与服务人才，建立专业救援组织，建立防灾救灾保障制度，

---

❶ 刘玉华. 德国灾害救助及社会工作介入［J］. 社会工作（上半月）. 2010（11）.
❷ 李娟. 日本的防灾抗灾机制与灾害救助中的社会工作［J］. 社会工作. 2010（19）.

提供足够的资金支持；经常性地开展防灾救灾知识普及，传授防灾减灾措施，提升民众应对灾害的能力；健全和完善有关防灾救灾法律、条例。❶

（4）发展扁平化专业组织。

参照国外的灾害救助体系，大多由专业的灾害救助机构完成，这些机构采用扁平化的组织，提高救助效率，节约决策时间，降低管理费用，简化汇报步骤，在灾害发生时，可以最大限度、最高效率地完成救援工作和其他服务。例如，在美国的应对灾害的过程中，社工成为受灾社区的组织者，通过组织灾民互助，实现社区自救；在灾后，社工直接链接资源，支持社区实现灾后的社区重建。如 1993 年美国密苏里河大水灾，圣路易的社工联合心理咨询师、精神科医师、护理师等发展出的小区教育、支持与训练资源方案。❷ 当然，扁平化组织、民间机构的发展需要足够的公共领域空间，正如哈贝马斯所认为的那样，只有广阔地脱离政治权利之外的公共领域的存在，才有可能提供更多理性选择的可能，也才有更多的公民的权益得到满足。

灾害，给生态环境和人类社会造成破坏性的影响。如今，科学技术日益发达，经济财富突飞猛增，灾害也开始在更大的范围、重复爆发。稳定、和谐的生活环境是人类所共盼的，"与自然和谐共处"不应该只是愿景。对于重复受灾地区的社会工作介入，因其介入背景特殊，除了灾害社会工作的一般性内容，还需要在居民信心建立、资源筹措、社会秩序维护等方面开展服务。灾害带给人类社会的，除了严重的经济损失，更多的是对人类社会机制、技术水平、协作能力乃至道德的考验。我们要做的，不仅是预防技术的更新、防灾减灾能力的提高、灾后救助的完善，更重要的是要做到真正的与环境和平共处。

参考文献

[1] 孙树仁. 灾害社会工作培训教程 [M]. 北京：中国社会出版社，2011.

[2] 民政部社会工作司 编著. 灾害社会工作研究 [M]. 北京：中国社会出版社，2011.

[3] 民政部社会工作司 编著. 灾害社会工作理论与实务 [M]. 北京：中国社会出版社，2012.

---

❶ 周昌祥. 灾害危机管理中的社会工作研究 [J]. 社会工作. 2011 (4).
❷ 徐雯. 美国灾害应对及社会工作介入 [J]. 社会工作. 2010 (23).

［4］张和清，等．灾害社会工作［M］．北京：社会科学文献出版社，2011．

［5］王思斌．发挥社会工作在灾后重建中的作用［J］．中国党政干部论坛，2008（6）．

［6］［美］BarbaraGilin．灾害社会工作干预研究［J］．重庆工商大学学报（社会科学版），2012（3）．

［7］李娟．日本的防灾抗灾机制与灾害救助中的社会工作［J］．社会工作，2010（19）．

［8］周利敏．化危机为转机——灾害救助中社工组织的角色实践及行为策略［J］．防灾科技学院学报，2008（4）．

［9］谭祖雪，周炎炎，邓拥军．我国灾害社会工作的发展现状、问题及对策研究［J］．重庆工商大学学报（社会科学版），2011（6）．

［10］陶鹏，童星．分布与消减：灾害的群体脆弱性探析［J］．苏州大学学报，2012（4）．

［11］张和清．灾难的社会根源与灾害社会工作［J］．开放时代，2011（11）．

［12］曲绍旭，周沛论．灾害救助中的社会救助网络构建与社会工作介入［J］．社会工作，2010（6）．

［13］刘玉华．德国灾害救助及社会工作介入［J］．社会工作（上半月），2010（11）．

［14］周昌祥．灾害危机管理中的社会工作研究［J］．社会工作，2011（4）．

［15］徐雯．美国灾害应对及社会工作介入［J］．社会工作，2010（23）．

［16］杨晖．社会工作在灾害管理的四个环节［J］．社会工作（实务版），2010（8）．

［17］柳拯．社会工作介入灾害救援和灾后重建思考［J］．中国社会工作，2010（16）．

对社会工作伦理中"案主自决"原则的阐述

杨 慧 苏 腾

（中央民族大学民族学与社会学学院 北京 100081）

"案主自决"一直是被高度强调的社会工作专业价值观和伦理守则，美国社会工作协会将"案主自决"列为社会工作伦理最基本的守则之一，认为它是社会工作实践中一项核心的伦理价值。

一、"案主自决"的含义及理论基础

（一）含义

"案主自决"是指在社会工作实践中，案主有权利自由选择，社会工作者有义务尊重案主的权利与选择，不能将社会工作者的意志强加于案主，要避免过度影响案主。自决不仅指意志上的自决，更体现在行动上，在实际生活中真正有权力做决定，不受他人限制、干涉或命令。"案主自决"就是社会工作者在尊重案主的价值和尊严以及确信案主具有能够改变的能力的前提下，提供给案主认识自身潜能的机会，帮助案主分析当下情境，鼓励案主自我决定的工作伦理原则。

"案主自决"是一个解释和交流的过程。在这个过程中，社会工作者为案主提供多种选择，为案主自我决定及自我发展提供外部条件，没有多种选择的提供，案主就没有选择的自由；社会工作者协助案主分析问题并权衡利弊，使案主充分了解自己的能力及可利用的社会资源，发掘主观能动性，做出正确的决定；在案主做出决定后，社会工作者要尊重其决定。"案主自决"体现了社会工作者对案主的尊重，尊重案主首先要接纳案主，接纳案主意味着承认案主,特别是社会工作者要承认案主作为一个人的价值,承认案主有发展的潜能和改变现状的能力,并通过这种潜能和能力的开发,促使案主形成自我发展的能力。"案主自决"同时意味着案主才是主要的问题解决者,社会工作者不能把自己看作强者,把服务对象视为弱者,社会工作者与案主之间是平等主体间的关系。社会工作者相信每个人都有改变自我的能力和要求,而且也只有调动起案主本身的力量才能达到根本的改变。社会工作者的任务就是发掘案主的内在潜能和外在资源,形成案主内在的自我发展动力并获得外在的社会资源。社会工作就是与案主一起做,而不是为案主做,没有案主的积极参与是不可能产生积极结果的。因此,社会工作的评价标准并不只是在社会工作干预下的案主的生活状态,而是在彻底结束这种干预之后案主的自主生活状态。

"案主自决"的程度通常会有不足和过分两种相对极端的情况发生。其中,不足的自决会使社会工作者不得不替案主出主意,整个助人过程会过分依赖于社会工作者,即使解决了目前的问题,但对案主解决问题的实际能力起不到任何帮助,以后遇到类似问题还会处于无法解决的困境。而过分的自决常常也不利于案主的利益,因为在过分自决的过程中,案主经常会忽视或者无视在其价值取向中分量相对较低的其他方面,如解决案件过程中的某些行为对其他人的影响,对自己长远发展角度的影响等。❶

因而,"案主自决"原则的实施是有条件的,自主并不意味着可以夺取自己或他人的生命,自决并不表示放纵自己到可以任意伤害他人,甚至剥夺他人生命的程度。社会工作者与案主之间不应该形成不平等的指导与被指导的关系,而是社会工作者要帮助案主发现并确定其问题的所在,寻找和发掘其所能解决问题的种种方案,提高案主自决的能力,提供给案主自决的机会,帮助案主实施他们自己选择的方案。社会工作者并不能直接指导案主做出最终决定,即使面对保护性服务、监狱、缓刑和假释等情况时,"案主自决"的原则仍然有效。例如,案主在执行缓刑的过程中,根据法律要求缓刑犯必须向监管人员(或社会工作者)报告其所作所为,显然这不属于"案主自决"的范围,但社会工作者仍然可以根据自己的专业判断给予案主一些自决的权

---

❶ 高天源. 案主自决在中国的本土化对策 [J]. 人民论坛,2012 (23).

利与机会,包括报告的频率、报告的日期、报告时间的长短、每次见面要谈的问题,等等。❶

(二) 理论基础

个人主义观念、西方权利观念和自由主义观念构成了"案主自决"的理论基础。其中,个人主义极其强调个体有自由和权利来决定自己的生活,其内涵包括:认为个体是一切价值的核心和尺度;认为个体有决定自己行为的自由和权力;认为个体的行为是自由选择的,因此个体应当对其行为完全负责。西方的"自然权利"观念认为人在自然状态就拥有生命权、生存权、自由权、平等权等"自然权利",国家不是让人们去尽义务的对象,而是保障人们自然权利实现的工具。但西方权利观不是完全不讲求义务,只是在处理权利与义务关系时强调权利优先于义务,认为权利是先赋的,义务是后致的。❷自由主义分为"消极自由"和"积极自由",根据对自由的不同理解,分别对应出"消极自由"倾向的"案主自决"和"积极自由"倾向的"案主自决"。"消极自由"的"案主自决"是指个人的行为完全是自发的愿望、选择和决定,"自决"是案主作为个人具有的天生的、不可剥夺的权利,在任何情况下,尊重案主的自由意志原则都是不能违背的。"积极自由"的"案主自决"不是无条件的自我选择,而是在一定范围内做出的自由选择。"积极自由"允许对个人生活做适度干预,社会工作者掌握的专业知识、助人技巧和社会资源一般都比案主多,因此出于他人利益或社会利益的考虑而对案主进行干预是合理和必要的。❸

在我国,社会工作专业引入和发展的历程并不长,越来越多的学者已经认识到我们必须认真对待"案主自决"这一伦理原则,因为起源于西方社会的"案主自决"原则与中国社会情境之间的矛盾越来越明显。这在一定程度上给引进西方社会工作理念和立足本土情境的社会工作实务带来了"潜在两难"的困境。一方面,在中国传统的文化背景下,"人情"和"差序"尤为

❶ 焦金波,王超,李绍伟. 专业社会工作者伦理价值选择之优先序列 [J]. 中国矿业大学学报(社会科学版), 2005 (2).

❷ 戴香智,侯国凤. "案主自决" 的局限及其实践选择 [J]. 湖南医科大学学报 (社会科学版), 2009 (5).

❸ 易钢,吴斌. 案主自决的理论、实践及其选择 [J]. 理论学刊, 2007 (6).

重要，人际关系并不是对所有交往对象一视同仁，而是按血缘、地缘、情感等特殊因素分出亲疏远近，予以差别对待，因而人们实施的助人行为多以身边的亲戚朋友为对象。另一方面，中国人的助人行为表现出较多的特殊性，人们只是帮助那些他们认为是好人的人，施助者往往有自己的价值观念，他们不会无条件接纳那些具有与传统的道德标准相违背的观念与行为的服务对象。中国的助人行为注重感情的投入，难以建立起良好的专业关系。案主多期望得到实实在在的、以社会工作者为主导的援助，他们不习惯仅依靠不断的自我调节来解决问题，他们希望社会工作者给予权威性的建议指导，如果社会工作者不能给案主明确的参考意见，可能导致案主对社会工作者产生怀疑和不信任，这样便有碍于目标的达成。❶

二、“案主自决”的限制

在社会工作实务中，案主自身能力的有限性、案主可利用资源的匮乏性、“家长式关怀”下的过度依赖、工作者对案主自决的影响、助人行为过程中的角色混乱、集体主义与个人主义的针锋相对以及其他价值优先性的限制等因素会对“案主自决”原则带来不同程度的限制。

（一）案主自身能力的有限性

“案主自决”要求案主拥有理性的判断能力，而案主往往是那些被视为弱势群体的人群，如儿童、老人、重病患者等，由于他们的身体和心理条件的限制，缺乏足够的可以在深思熟虑后做出自我决定的能力。例如一个初中女生怀孕了，并且不想流产，想要社工帮助其完成整个妊娠过程。该案例中，社工不能一味让案主“自决”，要考虑到作为初中生的案主是否具有完全行为责任能力，是否能够认识到完成整个妊娠过程可能带来的医学后果和社会后果。此外，即使有些案主有能力作决定，他们的决定也有可能是不坚定的，甚至是矛盾的。

（二）案主可利用资源的匮乏

社会工作者相对于案主来说，具备专业的理论知识、丰富的实务经验，

---

❶ 王健. 社会工作“案主自决”原则在中国本土实践中的困境［J］. 社会工作（下半月），2010（3）.

以及在其他社会资源获取上的便利性等优势。在案主自决的过程中,案主依据信息做出自己的判断是相当重要的,任何信息的缺失都将可能造成不利局面的出现。因此,社会工作者和案主沟通时需清晰明确地告知案主可以利用的资源,这将对案主自决的准确性起到不可替代的重要作用。

(三)"家长式关怀"下的过度依赖

在中国的历史文化背景中,父母对子女的权威较大,家长在子女幼年时就开始干涉他们的生活,甚至子女成年后也依旧如此,致使子女的自主能动性受到很大挤压。这种情况会逐渐从家庭映射到整个社会。例如,在社会工作实务中,有的案主过分相信社会工作者的专业与权威,或者将自己视为被照顾的一方,自身没有意识到"自决"的意义,只表达出希望解决问题的意愿,却不做出实际的努力,高度依赖社会工作者提供的建议和方案。

(四)工作者对"案主自决"的影响

虽然社会工作专业强调社会工作者和案主之间的价值中立、感情无涉的专业关系,但这毕竟是人与人之间的工作,在双方的交流中必定会流露出与个人相关的价值取向。而案主对社会工作者的一些价值取向没有免疫力,过于相信工作者的权威,在吸纳了工作者价值观的情况下,其自决的选择便会潜移默化地受到工作者的影响。

(五)助人行为过程中的角色混乱

在中国社会,助人行为中的双方角色比较混乱。从助人者的角度来看,多数助人者乐于助人,常常会做本应该由受助者自己做的事情,并且认为帮助别人是理所当然的,无须经过当事人的同意;而从受助者的角度来讲,受助者乐于接受帮助,往往在整个受助过程中对助人者的行动都采取默认的态度,缺乏依靠自己解决问题的意识。

(六)集体主义与个人主义的针锋相对

"案主自决"强调个人的自由意志不容侵犯,而在重视集体主义的中国社会,人们不愿表现出特立独行的一面。在解决困难的时候,受这种根深蒂固思想的影响,人们通常采取保守或与他人相同的做法,忽视自己的问题在本质上有别于他人,因而不利于形成体现自身意志且适合自身境况的自决

行动。❶

(七) 其他价值优先性的限制

社会工作实务中，许多涉及案主自身、他人利益和社会利益的复杂问题始终限制案主自决权利的运用，社会工作者自身出于对案主长远利益的考虑、出于对要承担责任的机构、社会和相关他人的利益的考虑，可能也会违背“案主自决”的价值要求而强迫案主放弃自决权。❷

除上面列出的这些可能会限制“案主自决”原则的因素外，社会工作实务中采取的部分介入策略也可能影响案主自决。例如，在行为主义疗法中针对不良习惯根除的治疗策略，社会工作者就需要在很大程度上加大对案主的控制，通过严格控制各种变量来促成案主行为的改变，案主自决能力的建设就会受到影响。在理性情绪疗法中，要破除案主的非理性信念，其实也就是改变案主的价值观，所需采取的行动方案或多或少与案主目前不太健康的人生观发生冲突，这时过于强调案主自决反而会对治疗产生不利影响。

当然，过分以案主为中心也可能会导致社会工作者对案主的过分认同，从而在辅导中失去自我，无法清晰准确地识别案主的问题。“案主自决”要求社会工作者不仅在感性层面上要能给予案主情绪同理式的反馈，在理性层面上也需要保持自己的个性特质，随时觉察周围的处境和此时此刻的感受。

三、“案主自决”的有效践行

许多社会工作者在实务中都将不可避免地遭遇到自决与干预的伦理抉择，有些案主可能会依赖社会工作者而接受干预，有些案主可能拒绝社会工作者依据专业判断而提出的干预。社会工作者协助案主自决是与案主一起选择有关决定的各项信息，并让案主了解社会工作者的价值判断与想法，讨论其自决中的权力与责任，尽早与案主达成共识。社会工作者要考虑到案主的特征，即案主是否有足够的信息，是否有能力理解相关信息，是否同意被干涉以及案主在干涉行动后对干涉的态度。

关于“案主自决”的有效践行，虽无一套放之四海而皆准的公式和操作

---

❶ 高天源. 案主自决在中国的本土化对策 [J]. 人民论坛，2012 (23).
❷ 皮湘林. 案主自决的道德性质及道德责任 [J]. 文史博览 (理论)，2008 (9).

步骤，但却有一些可供社会工作者参考的选择。例如，越来越多的学者开始关注增权观念、从增权的观点来看"案主自决"的实施，认为过去对案主自决的讨论都是以社会工作者为中心来评判案主是否有自决的能力以及相关知识，但案主自决是一种案主内在的智慧，个人要想发展，要想实现自我目标，仅依靠外力推动是不够的，更重要的是通过每个人独特的意识和个人经验，同时给予其自我决定机会。❶ 因此，在社会工作实务中要充分发挥案主的"主体性"，在践行"案主自决"的原则时要注意以下几点。

（一）帮助案主获得最多信息或最优资源

案主在自决的时候都是依据已有的信息和所掌握的资源进行选择的，因此获得越多越准确的信息，对自身的状况就会有更深入的了解，而掌握更多的资源，根据资源确定的方案也就越多样性。因而，不提倡案主过早地做出选择，应当鼓励案主和社会工作者协作，经过信息和资源的全面收集整合之后再进行自决，这样将有更多机会做出更适合自己实际情况的决定。

（二）与案主探讨价值观

"案主自决"的原则并不禁止或限制社会工作者提出意见或建议，但社会工作者的知识、经验和意见也并不是直接指导案主做出最终决定，而是作为一种补充的信息，供案主作决定时参考。因此，社会工作者应该向案主讲清楚自己的价值观，并和案主对此进行讨论。为了切实践行"案主自决"的原则，社会工作者应该鼓励案主探讨自己的价值，并把他们自己的价值与可能的选择方案联系起来思考，案主不能受到操纵，选择的自由不能受到干扰。❷

（三）与案主针对不同选择对弈

当案主陷入两难抉择时是案主自决最受到挑战的时候，社会工作者应与案主在两难选择之中先各自支持其中一个选择，展开激烈辩论，然后轮换，各自代表先前另外一方代表的选择再进行一次辩论，将不同选择的优势和劣势充分展开，使案主有更明确的了解和判断。

（四）调整案主的自决程度

社会工作者在助人的工作中并不是只为一个对象服务，可能同时面临很

---

❶ 易钢，吴斌. 案主自决的理论、实践及其选择 [J]. 理论学刊，2007（6）.
❷ 库少雄. 论案主自决 [J]. 社会工作，2004（2）.

多案主，没有足够的时间和精力以"案主自决"原则挖掘每一个案主的潜力。因此，社会工作者并不会一直让案主处在不停地自决当中，有时候会提出比较明确和详细的建议，以加快整个工作的进程，但这样的方式或多或少会影响案主的自决程度。这样并不是完全不可取的，社会工作者提出的建议也许正是案主所想到的，工作者的主动提出节省了案主的思考时间，或者工作者提出的不同建议正好引发了案主的相关思考，最终也会强化案主的自决能力，即自决程度依然处于较高水平。❶ 所以，社会工作者可以根据具体情境调整案主的自决程度。

综合上述分析，社会工作者不能替案主做出决定，但是可以帮助案主认真地思考其处境和各种选择，由案主以自己的价值观权衡各种选择的积极结果与消极结果并做出最佳选择。当然，"案主自决"的原则可能在一些案例中是有效的，但在其他案例中也许不一定有效。在社会工作实务中没有绝对性，在一种情境下能解决问题的策略不一定能运用于另一种情景，因此，我们也需要结合社会工作的其他原则与方法为案主提供最适合的服务。

参考文献

［1］焦金波，王超，李绍伟. 专业社会工作者伦理价值选择之优先序列［J］. 中国矿业大学学报（社会科学版），2005（2）.

［2］戴香智，侯国凤. "案主自决"的局限及其实践选择［J］. 湖南医科大学学报（社会科学版），2009（5）.

［3］易钢，吴斌. 案主自决的理论、实践及其选择［J］. 理论学刊，2007（6）.

［4］王健. 社会工作"案主自决"原则在中国本土实践中的困境［J］. 社会工作（下半月），2010（3）.

［5］高天源. 案主自决在中国的本土化对策［J］. 人民论坛，2012（23）.

［6］皮湘林. 案主自决的道德性质及道德责任［J］. 文史博览（理论），2008（9）.

［7］易钢，吴斌. 案主自决的理论、实践及其选择［J］. 理论学刊，2007（6）.

［8］库少雄. 论案主自决［J］. 社会工作，2004（2）.

---

❶ 高天源. 案主自决在中国的本土化对策［J］. 人民论坛，2012（23）.

公共医疗卫生服务政策的价值
分析与社会分析*

杨 慧 刘亮荣

（中央民族大学民族学与社会学学院 北京 100081）

公共卫生是防治疾病、延长寿命、改善身体健康和机能的科学和实践，它通过有组织的社会努力改善环境卫生、控制地区性的疾病、教育人们关于个人卫生的知识、组织医护力量对疾病做出早期诊断和预防治疗，并建立一套社会体制，保障社会中的每一个成员享有能够维持身体健康的生活水准[1]。在我国，公共卫生及医疗服务政策可以合称为公共医疗卫生政策，是政府在培植医疗卫生资源，解决医疗卫生问题，预防疾病以促进、保护或恢复健康等方面的一系列规定和行动的总称[2]。

公共医疗卫生政策的基本目标是：降低各种疾病的发生和危害，满足社会成员的卫生需求，提高全社会的健康水平，并促进经济发展与社会进步。其中，疾病预防是通过政府行动而建立全社会的疾病控制体系并增强社会成员的健康水平和防疾病、抗疾病的能力；疾病治疗是通过政府干预提高全社会医疗技术水平和医疗服务质量，提高医疗服务的可及性，以尽可能公平的方式使尽可能多的人享有基本的医疗服务，降低医疗服务价格。疾病治疗的核心是控制医疗服务的费用，进而满足人民群众不断提高的健康需要。

在我国，公共卫生及医疗服务包括预防性的公共卫生政策（传染病预防

---

　* 北京市社会科学基金青年项目"城市贫困人口医疗保障之'北京模式'研究"（编号14SHC039）阶段性成果。

　❶ 王彦锁，张淑先. 公共卫生概念的新思考 [J]. 中华临床与卫生，2004（8）.
　❷ 唐钧. 社会政策：国际经验与国内实践 [M]. 北京：华夏出版社，2001：56.

与控制、大众健康教育、健康环境建设）、治疗性公共卫生政策（公共医疗设施、配置资源、医疗护理体系、公共资金投入）、针对专门人群的医疗卫生政策（妇幼保健、老年医疗保健、医疗救助）以及药政管理和医政管理。

公共医疗卫生实践在我国已经有较长的历史。计划经济时代，我国依托各级组织建立了公共卫生服务机构网络，并通过群众性爱国卫生运动推动了公共卫生事业的发展。改革开放前我国公共卫生政策以预防为主，在城市省、地、县三级建立了卫生防疫网，农村公共卫生体系的重点也是以县、乡、村为重点的三级医疗卫生网。20 世纪 80 年代以来，以市场为导向，按企业转制的改革方向对公共卫生进行改革，卫生资源配置出现了重城市和医疗、轻农村和预防的倾向。当前对公共卫生医疗服务的探索和建设主要体现在四级卫生监督体系和疾病预防控制体系、社区卫生服务和新型农村合作医疗的发展。

鉴于公共卫生及健康服务基本需求的特性，本文主要探讨公共卫生服务政策的价值分析和社会分析，以期对我国公共卫生及医疗服务政策的公平性、合理性及其社会安排与社会影响有更加深刻的认识，同时指出存在的不足，并提出相应的政策建议。

一、公共医疗卫生服务政策的价值分析

（一）关于社会政策的价值分析

在社会政策研究和实践领域存在价值中立和价值关联两种倾向。针对价值中立学派提出的要避开意识形态强调该事业的科学性质，许多社会政策学者强调我们也应该承认价值和意识形态在这个领域的关键角色并阐明它们。社会政策研究，尤其是涉及全民基本需求的领域是具有非常强的价值关联性的，对它们的认识首先应该是价值的分析。社会政策就是指向特定目标的规制社会行动的准则，而这些准则是不可避免地与需要、平等、公平和社会团结与稳定紧密相连的，在社会准则方面更多的是出于社会伦理的考虑。由此看来，价值观和意识形态应该是贯穿社会政策分析过程的红线。一般而言，价值观发生了变化，那么这个政策也就被本质地改变了。

本部分公共医疗卫生服务政策的价值分析是立足于约翰．罗尔斯的作为公平的正义的规则之下的：第一个原则，每一个人对与所有人所拥有的最广泛平等的基本自由体系相容的类似自由体系都应有一种平等的权利；第二个

原则，社会和经济和不平等应该这样安排，使它们在与正义的储存原则一致的情况下，适合于最少受惠者的最大利益；并且依系于在机会公平平等的条件下职务和地位向所有人开放❶。

（二）公共医疗卫生服务政策的公平性分析框架

公共卫生的特性一是效用的不可分割性，公共物品或服务是向整个社会共同提供的，具有社会共同收益和获取消费的特点。特性二是消费的非竞争性，增加一个消费者不会减少任何一个人对公共物品或服务的消费量。特性三是受益的非排他性，任何人都不能用拒绝付款的办法，将其不喜欢的公共物品或服务排除在其享用范围之外。公共卫生以及医疗服务的这些性质也决定了这个涉及全民基本健康需求的领域最大的价值观和意识形态就是卫生服务的公平性。党的十六大报告明确提出全面建设小康社会，目标之一就是全民族的思想道德素质、科学文化素质和健康素质明显提高，形成比较完善的现代国民教育体系、科学文化创新体系、全民健身和医疗卫生体系。从总体小康到全面小康，关注的焦点应转移到社会公平上来，特别是健康作为最重要的人力资本之一，对于穷人比富人更具有重要意义。研究表明，对穷人的教育和健康进行投资是减少贫富差距、消除贫困的有效途径。因此，卫生公平的问题也就成为全面小康社会建设中公共政策的必然选择。

卫生服务公平性有不同的定义，公平性表现在不同社会群体疾病危险、病人卫生服务的利用与可及性及费用的支付方面及其相互作用❷。卫生服务公平性是指社会成员应该以需求为导向获得卫生服务，而不是取决于其社会地位、收入水平等因素，也就是说具有相同卫生服务需求的社会成员应该获得相同的卫生服务❸。由于卫生服务公平性是一个内涵十分丰富的复杂概念，为了能切实、有效地提高医疗卫生服务的公平性，有必要从理论上对卫生服务的公平性进行较为深入的探讨。本文引用目前卫生领域通用的卫生服务公平性研究的理论框架❹来对公共医疗卫生政策进行价值分析（见图1）。

---

❶ 约翰·罗尔斯（何怀宏等译）. 正义论 [M]. 北京：中国社会科学出版社，1998：89.

❷ Barnum, H., & Kutzin. J.（1993）. Public Hospitals in Developing Countries：Resources Use, Cost [M]. Financing. Baltimore：The John Hopkins University Press.

❸ World Health Organization.（1996）. Equality in Health and Health Care, a WHO/SIDA Initiative.

❹ 张开宁，祁秉先，方菁. 生育健康服务及其研究：理论与实践 [M]. 北京：人民卫生出版社，2000.

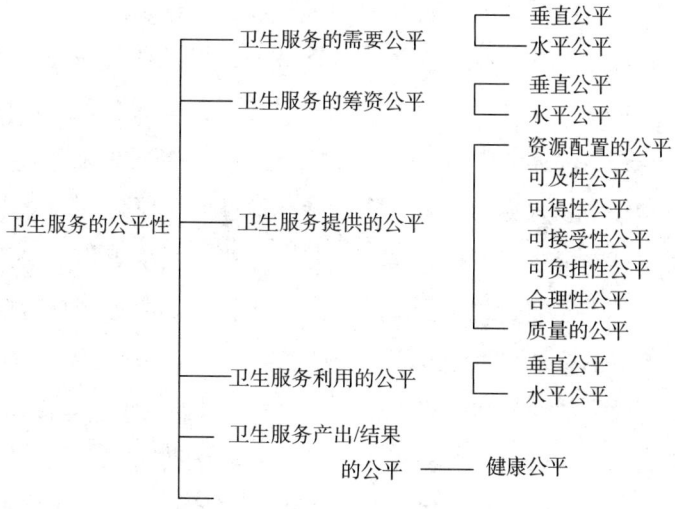

图1 卫生服务公平性研究的理论框架

卫生服务的提供应从满足人们的需要出发，这是卫生服务提供的根本出发点，也是卫生服务提供的基础之一。卫生服务需要公平的含义是指有同等卫生服务、保健服务需要的社会成员能获得同样的卫生服务，而有更大卫生保健服务需要的社会成员应能获得更多的服务提供。

卫生服务筹资应按人们的需要水平进行，它涉及一个重要的筹资原则——支付能力，也就是根据每个社会公民的支付能力筹集卫生保健经费。卫生筹资公平性在垂直公平上指要求不同支付能力的个人或家庭为卫生服务支付不同的费用数额；水平公平即有相同支付能力的个人或家庭对卫生保健服务支付相同的数额。

卫生服务提供的公平性是卫生服务公平性中又一个重要的方面。卫生服务的提供应按资金的许可程度进行操作。其中，卫生资源的公平性并不是指各地区、区域、项目或机构间在卫生资源配置上的绝对平均化，而是配置结果应能根据人群的健康需要，公平地为人群提供其所应得到的卫生服务，满足其需要量❶。可及性公平是指任何家庭或个人，无论其经济地位的高低，也无论其经济收入如何在财富、种族、性别、所处环境（包括地理及人文环境）等方面有何差异，接受基本卫生服务的机会和条件是均等的。可及性的公平

---

❶ World Health Organization. (1996). Equality in Health and Health Care, a WHO/SIDA Initiative.

包括了许多方面的内容，如地理方面的可及性公平、服务技术方面的可及性公平、社会心理方面的可及性公平、经济方面的可及性公平等。有了可及性公平，还应有可得性公平，所谓可得性一般是指服务的客观存在性，即某种服务事实上是否正被提供❶。可接受性公平指无论服务对象社会经济地位的高低，也无论其经济收入如何，其财富、种族、性别、所处的环境等方面有何差异，所提供基本卫生服务的种类、数量、形式、质量等均是服务对象可以接受的，且都是乐意接受的。合理性公平指所提供的服务应是符合人们的基本需要的。质量的公平性指任何个人或家庭，无论其社会经济地位的高低，也无论其经济收入如何，其财富、种族、性别、所处的环境等方面有何差异，对其服务方式、服务数量、服务提供者的态度、服务提供者所提供的服务技术和信息等应是完全一致的。以上几方面的公平性构成了卫生服务提供的公平性，而卫生服务提供的公平性将直接影响到卫生服务利用的公平性。

卫生服务利用的公平性是指具有相同卫生服务需求的人可以得到并同样地利用基本医疗卫生服务，而不论其性别、财富、种族、地理等方面的差异如何❷。

卫生服务产出的公平，也称结果或结局方面的公平，就是健康公平。健康公平，即公平最终表现在不同人群健康状况的基本相似，其含义是理想中每一个社会成员都应有一个公平的机会发挥出他们足够的健康潜力❸。

（三）我国公共医疗卫生不公平性分析

20 世纪 80 年代以前，中国医疗保障制度曾经对提高广大人民群众的健康发挥过重要作用，取得了举世瞩目的成就，世界银行和世界卫生组织在 20 世纪 80 年代初的一份考察报告中曾把我国的合作医疗称为"发展中国家解决卫生经费的唯一典范"。自 80 年代以来，我国社会经济状况有了很大提高，但贫富差距在进一步扩大，影响了卫生服务利用的均衡性。

从大的方面来看，我国卫生不公平主要反映在以下三个方面：一是卫生资源在城乡之间、地区之间的分配严重不公。根据第五次全国人口普查数据，

❶ 张开宁，祁秉先，方菁. 生育健康服务及其研究：理论与实践 [M]. 北京：人民卫生出版社，2000.

❷ 刘远立，费朝晖. 论卫生保健的公平与效率 [J]. 医学与社会，1998 (3).

❸ 崔襄泓. 公平健康的原则和概念 [J]. 中国医学伦理学，1996 (1).

我国城乡人口比例大约为36%和64%，但城乡公共卫生资源占有的比例刚好颠倒了过来，即城市占了60%以上，而农村占了不到40%。二是政府在卫生费用分担机制中的作用越来越弱。政府卫生支出的绝对值虽有增长，但无论是在财政支出中的比例还是在卫生总费用中的比例都呈不断下降趋势。1990年我国卫生事业费占财政总支出的比例仅为2.79%，1995年下降为2.59%，到2001年再次下降为1.66%，远低于"人人享有卫生保健"的最低限度标准8%。与此同时，三大卫生费用（政府、社会、个人）在卫生总费用中的构成比却发生了严峻的变化：居民个人卫生支出所占比重由23.2%上升为60.5%，而政府卫生支出所占比重由36.4%下降为15.5%，社会卫生支出所占比重由40.4%下降为24.0%。在20年时间里，政府卫生支出比例平均以每年1%的速度下降，而居民卫生支出比例实际上是以平均每年接近2%的速度在快速上升❶。三是医疗保障制度因户籍、身份而不同。

（四）促进卫生服务公平性的策略

（1）大力发展经济。经济的增长不能自动导致公平，但经济的增长可以创造更多促进公平的机遇，为实施一系列可持续行动提供基础保障。

（2）合理配置卫生资源。卫生资源的公平分配就是根据人群的健康需求进行卫生资源分配，使同等需求的人能获得同等的卫生服务。因此，卫生资源的合理配置是实现卫生服务的可及性和提高整个人群健康水平的重要保障。由于预防以及危险因素的干预是低成本的卫生策略，所以卫生资源的配置应在预防系统与医疗系统之间合理分配。

（3）多部门合作。卫生服务的不公平往往是由于卫生系统以外的原因造成的，比如社会经济状况的不公平。国家对少数高收入阶层实行累进制的税收政策，不仅可以控制收入的差距，还可以筹集部分资金用于老人和儿童等脆弱人群的健康救助。因此，卫生服务公平性目标的实现，不仅需要卫生保健方面的政策，还需要社会各部门的通力合作。

（4）权衡公平与效率的关系。经济改革提出效率优先兼顾公平的原则，但在某种程度上一些促进效率的改革是以牺牲公平性为代价的，由此导致卫生服务利用上的不公平状况。在今后卫生改革的目标和去向上，公平性应予

---

❶ 袁菁华. 卫生公平——全面小康社会的公共政策选择 [J]. 卫生经济研究, 2004 (6).

以足够的重视，在注重效率的同时更应该迎接卫生服务不公平状况的挑战，缩小或防止这种地区和人群之间的差距。

（5）扩大医疗保险的覆盖面，逐步将所有生产企业的劳动者纳入到社会医疗保险系统中。对于农民、个体劳动者，政府应引导他们参加社区合作保险，政府予以适当补贴。

（6）加强健康教育。健康知识的不均衡是导致卫生服务需要不均衡的原因之一，因此加强健康教育和卫生知识的宣传，提高对疾病的认识是非常必要的。

（7）加强卫生服务公平性的理论研究，并将研究结果用于实际的政策制定中。

二、公共医疗卫生服务政策的社会分析

与其他公共政策相比，社会政策最大的特点之一是其直接面向广大人民群众，直接影响千家万户的生活以及社会各个群体和个人的实际利益，与家庭、社区、组织和阶级阶层关系等方面关系密切。本部分主要通过群体分析、机构分析、区域分析三个方面来进行公共医疗卫生服务在不同社会群体间的分配、医院机构改革、社区卫生服务建设和农村新型医疗服务机制探索等方面的社会分析。

（一）群体分析

可以说这部分是卫生服务公平性价值分析的深化。改革开放以来，我国社会的分化程度进展很快，从卫生服务的角度看分化后的各群体对卫生资源的占有、卫生服务的利用等方面有明显差别。

从高收入层看，他们在市场分化中占了很大的利益。高收入层在医疗服务中是比较占有优势的阶层，在目前的市场转型过程中他们不仅在财富上获得比较高的收入，而且有能力购买医疗服务，所以医疗上的情况也很好。中等收入层是当今中国最大的利益集团，是重要的社会基础。这一利益群体由这几部分构成：第一部分的特点是人群年龄不太大，文凭较高，收入稳定，生活各方面都有保证，医疗保障也没有问题；第二部分是传统干部层，包括知识分子，医疗保障也没有太大问题；第三个部分是传统的职工层，这里出现了重大分化，单位效益好的医疗保障还不错，效益不好的企业的职工问题

就比较大，尤其是下岗职工。中下层主要由流入城市的各种非正规就业者组成。这部分人的比例非常高，他们基本上不能被现在的医疗保障体制覆盖。比较突出的就是流入城市的农民工，农民工与城市工人相比在工资、奖金、保险、医疗等方面的待遇普遍比较差，一些农民工甚至连起码的劳动保障都没有。

我国社会中医疗状况最差的就是底层群体。所谓"底层群体"是指经济收入低于贫困线以下的社会群体。这一群体对医疗的需求很大，但对医疗资源的利用率却很低。

关于底层群体的医疗卫生服务，我们必须关注医疗救助制度的建设。社会医疗救助制度是在政府的主导下，动员社会力量广泛参与的一项面向弱势群体的医疗救助行为。它作为多层次医疗保障体系中的最后一道保护屏障，目的是将一部分生活处于低收入甚至贫困状态的社会弱势群体网罗在医疗保障体系之中，通过实施社会医疗救助制度，为他们提供最基本的医疗支持，以缓解其因病而无经济能力进行医治造成的困难，防止因病致贫、因病返贫，增强自我保障和生存的能力❶。社会医疗救助制度的性质和特点包括：筹资方式的多样性、救助性质的公益性、救助对象的广泛性和具有相对的独立性。其筹集渠道有政府财政支持、吸纳社会捐助、特别捐税补助，还可以从医疗保险基金中适当划拨一部分。医疗保险作为一种社会保险，应当为弱势群体的医疗服务提供一定支持。此外，应制定优惠政策，建立多元化的弱势人群事业的投资机制，鼓励企事业单位、个人和外商投资弱势人群的医疗救助；还应从各种罚没收入、社会福利彩票收入中划入一部分作为医疗救助基金。救助形式包括专项经费补助、医疗费用减免、开展义务巡诊、组织慈善救助、缴纳医疗保险等。这些方面都是需要我们深入探讨的。

（二）机构分析

1. 关于医院体制改革

关于我国公立医院的经营和管理现状，我们已经形成了一些普遍的认同。

（1）医疗机构布局不合理，在一个区域范围内大型综合性医院、专科医院、

---

❶ 中国劳动保障科学研究院课题组. 稳步建立我国的社会医疗救助制度 [J]. 经济要参, 2003 (18).

社区医院重复布局，医疗市场总量供大于求，势必使夹在其间的中小型医院难以生存，亏损难免。（2）机构臃肿，人浮于事，不少政府医院机构庞大，非医技人员比例很大，一线医务人员不足，经济运行效率差。（3）体制落后，服务单一，医院长期在计划经济框架下运行，缺乏激励机制、竞争机制，服务模式单一，不能满足人们日益增长的健康需求。（4）设备陈旧、技术落后。因长期亏损经营，医院失去自我改造能力及设备更新能力，一些公立医院医技人员没有知识更新，医疗技术陈旧落后，不能解决病人临床实际问题。

另外，政府财政卫生开支中一边要筹集社会医疗保障金，一边又不断用大量资金去建设、管理和维护政府医院，结果是社会医疗保险金支出越来越多（这符合社会经济发展趋势），同时政府向医院投资也越来越多（再次买单），政府既要为病人买单，也要为医院建设买单。随着社会医保支出增大，医院的硬件投入、技术投入也越来越大，这形成了一个"怪圈"，即政府没有从投资的医院中获取经营利润，也没有从政府医院经营所得中回笼一部分社会医保资金。与此相反，随着医保开支的增大，政府在医院方面的开支也随之增大。这个"怪圈"逼迫政府公共卫生财政开支不断膨胀，既要为老百姓看病买单，又要为医院建设、运行、管理买单。产生这个怪圈的根本原因是政府优惠扶持公立医院，不计经营成本的政策。可以想象，在这种医疗市场中，有几个民营医院有实力能与受到如此国家财力呵护的公立医院竞争？如果没有民营资本参与医疗市场投资竞争，政府能从公共卫生财政重负中解脱出来？

卫生部医政司指出公立医院体制改革的基本思路是国家退出部分公立医院。目前我国医院资源中的90%以上集中在公立医院，公立医院是一个非常庞大的体系。在体制改革中国家将"大踏步"后退，即政府只直接开办部分公立医院，包括区域内最有实力的综合医院（含医学院附属医院）、提供基本医疗的医院、妇幼保健院、传染病院、精神病院、血站和急救中心以及部分社区服务中心（站）。根据市场经济体制需要、国家财力和目前公立医院的实际状况，公立医院体制改革势在必行。顺利推进公立医院体制改革需要解决的主要问题之一就是公立医院的出路问题。国家退出开办的公立医院可以考虑这样几种出路：对一部分公立医院实行"资产所有权和经营权的分离"，实行国有民营的改革；对另一部分实行政府完全退出，使之转制为民办非营利性医院，也可以转制为民办营利性医院，可以实行不包括国有产权的股份制改造。转为股份制医院的国有资产最终要以债权形式退出，而不是以股权形式流动。一些地区将公立医院"一卖了之"的所谓"市场化"的政府退出论不仅在理论上是错误的，在实践中也证明是行不通的。"一卖了之"极易导致政府在医疗服务领域中职能的弱化和退出，导致医疗卫生服务公平性和可及性的下降。

公立医院体制改革的同时，我国卫生部门也在积极探索民营医院发展模式，如民营企业资本向民营医院延伸，投资机构购并国有医院，公立医院整体转让给民营企业，公有医院托管给投资集团，村办民营医院和以拍卖、有偿转让为主要内容的产权过渡等。

此外，我们还要注意医疗卫生改革中的"过度市场化"与"市场化不足"的问题。

本文开始回顾我国公共医疗卫生政策发展过程时也曾指出，20 世纪 80 年代以来以市场为导向，按企业转制和改革方向对公共卫生的改革并没有遵循医疗卫生领域的基本特性。由于政府在医疗卫生领域的"缺位"和"越位"导致了"过度市场化"和"市场化不足"并存的怪象。"过度市场化"是指一些本该由政府提供的公共物品和准公共物品转由市场提供，出现了市场失灵，加剧了卫生不公平。在经济转轨时期，为了解决卫生筹资和医疗成本控制的问题，农村卫生和预防保健、疾病控制等公共服务在缺少公共资金支持的情况下被推向了市场，大部分村卫生室私有化，乡镇卫生机构和各级预防保健机构由于补偿不足而打起了"创收"的旗帜，成为趋利性机构；药品虚高定价一方面使以药养医成为可能，另一方面也成为寻租、药品回扣等大量腐败现象的根源。"市场化不足"指政府提供了本应由市场提供的服务和资源，主要是指对城市大医院的补助和某些私人保健服务的补贴。在这种体制下，大型公立医疗机构的运行成本高昂而效率低并且趋利性明显。

2. 关于社区卫生服务建设

克鲁（Crune）认为："社区卫生是积极的卫生服务，它不仅仅是消极地等待病人来求助，而是由专家们积极地为居民提供服务"，社区卫生中心（站）则是"一个流动的健康保健程序，通常为缺少健康服务或没有健康服务的地区或人群提供卫生服务"❶。汉其特（Hanchett）认为："社区卫生是一种社区与社区内个人和小组之间的相互的功能，个人的健康在社区的健康中得到体现"，强调了个人与社区的关系，个人的健康水平是居住社区能量的缩影❷。

我国的社区卫生服务政策是在城市卫生资源配置和利用不合理，医药费用增长过快，卫生服务特别是基层卫生服务同城市化、人口老龄化、疾病谱改变、医学模式转变、群众卫生服务需求、城镇职工基本医疗保险制度等不相适应的背景下出台的。1997~2003 年的 6 年间，我国不少城市积极试点探索社区卫生服务，已取得初步经验，显示出社区卫生服务具有旺盛的生命力和广阔的发展前景。我国社区卫生服务的主要特点表现为：以全科医学服务模式为主，全科化与专科化协同；以全科医生为骨干和护理技能多样化的医生、护士、公共卫生人员等的协同团队服务；提供大量医疗，但强调预防为主的"六位一体"（预防、治疗、康复、保健、健康教育和计划生育指导）；以诊治"小病"、预防控制"大病"为主；防治结合、特别强调服务与生活照料的融合；提倡普通健康问题解决在社区，又与区域医疗保健中心协同分工；所使用的技术有效、成本经济，利于控制疾病流行、减轻社会医药支出负担的服务。

澳大利亚成熟的社区卫生服务模式可以给我们提供一些启示与借鉴❸。第一，实施科学的区域卫生规划。澳大利亚对社区卫生服务实行区域化管理，政府统一规划社区卫生服务机构的布局和筹办。无论公立与私立或社区组织举办的非营利机构均纳入统一规划和管理。我国由于多年来没有很好地实施区域卫生规划，导致了卫生资源配置不尽合理，大、中城市的医疗资源过剩，中、小城市特别是农村的高水准的医疗卫生资源不足；此外，医疗机构数量过多、社区卫生服务机构数量不足，二者比例严重失调。要解决这些问题，首先要加大区域卫生规划的力度，制定中、长期的社区卫生服务发展规划，实行卫生机构优化重组、功能调整和属地化管理。对现存的各级政府举办的

❶ Crune & Stratton. (1978). Community Health and medical care. Academic Press.

❷ Hanchett, E. (1979). Community health assessment . John willey & Sons Inc .

❸ 刘吉成. 我国社区卫生服务面临的挑战与对策——澳大利亚社区卫生服务模式对我国的启示与借鉴 [J]. 中国卫生经济, 2003 (11).

医院和厂企医院进行重新定位，实施产权制度改革，转型和改制一批医院作为社区卫生服务机构。第二，建立和完善社区卫生服务法律体系。澳大利亚建立了完善的社区卫生服务法律体系，对社区卫生服务的各个方面进行法制化管理。当前我国社区卫生服务建设需要建立社区卫生服务的资金投入、医疗保险、合理收费、教育培训等政策。同时还应建立准入制度、行政管理制度、激励机制以及绩效评估制度。通过法律手段确立社区卫生服务的地位和作用，进而引起社会的关注和政府重视。第三，建立有效的社区卫生服务筹资机制。澳大利亚于1984年建立了覆盖全国人口的"医疗照顾制度"，资金来源于1.5%的工资税。该制度通过医疗津贴制度和药物津贴制度保证居民不会因经济问题而不能获得基本医疗服务和基本药物。社区卫生服务纳入了全民医疗照顾制度，社区卫生服务资金由联邦政府掌握，直接拨付给服务的提供者。社区卫生服务提供方是一个由公立医疗机构及私立机构和非营利性社会组织组成的混合体，多元化的服务提供方为获得政府资金而形成竞争，从而提高社区卫生服务的质量和效率。我国社区卫生服务的筹资体系处于起步阶段，应实行国家、集体和个人合理分担机制，同时，积极推进商业保险进程作为筹资的补充手段。各级政府、财政部门应逐步加大对社区卫生服务的投入力度，安排社区卫生服务启动资金，对社区卫生服务的基础设施、设备、人才培养和管理信息系统建设等方面予以资金支持，根据实际界定社区卫生服务经费投入与社区卫生服务人员的比例关系，落实社区预防保健人员的基本工资和业务经费。同时要逐步依法制定社区卫生服务的筹资政策，建立和完善筹资体系。第四，制定科学的社区卫生服务行政管理体制。第五，引入有效的认证与评估。第六，提供综合的社区卫生服务。澳大利亚社区卫生服务中医疗与预防分别由不同的机构提供，不利于综合连续的卫生服务，造成医疗预防相分离，这是我们应吸取的教训。目前，我国社区卫生服务主要是向社区居民提供医疗、预防、保健、康复、健康教育和计划生育技术指导六位一体的综合性卫生服务，在坚持这一综合服务主体的前提下，还应开展多种形式的专业社区卫生服务，如老年护理院、康复院及家庭保健服务等，逐步形成一个综合的多元化的社区卫生服务体系。

（三）区域分析

我国医疗卫生事业的发展具有很大的区域不平衡性，城乡差异、东西部差异更趋明显。在区域分析方面，本文主要指的是农村地区公共医疗卫生服务中现有的医疗组织不能满足农村医疗保障的需要。

目前关于农村地区公共医疗卫生服务政策的探索主要是如何建设新型的农村合作医疗制度。即建立符合各地实际情况的混合型医疗保障体系。我国各地的经济基础、卫生条件和农民的医疗保健需求差别很大，不可能实行一种统一模式解决农民健康保障问题，必须根据合作医疗和医疗保险的利弊，依据群众的意愿，因地制宜，实行多种形式并存的健康保障制度。在具体怎样选择的问题上，普遍的观点是坚持《关于农村卫生改革与发展的指导意见》的精神，在合作医疗发展较好的地区通过系列改革使资金筹集、管理形式、民主监督、提高疾病抗风险能力等方面更适应农村经济和群众承受能力的实际，扩大合作医疗的人口覆盖面和疾病分担能力。政府要加大对乡镇卫生院的投入力度，改善乡镇卫生院的医疗条件，解决好卫生院的经费问题；制定并落实好医疗人员培养、培训、技术支持、经费补助的政策，以点带面，建设覆盖乡村的多层次医疗保障网络。在经济比较发达的农村，可参照城镇职工基本医疗保险的办法，试行农民的基本医疗保险制度，有条件的地方也可以试行商业性医疗保险。另外一些研究中也提出了通过集体和个体多渠道筹集资金，合理发展各级医疗卫生机构作为农村医疗保障的载体，制定相关计划和法规实现农村医疗保障的法制化，转换政府职能，突出扶持和组织协调功能等内容。在建立农村新型医疗保障体系问题上，根据不同地区农民收入的高低、经济实力、社区（集体）"机构能力"的强弱等因素，可将农村健康保障制度建设的路径归纳为：合作医疗到医疗保险、医疗救助到医疗保险、医疗救助到合作医疗再到医疗保险三种。静态地看，医疗救助、合作医疗和医疗保险三种保障形态在空间上并存，各有其适用的地区和阶段；动态地看，随着经济和组织条件的逐步成熟和完善，医疗救助和合作医疗逐渐向医疗保险过渡，构成正规健康保险制度的不同发展阶段。

三、小　结

以上在总结我国公共医疗卫生服务的性质、内容及发展阶段的基础上，运用卫生公平性理论框架对我国卫生服务的需要、筹资、提供、利用和结果等方面进行了价值分析，列举了不公平性的具体表现，提出了合理化建议。

进而从群体分析、机构分析和区域分析三方面进行公共医疗卫生服务在不同社会群体间的分配、医院机构改革、社区卫生服务建设和农村新型医疗服务机制探索等方面的社会分析。价值分析和社会分析在公共医疗卫生服务政策研究分析上具有根本性地位，通过这两方面的具体分析，可以让我们对这个领域政策的选择、制定和执行过程有更加深刻地认识，也可以为相关领域的实际工作提供可借鉴的经验，并为进一步的学术研究提供基础资料和参照框架。

参考文献

[1] Barnum，H.，& Kutzin. J.（1993）．Public Hospitals in Developing Countries：Resources Use，Cost，Financing. Baltimore：The John Hopkins University Press.

[2] Crune & Stratton.（1978）．Community Health and medical care. Academic Press.

[3] Hanchett，E.（1979）．Community health assessment . John willey & Sons Inc .

[4] World Health Organization.（1996）．Equality in Health and Health Care，a WHO/SIDA Initiative.

[5] 崔襄泓．公平健康的原则和概念［J］．中国医学伦理学，1996（1）．

[6] 代瑾，高明．从社会的利益群体论卫生服务的公平性［J］．中国卫生事业管理，2004（7）．

[7] 李永柏．政府卫生投资政策与民营医院投资［J］．中国医院管理，2004（2）．

[8] 刘吉成．我国社区卫生服务面临的挑战与对策——澳大利亚社区卫生服务模式对我国的启示与借鉴［J］．中国卫生经济，2003（11）．

[9] 刘远立，费朝晖．论卫生保健的公平与效率［J］．医学与社会，1998，（3）．

[10] 唐钧．社会政策：国际经验与国内实践［M］．北京：华夏出版社，2001：56.

[11] 王彦锁，张淑先．公共卫生概念的新思考［J］．中华临床与卫生，2004（8）．

[12] 修燕，徐飈．卫生服务公平性研究［J］．中国卫生事业管理，2002（6）．

[13] 徐丽敏．我国城市社区卫生服务发展中的问题及对策分析［J］．赣南师范学院学报，2003（8）．

[14] ［美］约翰．罗尔斯．正义论［M］．何怀宏，等，译．北京：中国社会科学出版社，1998：89.

[15] 袁菁华．卫生公平——全面小康社会的公共政策选择［J］．卫生经济研究，2004（6）．

[16] 张开宁，祁秉先，方菁．生育健康服务及其研究：理论与实践［M］．北京：人民卫

生出版社，2000.

[17] 中国劳动保障科学研究院课题组. 稳步建立我国的社会医疗救助制度 [J]. 经济要
     参，2003 (18).

[18] 周指明，巫云辉，黄会坚，陈金喜，钟天伦. 我国社区卫生服务政策分析 [J]. 中
     国卫生经济，2003 (8).

构建民族社会工作理论研究框架[*]

——文化连续体、交叠共识与结构耦合

郑文换

（中央民族大学民族学与社会学学院　北京　100081）

　　近些年来，民族地区的经济发展和文化持存问题一直是政府、学界和社会持续关注的议题。❶ 既要实现民族地区经济发展、提高人们生活水平，又要最大限度保持当地生态、文化免于破坏，是一个可欲的基本共识。但是从社会现实状况来看，经济发展逻辑和文化持存逻辑之间存在某种程度的尖锐张力，因两者关系的割裂导致民族地区内部"情感团结"以及民族地区之间"情感撕裂"是现阶段民族关系紧张、民族问题多发的主要原因之一，因此两者之间能否耦合与如何耦合就成为一个重要的研究问题。本文认为，以提升社会福利为终极目的的介入制度——民族社会工作，可以成为协调或缓解民族地区经济发展和文化持存两者之间逻辑冲突的媒介制度，本文目的即是试图从微观、中观和宏观三个层次建构民族社会工作的理论框架。

一、两种制度秩序：经济发展与文化持存

　　社会学新制度主义认为，一个社会中往往包括几种不同的制度秩序，如市场经济、家庭、科层制政府、宗教等，每一种制度秩序都有一个中心逻

---

　　* 本研究为中央高校基本科研业务费专项资金资助。本文原载于《民族教育研究》2014 年第 4 期，在原文基础上作了修改。

　　❶ 王思斌教授"把促进经济发展和文化持守作为民族社会工作的两个基本的、重要任务"，参见王思斌：《民族社会工作：发展与文化的视角》，《民族研究》2012 年第 4 期。本文试图在这一观点下构建民族社会工作理论框架。

辑——一套物质性的实践惯例和象征性的符号结构，其构成了不同制度秩序下的组织原则，而且对于组织与个体的发展都是适用的，制度秩序之间存在潜在的矛盾，因此对个人和组织而言存在多重的逻辑，当制度秩序之间出现矛盾时，冲突就会发生。❶ 经济发展是一种制度秩序，在当代是现代化、工业化为主导的逻辑，认为工业的生产率高于农牧业，并以经济增长为主要目标，甚至强调延期消费以促进资本积累。但事实上这种以经济增长为主要目的的发展观只给少部分人带来了富裕，而大部分人群甚至可能处于生计资源被剥夺、生活环境恶化的困苦状态。因此，这种经济增长观招致多方批评，哈尔和梅志里认为："传统型发展战略的主要缺陷之一，在于它无力承认并且充分认识到社会的复杂性，也没有考虑到这种复杂性与其他关键性发展层面——诸如经济、政治和环境等层面的相互作用。毫无疑问，这些缺陷使传统的发展战略永远无法解决诸如贫困、脆弱性、无力感和排斥等严重的社会问题"，并提出"将社会维度纳入发展政策是成功发展的一个先决条件"。❷

文化可以规范、组织人们的行为，是一种制度。文化本身是一个不断分裂与整合的概念，一般来说文化可以被定义为"一套价值系统"与"一种特定生活方式"。❸ 一些学者（如涂尔干社会学传统）强调文化作为价值系统所发挥的社会整合功能，另外一些学者（如人类学传统）则强调文化"是多样化的具体的生活方式，其实就是民族的生活方式"。❹ 社会学新制度主义则强调文化的解释，但拒斥"强烈的情感色彩"，而是在常人方法学者加芬克尔区分价值和规范的基础上，对价值、规范和规则做出了区分，在某种程度上将文化视为"不是规范和价值，而是被视若当然而接受的脚本、规则和分类"，由价值内化转向强调认知，❺ 由认知取代价值这一做法将理性带入到了理论建

---

❶ 罗格尔·弗利南德，罗伯特·R. 阿尔弗德. 把社会因素重新纳入研究之中：符号、实践与制度矛盾. 保罗·J. 迪马吉奥，沃尔特·W. 鲍威尔. 导言//沃尔特·W. 鲍威尔，保罗·J. 迪马吉奥. 组织分析的新制度主义 [M]. 姚伟，译. 上海：上海人民出版社，2008：34、252、271.

❷ 安东尼·哈尔，詹姆斯·梅志里. 发展型社会政策 [M]. 罗敏，范酉庆，等，译. 北京：社会科学文献出版社，2006：2.

❸ 马海良. 文化的分裂与整合 [J]. 中国图书商报，2004-4-9.

❹ 同上。

❺ 保罗·J. 迪马吉奥，沃尔特·W. 鲍威尔. 导言. 沃尔特·W. 鲍威尔，保罗·J. 迪马吉奥. 组织分析的新制度主义 [M]. 姚伟，译，上海：上海人民出版社，2008：17.

构中❶。本文认为这一认知的转向对民族研究具有重要的理论和现实意义。民族文化的重要标志之一即是宗教，宗教总是体现一套价值体系，民族地区民众行为深受宗教价值观念的影响，这一点毋庸置疑。那么，在这种情况下，我们是把民族民众看作"文化木偶"还是视为将文化或者说宗教作为认知图式或工具箱的具有认知能力的行动者？强调认知能力并没有削弱宗教的理论解释地位，而只是提升了人的能动性。这既符合社会学理论发展趋势也符合现实实际情况。本文并不否认文化的价值内化面向，也将文化看作人们惯常的生产生活方式，将之视为一种制度秩序，同时强调这一制度秩序中人的认知能力。

经济发展和文化持存这两种制度秩序之间存在某种程度的尖锐对立，经济增长的观点甚至将落后的根本原因归结为"生存式的生产、简单的技术、传统的文化遗产及冷漠的个性"❷，而这显然是与文化持存相矛盾，文化持存"至少指的是要立足于保护少数民族的信仰，保护少数民族基本的生活方式，以及保持那些有积极意义、适应人类进步要求的生产方式和文化教育"❸。如若希望实现两者适度共存，逻辑上需要两种制度能够实现耦合，而社会工作这一干预制度本身的源起即是调节西方工业化发展和社会保存双向运动的历史产物，因此，本文主张，结合我国民族实际状况的民族社会工作制度本身会成为两者均衡发展的媒介。下一节将对西方发达国家对有关族群、种族方面的社会工作观点进行归纳。

二、民族社会工作的三种观点

学界对于族群、民族相关社会工作主要有三种观点，即强调社会工作体系普适性的观点、强调文化敏感性的观点以及强调文化本真（authcnticity）主

---

❶ Hall, P. A. and Taylor, R. C. R. （1996）. Political Science and the Three New Institutionalisms. Political Studies, XLIV, pp. 936 – 957.

❷ 安东尼·哈尔、詹姆斯·梅志里. 发展型社会政策 [M]. 罗敏，范西庆，等，译. 北京：社会科学文献出版社，2006：92.

❸ 王思斌. 民族社会工作：发展与文化的视角.《民族研究》2012（4）.

义的观点。强调社会工作普适性观点❶认为社会工作价值观中的尊重人的独特性这一视角已经涵盖了特殊性❷，在对少数族群开展社会工作时要考虑少数民族独特的人情、习俗，但认为有一个基本普适的东西，比如人的生命权，所以普适性观点尽管也强调社会工作的文化多元性，但多认为除在语言方面有限制外，基本没有大的差别，比如测量量表在适用于族群时只是语言版本的区别。一般来说，美国社工界偏重社工的普适性，比如赫尔强调"认清所有的案主皆为个体，他们可能全部，或者部分，或者根本就没有共享自己人种的或种族的风俗、规范、价值或信仰"。❸ 第二种观点是强调文化敏感性的观点，主张要对文化差异（cultural differences）保持敏感，理解和欣赏种族、文化和社会的多样性，并形成了"二元视角"的概念框架，认为所有人都是主导体系和抚育体系这两个体系的产物。❹ 但西方学界对文化敏感观点的批判在于"敏感种族差异的社会工作实务没有产生新的原则与方法。相反，它要求我们采纳和使用目前流行的社会工作方法、原则以及技能来考虑种族的现实"。❺ 国内学者也多从文化敏感角度，提出了本土社会工作的概念，其根据是社会环境如制度、政策、文化等情景独特性以及解决中国问题的方式方法不一样等。❻ 第三种观点是强调文化本真（authenticity）主义的观点，主张只有在个人连接他本民族的本真时才有创造力和改变。该观点是在批判文化敏感观点的基础上提出来的，针对文化敏感性的观点，Shiele 提出了"文化压迫"（cultural oppression）的概念，认为占优集团的经验和文化成为普适性规

---

❶ 在普遍性观点的视角下，西方发达国家提出针对种族问题的"反歧视"社会工作模式，主要关注机会障碍和社会工作者个人偏见等的消除，对其批评在于其基础性理论仍然是欧洲白人中心主义的。

❷ 如社会工作功能学派以奥拓·兰克的心理学理论为依托，认为如果接受了人的个性和独特性，就不应该再把人分类来对待。（法利、史密斯、博伊尔，2010）

❸ 小格拉夫顿·赫尔. 多元群体的社会工作实务//查尔斯·H. 扎斯特罗，等. 社会工作实务：应用与提高（第七版）[M]. 晏凤鸣，译. 北京：中国人民大学出版社，2005：398.

❹ 主导体系指的是一个人生活的社会，该体系是权力和经济资源的来源；抚育体系指的是由家庭和社区的物理与社会环境所组成。

❺ 小格拉夫顿·赫尔. 多元群体的社会工作实务//查尔斯·H. 扎斯特罗，等. 社会工作实务：应用与提高（第七版）[M]. 晏凤鸣，译. 北京：中国人民大学出版社，2005：396.

❻ 王思斌. 社会工作本土化之路. 北京：北京大学出版社，2010 年版；王思斌. 民族社会工作：发展与文化的视角. 民族研究，2012；王旭辉，柴玲，包智明. 中国民族社会工作发展路径："边界跨越"与文化敏感. 民族研究，2012（4）；任国英，焦开山. 论民族社会工作的基本意涵、价值理念和实务体系. 民族研究，2012（4）.

范是一种文化压迫,是对欧洲中心主义知识霸权的忽略。这一观点注意到欧洲白人中心主义社会工作模式在解决非洲裔黑人的需要时的无效性和压迫性,强调借用压迫者的社会工作范式的被服务者仅有有限的发展可能性,要求追问针对民族的社会工作的理论和实践是否缺乏文化和哲学的轮廓。[1] Graham 也认为认识论本质上受到历史时期、文化和意识形态的约束,因而导致民族或种族世界观的不同,要求重新利用古非洲的哲学体系来重构非洲后裔自己的本真标准。[2] 比如 Shiele 认为非洲裔社会是网状社会,触动这个网络的任何一点整张网都会震动,这非常不同于西方原子化的个人主义社会。这一观点符合后现代文化多元主义的内涵,也隐含在国内主张文化持存的学者的观点中。

中国民族地区跟西方发达国家的种族人群所处的社会状况非常不同。西方少数族裔已经身处高度的现代化制度覆盖之中,民族聚居多以社区的形式小规模地悬浮在民主政治经济体制中,而中国少数民族是以民族地区聚居或者说各民族共同体的形式在中原周边集中分布,形成中华民族多元一体格局,此外,跟西方发达国家相比,中国民族社会更多了一层经济现代化的压力。因此,中国民族社会工作面临的问题就跟西方族群或种族社会工作要处理的问题不太一致,民族地区面临的紧迫任务是经济发展和文化生活方式的保持。本文主张作为曾成功缓解西方"自由主义乌托邦"和"社会保存"[3] 之间矛盾的重要媒介制度的社会福利社会工作是值得借鉴的媒介制度,但是作为解决中国民族地区经济发展和文化持存两者间的媒介制度的民族社会工作的构成要素需要重新建构。本文认为地区经济发展和文化持存都不仅是宏观层面要处理的问题,也是微观层面和中观层面的问题,毕竟地区经济发展和文化持存两者都需要人和地区组织(如社区)来具体承担。本文试图构建一个民族社会工作的微观—中观—宏观理论研究框架,主张在现阶段,以个体层面(文化连续体)、社区层面(交叠共识)以及社会层面(结构耦合)为主要内容的民族社会工作框架能充当起地区经济发展与文化持存之间的媒介机制。

---

[1] Schiele, J. H. 2005, Cultural oppression and the High – Risk Status of African Americans, Journal of Black Studies, Vol. 35, No. 6, pp. 802 – 826

[2] Graham, M. J. 1999, The African – Centered Worldview: Toward a Paradigm for Social Work, Journal of Black Studies, Vol. 30, No. 1, pp. 103 – 122

[3] 卡尔·波兰尼. 大转型:我们时代的政治与经济起源 [M]. 冯钢,刘阳,译. 杭州:浙江人民出版社,2007.

三、民族社会工作理论框架：文化连续体、交叠共识与结构耦合

"民族存在于社会之中"，❶ 地区经济发展和文化持存都需要人和地区组织（如社区）来身体力行，甚至到底什么才是地区经济发展和文化持存目标本身也是由参与其中的人和组织通过沟通逐渐建构起来的。所以，作为两者的媒介制度，民族社会工作理论框架需要从微观、中观和宏观层面来建构。微观层面需要解决如何看待民族地区人的问题，是将之视为可以理性计算的经济人、深受文化价值系统内化的木偶还是将之视为具有受脚本、认知图式、规则等指导的具有认知能力的行动者？中观层面需要处理集体行动的问题，在经济发展和文化持存中的任务、方式和行动安排均需要达成某种程度的共识或均衡。同时在宏观层面需要解决的是整合问题。这三个层面是一个有机系统，彼此互相构成互相影响。本文将以文化连续体（微观）、交叠共识（中观）和结构耦合（宏观）来建构中国民族社会工作理论研究框架。

不同民族的人的感情、情绪以及思想是相同的，差异只是取决于我们选择什么样的方式来表达它们，❷ 而这样的表达方式的差别即体现为文化之间的差别。但是，随着各民族人员流动的增加，我们大多数人生活在一个"文化连续体"❸ 之中，"文化连续体"意指我们每个人不仅生活在自己本民族的文化濡化之内，也生活在其他文化的涵化之中，可以说没有人生活在纯而又纯的单一文化圈内。微观的"文化连续体"概念具有两方面作用，首先该概念符合社会实际，并能容纳"经济人""文化人"和"认知人"；其次，"文化连续体"中不同群体的人际互动形成的自然支持系统是民族地区的社会资本网络，为社区层面上"交叠共识"（overlapping consensus）的形成提供了组织基础。

---

❶ 麻国庆. 民族与社会丛书总序//黄志辉. 无相支配：代耕农及其底层世界［M］. 北京：社会科学文献出版社，2013：7.

❷ 小格拉夫顿·赫尔. 多元群体的社会工作实务//查尔斯·H. 扎斯特罗，等. 社会工作实务：应用与提高（第七版）［M］. 晏凤鸣，译. 北京：中国人民大学出版社，2005：397.

❸ "文化连续体"概念认为美国大多数土著生存在一个"文化连续体"中，这种文化连续体包括传统的、边缘的、中产阶级的以及泛印第安的生活风格。Williams, E. E. , & F. Ellison," Culturally Informed Social Work Practice with American Indian Client：Guidelines for Non – Indian Social Workers."Social Work 41（2）pp. 147 – 151. 再引自小格拉夫顿·赫尔. 多元群体的社会工作实务. 2005：388.

　　"交叠共识"是约翰·罗尔斯试图在普适主义与文化多元论之间建立起合乎逻辑的关系而提出的概念，所谓交叠共识，就是具有不同世界观的人们在政治公正方面分享一致看法的那一个共同部分。他认为共处于同一社会的人由于具有不同的人生观和世界观，不同的宗教信仰和哲学信念，对于人生价值和政治标准不可能有完全相同的看法。❶ 这一观点也同社会工作里的二元文化模型❷相契合，二元文化模型针对在两种文化中完成社会化的少数族裔，认为由于在少数族裔文化和主要文化之间存在一种重合，这种重合提供了一种共享的价值观和规范，强调确定两种文化之间的临界点，来充当它们之间的入口。这种强调两种文化之间临界点与入口的观念也就是现象学所谓的"视域融合"。中国各少数民族在文化连续体光谱上所处的位置不尽相同，有的民族近处内陆，文化边界不清晰，而有些民族却具有相对明确和密致的像网一样的文化边界，经济流动、媒体传播及人员接触等方面就会带来文化方式上的摩擦和碰撞，在这种情况下，不能用单一的理性逻辑或普适性惯例方式（比如现代化的经济增长逻辑或以欧洲白人文化为出发点的社会工作方式等待）来处理，否则可能会导致无效率，甚至会激起抵制甚或导致民族冲突。因此，作为中观层面的交叠共识，承认某种程度的自然组织形成的自然社会系统的文化本真，也承认某些价值如生命权等的普适性，同时，还有效的实践策略，认为只有通过彼此的交流、沟通形成交叠共识才能维持社会层面如地方政府、现代化公司和在地民众之间的长期稳定关系。

　　只有在交叠共识的基础上才能实现宏观层面的结构耦合（structural coupling），结构耦合的概念来自尼克拉斯·卢曼（Niklas Luhmann）的系统论，卢曼为了说明社会系统与环境的关系，提出闭合的社会系统借助于结构耦合（即结构的连接），就可以对外界做出反应，外界现象会被系统按照系统本身的可能观察，并且如果系统为此形成了相应的容纳能力，外界现象也会被系统转换为它自己的过程，比如法律和政治通过宪法被连接起来，科学和教育

---

❶　顾肃. 当代自由主义对社群主义理论挑战的回应. 哲学动态，2002（11）.

❷　二元文化主义模型由德·安达（Anda）于1984年提出，针对的对象是同时生活在两种文化之中并且在两种文化中完成社会化的少数族裔，二元社会得以存在。O. 威廉·法利、拉里·L. 史密斯、斯科特·W. 博伊尔. 社会工作概论（第十一版）［M］. 隋玉杰，等，译. 北京：人民大学出版社，2010：362.

通过大学的组织形式被连接起来。❶ 本文认为，"结构耦合"概念很好地反映民族社会工作作为处理民族文化持存和地区经济发展两种制度之间的媒介制度的位置和功能。结构耦合概念在族群关系研究中也有比较接近的概念，即社会结构的相互进入（structural assimilation）。❷

根据上述对微观层面的文化连续体、中观层面的交叠共识以及宏观层面的结构耦合的论述，可以整理出民族社会工作的理论框架如下表所示：

民族社会工作理论研究框架

层次	分析单位	机制
宏观	社会整合	结构耦合
中观	社区/共同体互动	交叠共识
微观	人际互动	文化连续体

文化连续体、交叠共识及结构耦合三者之间结成互构的有机体系。从微观人际互动层面来看，承认人是生存在文化连续体中，人与人之间有不同的看待世界的方式，在这一基础上，通过人际互动、沟通交流形成集体意志；从中观集体行动层面来看，社区/共同体层面的有关组织之间通过对彼此意志、理念的沟通交流达成交叠共识，来建构并解决社区层面经济发展和文化持存问题；从宏观制度层面来看，民族社会工作制度体系能够整体协调经济发展和社会稳定，成为两者之间的结构耦合媒介。微、中、宏观三个层面各自有自己独立的意义，但同时三者又互构为一个完整的动态体系，三者纵向间既彼此限制又互相使能，宏观层面的结构耦合对中观和微观层面的互动而言具有制度环境和制度化途经的意义，中观层面的交叠共识来自人际互动形成的集体意志同时反过来也会影响人际互动和宏观层面的制度耦合程度，从而在整体上形成上下动态均衡的结构耦合。

四、民族社会工作理论框架的现实意义

社会工作是以现实需要为导向的，❸ 该理论框架的现实意义即在于对民族

---

❶ 瓦尔特·里斯－赛富．卢曼导论．丁东红，编译．社会的社会//世界哲学，2005（5）。

❷ 马戎．西方民族社会学经典读本——种族与族群关系研究［M］．北京：北京大学出版社，2004：18～19.

❸ 王思斌．民族社会工作：发展与文化的视角．民族研究，2012（4）.

社会工作的指导意义。首先，在微观层面开展个案和小组工作时，需要了解服务对象处于哪种文化连续体中，才能把握案主的独特性进而才能做好服务。例如，针对汉化程度很高的少数民族案主，就没有必要特意强调案主的民族身份，但是，对于具有明显文化边界的少数民族案主，就需要了解他们的"文化之网"的意义，这时候培训具有民族身份的社会工作者，使之作为两种文化/制度的入口发挥协调媒介作用就显得非常重要。其次，在中观层面上，解决群体和群体之间或组织和组织之间以及其内部的需求时，需要社会工作者作为媒介，促使双方交流沟通，达至"交叠共识"，才能维持关系的长期稳定。在中观层面上反面例子很多，比如矿业公司和民族群众之间的矛盾，以及社区经济发展和文化持存之间的矛盾等，都需要社会工作者促成对话平台，形成包括政府、企业和社区参与的社区政策网络。在宏观层面，社会工作制度作为居于经济发展和文化持存两者之间媒介制度，能形成稳定的"结构耦合"，从微观、中观和宏观三个层面形成协调性制度。

综上所述，本文认为现阶段民族地区的最基本的任务是要处理经济发展与文化持存两者之间的选择困境，提出民族社会工作作为提升社会福祉的介入制度，可以作为中间媒介体系，来软化经济发展和文化持存两者之间尖锐的逻辑对立。并以微观层面的文化连续体、中观层面的交叠共识和宏观层面的结构耦合为核心要素来建构中国民族社会工作理论研究框架。上述民族社会工作理论研究框架采取了建构主义的视角，暗合对多元文化"承认"（recognition）❶ 的道德意涵以及社会治理（social governance）❷ 题中应有之义。需要指出的是中国民族社会工作体系建设正处于研究、积累的起步阶段，该框架只是搭建了一个开放的平台，提出了各个层面最基本的原则要素，不仅不排斥反而需要各种具体的社会工作知识的充实。

---

❶ "承认"概念的基本含义是指个体与个体之间、个体与共同体之间、不同的共同体之间在平等基础上的相互认可、认同或确认；在全球化时代多元文化主义冲击的背景下，该概念也突出了各种形式的个体和共同体在平等对待要求的基础上的自我认可和肯定。参见阿克塞尔·霍耐特. 为承认而斗争. 胡继华，译. 上海：上海人民出版社，2005.（译者前言）：3；南茜·弗雷泽，阿克塞尔·霍耐特. 再分配，还是承认？：一个政治哲学对话. 上海：上海人民出版社，2009.

❷ "治理"的观点认为"政府的任务不被看成做出决策和执行政策，而是编织与其他一系列参与者一起的行动。"H. K. 科尔巴奇 [M]. 政策. 张毅，韩志明，译. 长春：吉林人民出版社，2005：103.

关于社区服务如何定性的思考

赵淑兰　姚丽娟

（中央民族大学民族学与社会学学院　北京　100081）

一、社区服务定性问题的实践困惑

中国有句俗话，"远亲不如近邻"。仔细体会一下此话，我们就会发现这句话中包含丰富的内涵，邻里之间在生活上相互关心，相互帮助，相互扶持；在精神上相互慰藉，相互支持；东家吵架西家劝，西家吵架东家劝；生活在这样的邻里之间，你不会感到空虚和无助……正因为这样，人们大多非常珍视自己的邻里，并以"远亲不如近邻"时时提醒自己。中国乡土社会中那种出入相友，守望相助，贫病相扶的纯朴民风由此可以窥见一斑。用我们今天的话来说，这种纯朴民风中所蕴含的其实就是社区服务内容和精神。

新中国成立初期，中国各城市也由街道居委会和机关企事业单位家委会牵头，组织开展过各种各样的社会服务活动，这些活动不仅包括清洁卫生、环境绿化、治安巡逻等公共服务，扫盲识字、时事宣传、群众性文化娱乐等公益性社会教育活动，而且也包括方便群众生产生活的各类服务以及帮助"三无"人员的社会救助服务。这些活动大多不计报酬，由参加者提供义务劳动完成，因此，就其属性而言，应当归入福利性服务。这种服务模式直到计划经济体制松动以前都没有发生根本的改变。

随着中国经济的恢复和发展以及改革开放政策的推行，计划经济体制下企业办社会的弊端逐渐显露出来，为企业减负的呼声日益高涨，中国原来那种以企业为主体的社会保障模式受到前所未有的挑战。在这种情况下，民政部从探索建立社会主义保障制度的角度，提出了"社区服务"的概念。1987

年 7 月民政部在武汉召开的城市社区服务座谈会上，"明确了社区服务的内容和任务"❶。此后，社区服务在各级民政部门的推动下，在中国城市社区迅速发展起来。不到两年时间，全国城镇各类社会福利服务设施就发展到 69600 多个（1988 年年末），是两年前的 8.9 倍，各类便民利民服务网点几十万个，并出现了老人公寓、社区服务中心等新型服务设施和服务项目❷。为了进一步推动城市社区服务工作的深入发展，使社区服务在城市中得到普及，1989 年 10 月，民政部在杭州召开全国城市社区服务工作经验交流会，会议指出发展社区服务要以社会效益为目的，以经济效益为手段，走"以服务养服务"（即以经营性服务收入维持福利性服务工作的继续）之路❸。这一原则在实际操作中的情况则是社区服务的经营化倾向越来越突出。社区服务的定性问题开始引起人们的关注，特别是在 1992 年中国政府明确提出建立社会主义市场经济体制的目标之后，社区服务将沿着什么方向发展成为一个热门话题。

为了规范社区服务的发展，同时为社区服务的发展指明方向，1993 年，民政部会同国务院 13 个部委联合颁发了《关于加快发展社区服务业的意见》（以下简称《意见》）。该《意见》对社区服务业的发展方向、发展目标、基本任务、资金来源、价格体系、运行机制、行业管理以及统筹规划等方面都做出了原则性规定❹。这一文件将社区服务业界定为"在政府倡导下，为满足社会成员多种需求，以街道、镇和居委会的社区组织为依托，具有社会福利性的居民服务业"，并将其纳入第三产业的发展范畴。

作为一种产业，其本质属性是经营性，也即营利性。然而《意见》又明确指出福利性、群众性、服务性、区域性是社区服务业的四大特点，而且，《意见》在界定"社区服务业"时，在"居民服务业"之前增加了"具有社会福利性"这样一个限定词。这种既作为产业来发展，又强调其福利性的双重要求给实际操作带来了极大的困惑。《国务院关于加强和改进社区服务工作的意见》（国发〔2006〕14 号）将社区"公共服务""志愿服务""公益性服务""非营利服务""互助性服务""微利性商业服务""营利性商业服务"

---

❶ 唐忠新. 中国城市社区建设概论［M］. 天津：天津人民出版社，2000.
❷ 杨益萍，孙金富. 社区服务工作［M］. 北京：中国社会出版社，1996.
❸ 同上.
❹ 《关于加快发展社区服务业的意见》民福发〔1993〕11 号.

统统纳入社区服务的范围，并明确指出要"鼓励和支持各类组织、企业和个人开展社区服务"。在实践当中，各地政府根据自己的理解去发展社区服务，有些地方社区服务的福利性比较突出一点，有些地方的社区服务则与市场服务没有什么两样，唯一的区别就是能享受政府的各项优惠政策。

从上述社区服务发展的脉络中可以看出，中国社区服务在实践层面悄然经历了一个从互助性服务到义务性服务，到"以服务养服务"，再到作为一种产业来发展这样一个渐变过程。在这个过程中，福利性不断淡化，经营性（实质上营利性）逐渐突显。这种变化造成了福利资源向非福利性服务市场流失而不是相反，有违民政部提出发展社区服务的初衷，激起了社会各界的强烈反响。

二、社区服务定性问题的理论研究

关于社区服务如何定性，学术界展开了激烈的讨论，一些专家学者认为福利性是社区服务的根本属性。这种观点的代表性表述主要有："社区服务不以营利为目的，而把社会效益放在第一位"❶；社区服务是"用服务设施和服务项目来增进公共福利，提高服务质量的区域性社会服务"❷；是"在政府的支持下，通过调动社区内外的各种资源而进行的福利性服务"❸；是"为社区居民提供的增加社区的社会共同体属性的福利性、公益性、互助性、义务性服务"❹；"社区服务属于社会保障第一板块的运作范畴"，"它只有福利性和公益性而无经营性和商业性"❺；"保持非营利性是中国社区服务机构当前面对的重要问题"，"对于中国的社区服务机构的评估，首先要确认其非营利性"❻；"社区服务的基本属性应坚定不移地定位于非营利性、福利性、公益性"❼。这些专家学者在主张坚持社区服务福利性的同时，大多也主张对社区

❶ 张德江. 社区服务工作文集 [M]. 北京：中国社会出版社，1991.
❷ 唐钧. 关于城市社区服务的理论思考 [J]. 中国社会科学，1992 (4).
❸ 关信平，张丹. 论我国社区服务的福利性及其资源调动途径 [J]. 中国社会工作，1997 (6).
❹ 郭伟和. 社区服务的性质功能和目标之我见 [J]. 中国社会工作，1998 (1).
❺ 施骏. 社区服务：新时期的定位、路径和模式 [J]. 中国社会工作，1998 (1).
❻ 杨团. 推进社区公共服务的经验研究——导入新制度因素的两种方式 [J]. 管理世界，2001 (5).
❼ 高灵芝. 当前中国城市社区服务的基本定位与发展走向 [J]. 甘肃社会科学，2004 (3).

服务的外延进行适当的限定。"社区服务不等于社区内存在的所有服务活动，它应该只包括其中的福利性服务，而不包括商业化的服务"❶；"社区服务就应该是有助于社区中社会共同体属性增强的服务，福利性服务显然是有助于社区的社会共同体属性"的，而"商业化或者说以盈利为目的的的商业化服务本身其出发点不是以社区的社会共同体属性为目的的"，因此，我们不能把在社区中的所有社会服务活动都称之为"社区服务"❷。

另一些专家学者虽然没有直接提社区服务的属性问题，但是，从其论述来看，他们实际上是承认社区服务的双重属性。这种观点内部又有一些细微的差异，有些人主张福利性与经营性并举，以福利性为目的，以经营性为手段，实现以经营性服务之收入维持甚至扩大福利服务之提供，以解决我国在社区服务发展过程中社会福利资金紧缺的燃眉之急。例如，刘伟能在回顾了社区服务的 10 年发展经历之后，将社区服务界定为："在政府的指导和扶植下，利用和开发社区内资源，发动和组织社区内的成员，开展各种福利服务和便民服务，以不断满足人们的物质生活和精神生活的需求，提高人的素质，促进社会的进步与发展"。同时指出，"中国社区服务兼有'福利服务'和'方便人民生活'双重任务"。"从'福利服务'方面来看，应注重它的社会保障功能，从'方便人民生活'来看，应注重它的社会服务性"。"社区服务作为第三产业的重要组成部分，可以吸纳更多的社会闲散人员，扩大就业渠道，为社会的安定和经济的发展，发挥积极的作用"❸。

另一些人则在不否认福利性的同时，强调如何通过社区就业，参与社区服务业，缓解中国社会日益严峻的就业压力，并在社区就业中寻找新的经济增长点。这种观点的代表性论述有：社区服务是"为社区成员的物质生活和精神生活所提供的各种福利和社会服务"，"在推动再就业工程中具有重要作用"，"社区服务业具有较强的吸纳劳动力的能力，大力发展社区服务业可更多地安排下岗职工，增加就业机会"，"社区服务业是很大的劳务市场，随着我国现代化程度的提高和社区服务业的发展，将会提供更多就业岗位"❹；

---

❶ 刘伟能. 社区服务的理念、功能和特色 ［J］. 中国社会工作，1997（2）.
❷ 赵丽欣，王军. 论社区服务与再就业 ［J］. 经济论坛，1999（15）.
❸ 赵平辉. 社区服务业蕴藏巨大的就业潜力 ［J］. 河南省情与统计，2003（5）.
❹ 朱庆红. 发展社区服务　实现下岗女工再就业 ［J］. 唯实，2003（4）.

"大多数社区服务可以是经营性的","随着经济社会的发展与人们对社区服务业需求的日益增长,社区就业逐渐成为下岗职工和失业人员实现再就业的重要领域"❶;"发展社区服务理当成为城市经济发展战略的一个战略构成单元"❷,社区服务业"以劳动力密集和不断扩大的市场需求为吸收就业提供了巨大空间","是下岗失业人员实现再就业的一个主要途径"❸;"社区就业存在着巨大的发展潜力。作为一项新兴事业,有意识地发展社区服务业促进再就业应该成为今后促进下岗职工再就业工作的重点"❹;"从北京、上海、江苏等起步较早的地区看,半数以上的下岗职工依托社区找到了岗位。社区服务业已成为下岗、失业人员实现再就业的主阵地"❺;"社区服务既具有福利性的事业属性,也具有经营性的产业属性,它是一种具有福利性的特殊产业","社区服务产业化是指社区服务工作从行政性经营到市场化经营,从事业化管理到企业化管理,从非经济实体到经济实体,从财政维持到自负盈亏的过程,是市场经济条件下社区服务业发展的较高阶段"❻,等等。

对社区服务持双重属性观点的专家学者大多对社区服务的外延界定极为宽泛,不仅包括社区公共管理、社区福利服务、社区便民利民服务和面向社区内单位的后勤服务,而且还包括社区私人领域的家政服务。可以说他们将一切在社区中开展的社会服务活动都被纳入了"社区服务"的发展范畴。与民政部等14部委在《意见》中所说的"社区服务"相比,其外延之大有过之而无不及。

三、社区服务的分解与分类定性

仔细分析上述两种观点,就会发现它们有一个共同点,那就是它们在定性和外延界定上存在一致性。第一种观点将福利性作为社区服务的本质属性,在界定社区服务的外延时,其基本主张是一种狭义的社区服务,反对将社区

---

❶ 赵新彦. 当前下岗失业人员从事社区服务业的几种组织形式 [J]. 长沙民政职业技术学院学报,2003(12).

❷ 杨宜勇. 城市社区就业发展前景巨大 [J]. 理论与改革,2002(1).

❸ 张宪平. 未来十年我国就业形势的分析及其对策 [J]. 经济师,2002(3).

❹ 于燕燕. 社区服务要走产业化发展之路 [J]. 前线,2004(4).

❺ 刘伟能. 社区服务的理念、功能和特色 [J]. 中国社会工作,1997(2).

❻ 《关于加快发展社区服务业的意见》民福发〔1993〕11号.

内的一切服务活动特别是社区内的商业性活动视作社区服务，而只将社区福利服务视作社区服务。依照这种观点，我们需要对社区服务的官方定义进行重新界定。

关于社区服务的官方定义，民政部早在 1987 年就在大连社区服务座谈会将其界定为"在政府的倡导下，发动社区成员开展互助性的社会服务活动，就地解决本社区的社会问题"；同年在武汉召开的社区服务工作座谈会上又做了进一步的补充，指出："社区服务是在社区内为人们的物质生活和精神生活所提供的各种社会福利与福利服务。"❶ 1993 年民政部等 14 部委在《意见》中给"社区服务业"下了一个定义，尽管在"社区服务"后面增加了一个"业"字，但理论和实务界依然认为《意见》中对"社区服务业"的界定就是"社区服务"的官方定义，《意见》的内容本身也支持了这一点。

综合持第一种观点的专家学者所给出的定义，笔者将社区服务界定为：社区服务是在政府的支持和推动下，调动社区内外的各种资源，为社区内的困难人士提供救助性福利服务以及为社区全体居民提供公益性公共服务、互助性服务和义务性服务。

第二种观点将福利性与经营性作为社区服务的双重属性。相应地他们对社区服务的外延界定也非常宽泛，基本上涵盖了在社区中所开展的一切社会服务活动，不管是福利性的还是非福利性的。有人将这种包罗万象的社区服务形容为"社区服务是一个筐，什么都往里面装"。在他们看来，在开展社区福利服务时，应当坚持福利性，在开展社区便民利民服务、面向社区内单位的后勤服务等服务活动时，则坚持市场原则。这在理论上并无说不过去的地方。然而，在实际操作中，同是从事社区服务，福利服务和非福利服务是很难截然分开的。在各种利益因素的驱动下，其实际结果往往是福利服务市场被非福利服务市场侵蚀，从而导致社区中的福利服务需求者得不到应有的福利服务。

不仅如此，社区中非福利服务的需求者在生产生活中的各种服务需求也得不到满足。因为中国目前的社区服务业是由政府主导的，从事社区服务业能够享受一些政策优惠甚至政府的直接扶持。既然这样，地方政府自然要对

---

❶ 吴方桐. 社会学教程［M］. 武汉：华中师范大学出版社，2000.

社区服务业设置一些准入条件。这样，获得民政部门许可证的人从事社区服务业就可以获得一些优惠，而没有获得民政部门许可证的人从事社区服务业就不能享受政府的优惠政策。这不仅给工商部门的执法工作增加了难度，而且会人为地造成社区服务市场内部的贫富不均，使一部分从事社区服务业的人产生不满情绪，甚至离开社区服务行业，影响社区服务业的持续有序发展。

如果说在社区服务发展的初期，由于社区服务的规模比较小，服务设施比较少，服务涵盖面非常有限，政府不断加大社区服务投入，不加区分地大力推动社区服务的发展有其合理性的话，那么现在社区服务的内容已从最初的邻里互助、为民政对象服务拓展到老年人服务系列、残疾人服务系列、婴幼儿服务系列、青少年服务系列、精神卫生服务系列、拥军优属服务系列、社会救助服务系列、民俗改革服务系列、文化娱乐服务系列、便民生活服务系列、后勤服务系列、就业培训系列、家政服务系列等，无论是服务内容还是服务涵盖面都发生了很大的变化，而且多数市民对服务的需求还在不断增长，在这种情况下，政府显然不可能再像以前那样，"什么都往社区服务里装"了。否则，政府将难免陷入通过社区办社会的泥潭。这与"小政府，大社会"的改革方向是背道而驰的。

基于以上分析，笔者认为，对社区服务进行明确的定性，使社区服务在以后的发展中摆脱"一仆二主"（指既被纳入社会保障体系，又被纳入社会服务体系），在福利性和经营性两种相互对立的矛盾要求中徘徊，已成为社区服务今后发展的关键性问题。

如何对社区服务进行明确的定性？笔者认为首先应当对民政部门现在所说的社区服务进行分解，将其分解为社区公共服务、社区准公共服务和社区市场服务三大类。社区公共服务包括社区治安、社区管理和社区救助等内容，这部分服务属于社会公共服务的范畴，其根本属性应当是福利性。社区准公共服务包括托老所、老年公寓等托老机构，托儿所、幼儿园等幼托机构，弱智儿童启智中心、残疾人康复中心等康复机构，就业培训、职业介绍等就业服务机构，这部分服务具有一定的公益性，属于准公共物品的范畴，其根本属性也应当是福利性。社区市场服务包括搬家、小区物业管理、家庭生活服务设施维修等便民利民服务，家庭保洁、儿童照料等家政服务，面向社区内机关、企事业单位的后勤服务等，这部分服务具有明显的排他性，应当由服务消费者自行购买，其根本属性应当是经营性。

社区公共服务是政府的责任，因此，这类服务所需要的资金应当由政府财政全额提供。政府不能要求社区公共服务机构去从事经营性服务活动，以实现"以服务养服务"。在笔者看来，所谓"以服务养服务"，其实是政府在推卸自己的福利责任，其结果只能是损害福利服务需求者的利益。社区准公共服务是政府和社会以及服务需求者的共同责任，政府可以视其财政承受能力给予支持或购买服务，目的在于吸引各种社会力量投资于社区公益事业。至于社区市场服务，由于社区服务本来就属于微利性服务，没有政府的扶持政策是很难形成一个良性运行的服务市场，从而难以满足城市社区居民不断增长的服务需求的。因此，政府应当制定一定的优惠政策，对社区市场服务进行必要的扶持。

为了避免出现社区服务许可证制度所带来的厚此薄彼现象，同时也消除从事社区服务业的准入障碍，笔者建议将社区市场服务从民政部门所说的社区服务业中分离出来，交由工商部门去管，相应的优惠政策也由工商部门去执行。这样做既可以减少民政部门与工商部门之间不必要的协调，降低行政成本，又使以统一的优惠政策去对待所有从事社区市场服务的人成为可能，有利于形成社区服务市场内部的有序竞争，从而促进社区市场服务的发展，增加社区就业岗位，不断满足城市社区居民日益增长的服务需求。民政部门则集中精力搞好社区公共服务和社区准公共服务。

参考文献

［1］唐忠新. 中国城市社区建设概论［M］. 天津：天津人民出版社，2000.

［2］杨益萍，孙金富. 社区服务工作［M］. 北京：中国社会出版社，1996.

［3］《关于加快发展社区服务业的意见》民福发〔1993〕11号.

［4］张德江. 社区服务工作文集［M］. 北京：中国社会出版社，1991.

［5］唐钧. 关于城市社区服务的理论思考［J］. 中国社会科学，1992（4）.

［6］关信平，张丹. 论我国社区服务的福利性及其资源调动途径［J］. 中国社会工作，1997（6）.

［7］郭伟和. 社区服务的性质功能和目标之我见［J］. 中国社会工作，1998（1）.

［8］施骏. 社区服务：新时期的定位、路径和模式［J］. 中国社会工作，1998（1）.

［9］杨团. 推进社区公共服务的经验研究——导入新制度因素的两种方式［J］. 管理世

界，2001 (5).

[10] 高灵芝. 当前中国城市社区服务的基本定位与发展走向 [J]. 甘肃社会科学，2004 (3).

[11] 刘伟能. 社区服务的理念、功能和特色 [J]. 中国社会工作，1997 (2).

[12] 赵丽欣，王军. 论社区服务与再就业 [J]. 经济论坛，1999 (15).

[13] 赵平辉. 社区服务业蕴藏巨大的就业潜力 [J]. 河南省情与统计，2003 (5).

[14] 朱庆红. 发展社区服务　实现下岗女工再就业 [J]. 唯实，2003 (4).

[15] 赵新彦. 当前下岗失业人员从事社区服务业的几种组织形式 [J]. 长沙民政职业技术学院学报，2003 (12).

[16] 杨宜勇. 城市社区就业发展前景巨大 [J]. 理论与改革，2002 (1).

[17] 张宪平. 未来十年我国就业形势的分析及其对策 [J]. 经济师，2002 (3).

[18] 于燕燕. 社区服务要走产业化发展之路 [J]. 前线，2004 (4).

[19]《关于加快发展社区服务业的意见》民福发〔1993〕11 号. 该《意见》中有如下文字："自1987 年民政部倡导这项事业起，目前在全国大中城市已初具规模。截至1992 年年底，各类社区服务设施 11.2 万个，形成了以社区服务中心为骨干，以老年人、残疾人、优抚对象服务和便民利民服务为主要内容，以发展社区服务实体来增强自我发展能力的社区服务业格局。""社区服务作为新时期探索社会福利社会办和职工福利向社会开放的一条新路子，适应了政府转变职能，企业转变经营机制的需要，有利于经济的发展，社会的安定，人民生活质量的提高，促进了社区精神文明建设，得到了广大基层干部和人民群众的欢迎。"

[20] 吴方桐. 社会学教程 [M]. 武汉：华中师范大学出版社，2000.

专业化、本土化、土生化与国际化

——全球社会工作发展路径与走向

卫小将

（中央民族大学民族学与社会学学院　北京　100081）

　　社会工作是一种制度化的助人专业与职业，缘起于 19 世纪前后的欧美国家。当时，工业化和城市化引发了系列性社会问题（如贫困、失业、酗酒、犯罪、卖淫、自杀等），对此，基督教徒占总人口 50% 以上的欧美国家将其视为是一种"道德原罪"，一些慈善人士凭借宗教情怀企图救赎个体"失落的灵魂"，以宗教组织为依托的社会救助陆续展开。其中，英国首倡的慈善组织会社和睦邻组织运动较为典型，美国将其发扬光大，开启了个案和小组工作的雏形。20 世纪初，受实证主义的影响，宗教慈善行为糅合了心理学、社会学、哲学、管理学和政治学等学科理论，逐步迈向专业化与职业化。20 世纪 60 年代，在美国女权运动、反越战运动和反种族歧视运动的助推之下，社区工作趋于成熟。由此，社会工作实现了专业化，以美英为首的资本主义国家普遍建立了社会工作制度。第二次世界大战以来，新殖民主义的渗透外加转型社会问题所迫，发展中国家纷纷效仿美英开设社会工作，全面复制其教育和实践模式，梅志里称其为"专业帝国主义"。20 世纪 70 年代之后，受反殖民主义和后现代主义影响，许多发展中国家开始质疑美英模式在其本土的适切性，倡导本土化运动。在此基础上，学者们进一步倡导深度本土化，即下文提到的土生化。通过回顾全球社会工作的发展，我们发现其隐约存在某种拉扯关系，欧美遵循一种"非专业化—半专业化—专业化—高度专业化"的发展路径，发展中国家则迈向"非专业化—欧美化—本土化—土生化"的发展路径，这两条路径有可能汇合于一种包容性的国际性社会工作框架。

一、专业化：社会工作发展的话语建构

社会工作成为一个专业是近百年的事情，英美等国家从济贫工作开始发展演变成为一种系统的助人科学和专业。然而，专业化也是一个颇具争议性的议题。1915 年，在美国慈善大会上，学者弗兰克提交了一篇题为《社会工作是一个专业吗?》的会议论文，文章认为社会工作不具备一个专业的特质，因为它不是建立在科学和知识的基础上。● 这一点的确令广大社会工作者心有余悸，此后专业化一直成为社会工作的目标和指向。1917 年社会工作先驱之一里士满撰写了名为《社会诊断》的著作，顾名思义，该著作将社会比作生命体，社会问题比作疾病，社会工作者就是"诊断医生"。里士满暗含的目标是，将社会工作者塑造成像医生一样具备权威性和科学性的专业人士。因此，《社会诊断》标志着社会工作正式发展成为一门专业。1947 年，李德曼在《社会工作在混乱的世界中走向成熟》一文中认为，社会工作作为一个专业正在走向成熟，它能够吸收来源广泛的知识和技巧而又不会失去自己的身份。❷ 1966 年，格林伍德提出专业的特性应包括系统的理论、社区的管制与认可、权威、专业伦理、专业文化。❸ 他认为，社会工作成为一个专业必须具备其中一些特点，因此建议社会工作的任务是去获得更高的地位并实现高度专业化。格林伍德的观点受到了欧美社会的普遍认同，并成为社会工作发展的指导思想。沿着格林伍德的标准，美英社会工作不断地发展理论和技术，规范伦理守则，推动立法和职业资格认证，塑造专业助人文化，进而持续构建社会工作的专业特质。因此，社会工作由一种非专业的慈善行为发展成为半专业化、专业化和高度专业化的科学。

面对社会工作的专业化取向，并不是所有人都双手拥护，也有其不同的声音。许多学者沿着弗兰克的质问继续前行，受马克思主义和韦伯理论影响的学者认为，专业化只不过是职业群体为保障维护自身利益而采取的策略，

---

❶ Abraham Flexner. Is Social Work a Profession [C]. Proceedings of the National Conference on Charities, 1915: 589.

❷ 秦炳杰，陈沃聪，钟剑华. 社会工作基础理论 [M]. 香港：香港理工大学出版社，2002: 114.

❸ 王思斌，何国良. 华人社会——社会工作本质的初探 [M]. 香港：八方文化企业公司，2000: 153 – 154.

背后的动力受到权力和利益的驱使，目的是排斥其他社群于他们的圈子之外。❶ 与此相类似，拉森认为，专业化是一个某类服务的生产者企图去塑造并控制其专业市场的过程，它是一个尝试把某种稀有资源——独特知识和技术——转化成别的稀有资源——即社会和经济报酬之努力。❷ 尚邦等人在《福柯与社会工作》一书中采用福柯的话语、权力和规训等经典概念解析了社会工作。他们认为，临床工作中，社会工作者通过专业话语规训当事人，使其自觉地被殖民化，最终被常规化。此外，美英社会工作是与国家勾结在一起管理群众的控制者，是一个双面人，为了完成其目的必须主宰服务对象。❸ 近年来，受后现代主义思潮的影响，也有人提出社会工作是一种被建构的专业，建构者通过建构当事人的问题来谋求其自身的利益等。香港学者佘云楚通过对社会工作的社会学分析指出，那些所谓的"专业理念"或"专业特质"，如专才知识、服务取向、为当事人保密、内部调控等全属谎言，从主观上看，它们充其量是为这些"高人一等"的职业作装饰，从而令专业人士能够安寝于既得利益而不需自疚。❹ 这些批判性的观点极具穿透力，虽然有些观点难免有夸大之嫌，但其从不同的角度反思和质疑了社会工作，对于警醒专业化进程中出现的问题具有积极的意义。最后需要说明的是，尽管受后现代主义影响，反社会工作专业化呼声时有发生，但后现代"只破不立"的特性注定不会给出社会工作的另类发展路径。因此，格林伍德的专业化特质始终在各国上空徘徊，社会工作专业化始终是各国发展的主流，也由此，发展中国家一度将美英社会工作视为模板，不断建构着社会工作的专业特质。

二、本土化：反专业帝国主义的探索

社会工作本土化探索主要兴起于发展中国家，学界将 1971 年联合国第五次国际社会工作培训调查作为本土化的开端。当时受反殖民主义和不结盟运

---

❶ 秦炳杰，陈沃聪，钟剑华. 社会工作基础理论 [M]. 香港：香港理工大学出版社，2002：114.

❷ 何芝君，麦萍施. 本质与典范：社会工作的反思 [M]. 香港：八方文化创作室，2005：73.

❸ Adrienne S. Chambon, Allan Irving and Laura Epstein. 辐柯与社会工作 [M]. 王增勇，译. 台北：心理出版社，2000：10.

❹ Adrienne S. Chambon, Allan Irving and Laura Epstein. 辐柯与社会工作 [M]. 王增勇，译. 台北：心理出版社，2000：80.

动的影响，第三世界国家提出本土化的概念，意在质疑欧美社会工作理论和模式对于第三世界国家的适切性，其本质是反对专业帝国主义。所谓专业帝国主义源于第二次世界大战之后，当时发展中国家为了应对经济发展引发的各类社会问题，纷纷效仿美国建立社会工作教育和职业制度，他们坚信社会工作是一个国际性和普适性的专业，是一种全新的助人方法，可以用来解决所有社会的问题。● 这种专业理想主义导致的生搬硬套使其专业效用受到影响，梅志里在《专业帝国主义：社会工作在第三世界国家》一书中叙述了这种现象："第二次世界大战后，许多第三世界国家模仿西方创办社会工作学院开展专业教育，社会工作学生按照西方标准模式培养，使用同样的教材、阅读同样的杂志、学习相同的理论和方法，诉诸同样的工作方式处理问题。与此同时，国际性社工作组织经常通过举办会议、展开学术交流和出版期刊等推动全球社会工作发展。整齐划一的工作模式被鼓励应用到不同经济、政治、文化和社会的国家。"● 事实上，欧美社会工作理念、方法与发展中国家的现实存在较大差异，梅志里认为要集中于两方面，一是社会工作反映出个人主义、人本主义、自由主义和资本主义无限制等优越的欧美文化价值和政治意识，这些与发展中国家存在较大差异；● 二是发展中国家的社会工作者相对于发达国家有较少的公共资源可利用，他们处境较差，薪酬低廉，而且要承担大量的工作任务。此外，他们面对的服务者大部分是贫困、失业、无家可归者、健康威胁者和饥饿者，更需要物质上的援助，依靠咨询和辅导为主的欧美社会工作显然是力不从心的。借此，许多学者建议发展中国家进行本土化的探索，这样才有可能从社会工作进口地独立出来，站在自己的立场上解决问题。

社会工作本土化内涵较为丰富，学者们从不同立场和视角对其进行了阐释。梅志里认为，本土化主要指契合性，即社会工作者的角色必须契合不同国家的需要，社会工作教育必须契合实务的需求。● 吴水丽认为，不能孤立地

● Ronald G. Walton andMedhat M. Abo El Nasr. Indigenization and Authentication in Terms of Social Work in Egypt [J]. International Social Work, 1988, 31: 135 – 144.

● 同上。

● 同上。

● 同上。

理解本土化，应将本土化和本地化、观念重建化、土生化、处境化等概念比较理解。❶ 梁镗烈对此进行了进一步阐释，他认为："本土化一般是指把进口的社会工作理论、知识、工作技巧，通过使用本地的文化去理解个中的观念，从而建立出适合本地情况的社会工作；本地化则强调执行社会工作的人员都要是本地人，或是所使用的文献信息是用本地语写成的；观念重建的着重点在于意识形态的研究，特别强调通过'意识化'来使我们醒觉到外来的社会工作背后的一套意识形态本地的不同，从而达致使社会工作植根于本土；土生化强调要基于某国家的社会、文化和经济特征去创造或建立一个适应本地社会、文化和经济特征的社会工作模式；处境化则注重从一个动态的角度去理解本地所面对的文化、政治、社会、历史、经济等因素（当中包含本地独特的处境和普世皆要共同面对的处境），从而建立一套合乎本土需要的工作模式。"❷

由于发展中国家的政治、经济、文化和社会制度方面存在较大差异，本土化策略也不尽相同。但无论如何，本土化一般都遵循引进、批判质疑、改造、扎根本土等逻辑路径。张玛丽和刘梦提出社会工作本土化的五个策略：❸其一，建立本土基础，如通过社会工作教育建立哲学基础、理论和工作守则；其二，在本土社会发展脉络中提出社会问题和发展策略；其三，重新界定西方的社会工作实践的核心观点、价值和知识基础，发展本土的概念和方法；其四，承认本土居民的历史文化经验和现实；其五，社会工作实践基于本土的资源和经验视角。这里我们需要警醒的是，尽管发展中国家倡导本土化及其策略，但其沿引的欧美社会工作框架体系是不变的。这种框架硬壳的存在一定程度上推进了社会服务的标准化和专业化，但也可能导致发展中国家的本土化只是被动地寻找内容去充实欧美框架。因而有意无意地忽略了探索其余可能性的路径，也可能消解和弱化本土性的非专业社会服务工作。

---

❶ 卫小将. 社会工作本土化研究之阐述 [J]. 学习与实践，2012 (5)：86 - 91.

❷ 梁镗烈. 社会工作本色化初探 [EB/OL]. http：//sociology. sysu. edu. cn/show. php? id = 165，(2009 - 07 - 21)，[2014 - 08 - 02].

❸ Maria Cheung and Liu Meng. The Self - concept of Chinese Women and theIndigenization of Social Work in China [J]. International Social Work，2004，47：109 - 127.

三、土生化：反思本土化的推进策略

土生化是发展中国家在社会工作本土化进程中衍生的概念。20 世纪中后期，一些发展中国家对于社会工作本土化的后果表现出质疑和不满。他们开始自觉与英美社会工作模式保持距离，转向本土性的探索。其主要理由包括几方面，首先，英美社会工作是基于满足个体需求的一种补救型干预，如美国模式更适用于处理个体冲突、焦虑、抑郁、精神紊乱、自杀、排斥、家庭关系破裂和虐待儿童等问题。而发展中国家主要面临制度性和结构性社会问题，二者之间存在较大鸿沟。据此，发展中国家的许多学者坚信基于根深蒂固西方模式理念的本土化并不能从根本上改变本土问题，目标上也不可能从补救型干预转向宏观社会结构和制度的重组。❶ 其次，英美社会工作是一个涵盖价值、伦理、理论、方法、角色和技巧的系统性概念。这些概念之间相互依存，彼此套嵌，一方以另一方的存在为基础，共同构成一个整体。如果在本土化过程中单项调整和修改其中的任何一个因素都有可能割裂社会工作的整体性，进而影响其整体功能的发挥。再次，倡导土生化的学者们针对本土化提出一系列质疑，西方式的教育模式培养出的社会工作者如何能解决本土的问题？基于英美哲学和价值基础的社会工作如何应对贫困、移民、城市流动人口和文盲问题？如果社会工作出口国并没有成功解决他们自身的歧视、失业和贫穷问题，我们还会相信进口国的本土化？❷ 如果西方社会工作的某种理论和方法本身就值得怀疑，而发展中国家却一味地对其进行调整和修改以适应本土，这样的本土化意义何在？最后，本土化很容易在发展中国家形成"专业—非专业""主流—非主流"和"科学—非科学"的对立与区隔，这些对立和区隔很容易弱化一些本土性的社会服务方法。由此，以西方框架为中心的外衍式本土化是不够的，还必须更进一步探索基于本土的内生性的本土化，即我们所说的土生化。

我们借助沃尔顿等人的观点将土生化概念放置于社会工作发展过程中去

❶ Thomas D. Watts, Doreen Elliott andNazneen S. Mayadas International Handbook on Social Work Education [M]. Londond: Greenwood Press, 1995: 65.

❷ Kristin M. Ferguson. Beyond Indigenization and Reconceptualization: Towards a Global, Multidirectional Model of Technology Transfer [J]. International Social Work, 2005, 48: 519 –535.

理解。第二次世界大战后，发展中国家的社会工作发展大致经历了三个阶段：专业帝国主义阶段、本土化阶段和土生化阶段，其中土生化，是本土化的一种延续和升华。如图 1 所示：第一阶段是引进社会工作的初级阶段：发展中国家迫于应对国内问题的压力，坚信英美社会工作应对本国社会问题的有效性，因此，大量复制英美教育和实践模式，致力于社会工作的专业化。第二阶段，应用西方模式和经验解决本国问题的过程中，研究者和实践者开始逐步认识到单项的套用英美模式难以有效解决本国问题，因此致力于社会工作本土化运动，通过改造和调适英美社会工作来适应本土需求；第三个阶段，发展中国家通过对专业帝国主义和本土化的反思质疑和批判，重新审视社会工作的发展，倡导土生化概念。主要倡导跳出西方社会工作模式，以本土经验和需求为原动力，构建一种全新的社会工作模式。

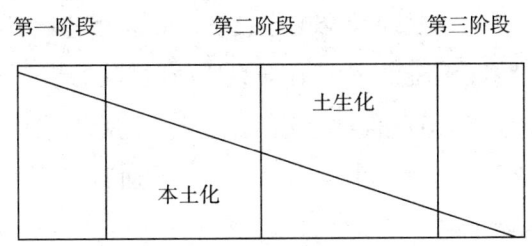

图 1　社会工作本土化和土生化路径

关于社会工作土生化的策略，许多学者从不同的层面提出了建议。马普德斯瓦从实践层面指出，社会工作应该捕捉那些被本国传统概念化但却被主流社会工作排斥在外的问题，因此，他强调社会工作职业应该具有想象力和灵活性，以便应对 21 世纪出现的新问题，尤其应重点关注失业、难民、艾滋病、环境和社会结构调整等问题。[1] 海威德在此基础上呼吁社会工作应在社会发展中扮演多重角色。[2] 梅志里认为，社会发展的策略必须依赖于本土社区资源和经验，而不是单纯依赖于公共援助。海威德总结非洲社会工作土生化的经验指出，非洲的问题必须由当地的专业人士和社区成员共同解决。土生化

[1] Rodreck Mupedziswa. Africa at the Crossroads：Major Challenges for Social Work Education and Practice towards the Year 2000 [J]. Journal of Social Development in Africa, 1992, 7：19 - 38.

[2] Kwaku O. Hwedie. The Challenge of Social Work in Africa：Starting the Indigenization Process [J]. Journal of Social Development in Africa, 1993, 8：19 - 30.

的主要任务是构建一种灵活而具有创造性的服务传递系统，而不是复制西方的模式。因此，社会工作必须探索一套契合本地人格发展和社会生活的假设，准确定位发展专业的基础和理由，提炼本土实践中的知识和技巧，明确社会工作的使命，澄清专业服务领域，确定本土的专业价值、理念和知识。❶ 沃尔顿等人在比照和梳理本土化和土生化的基础上总结提出了土生化的九个策略：第一，从社会工作的理论和模式中解放出来；第二，如果我们想理解社会工作是什么，不应该只局限于关注理论和概念，而要关注实践者在做什么；第三，各个社会工作领域的实践者和教师都应该用一种科学和可控制的方式记录实践经验；第四，为了清楚认识社会工作的环境和工作背景，必须了解和收集当地需要、主要问题和村落文化的资料和数据；第五，社会工作者应该致力于构建源于本国的社会工作模式，而不是进口别的国家模式；第六，发展中国家应该从根本上转变社会工作教育，应该通过基于实践累积的经验来重新检视课程设置；第七，基于社会最紧迫的问题进行合适的实地培训；第八，维持国际社会工作联合会，为了参与土生化社会工作，在充分考虑各国环境和制度的情况下，第三世界国家加强合作面对共性的问题；第九，必须认识到专业既来源于科学的训练，也得益于个人的实践经验。

四、国际化：社会工作的未来走向

梅志里提出专业帝国主义距今已经过去 1/4 个世纪，世界政治、经济、社会和文化均发生了相应变化，首先，苏维埃联盟解体，第三世界国家的不结盟运动衰微，殖民地国家相继独立。其次，世界各国经济文化往来日趋频繁，全球化市场开始逐步形成，民主、自由、人权、平等、福利社会等已经成各国所普遍认同和接纳。再次，当前世界各国面临越来越多的共性社会问题，如环境污染、气候变暖、弱势群体权益、医疗改革、艾滋病防治、人口老化、女性权益，等等。这些都需要各国通力协作去应对。最后，各类国际性社会组织相继成立，如国际社会工作工作者联盟，国际社会工作教育联盟、国际社会工作者联合会、国际社会工作学院联盟，等等，这些组织的会员单

---

❶ Kwaku O. Hwedie. The Challenge of Social Work in Africa: Starting the Indigenization Process [J]. Journal of Social Development in Africa, 1993, 8: 19 - 30.

位遍布世界各地。在这样一种社会大背景之下，梅志里认为，开启发达国家与发展中国家社会工作国际对话交流的时机已经成熟。他明确提出，国际社会工作的交流是双向互动的，一方面是发展中国家对于发达国家社会工作的借鉴，这种借鉴是建立在本土实际需求评估的基础上；另一方面是发达国家对于发展中国家社会工作模式的引进和参照，用于弥补和革新自身模式的不足。❶ 葛雷也呼吁西方社会工作者与第三世界社会工作者加强交流与对话。她认为，通过对话与社会互动可以形成一种新的文化，在这种文化中社会工作者至少可以学到新的理念、价值和自己文化中所没有的东西。本土性社会工作也可以成为国际社会工作的重要构成，而并非将西方社会工作作为一种传教士的圣经模板向世界各地传播。此外，社会工作者也要学会与自己的文化对话，认识到自己文化与异域文化的相同和差异，要有一个谦虚好奇的态度，始终保持一个学习者的头脑，而不是一个专家的身份。❷ 葛雷和霍克提出探索一种灵活而有弹性的普适性社会工作框架是可能的，在这种框架中，既允许差别化又包含问责制和快速响应的资源链接机制。❸ 艾琳特等人认为应该用一种动态的视角来透视社会工作的交流与发展，随着全球化和文化多元主义的盛行，各种民族和文化交流趋于紧密，社会工作已经不再局限于一国之内，而是逐步形成一种全球互动的态势，不仅包括发达国家对发展中国家的影响，也包括发展中国家对发达国家的影响。因此，在这样一种情形之下需要全球性的对话与合作，共同探索一种具有国际视野的超越本土的全方位社会工作模型。在此基础上，弗格森认为，当前发展中国家的社会工作不仅要摆脱专业帝国主义的束缚，也要应超越本土化和再概念化的局限。他强调通过跨文化和地域的合作与交流，进而建立一个全球性的、多方位的技术转让模型。❹ 如图 2 所示，在这个模型中，不论发达国家还是发展中国家都同时是社会工

❶ Meal Gray and JanFook. The Quest for a Universal Social Work: Some Issues and Implications [J]. Social Work Education, 2004, 5: 625-644.

❷ Nazneen S. Mayadas, Thomas D. Watts and Doreen Welliott. International Handbook on Social Work Theory and Practice [C]. Longd: British Library, 1997: 85.

❸ Kristin M. Ferguson. Beyond Indigenization and Reconceptualization: Towards a Global, Multidirectional Model of Technology Transfer [J]. International Social Work, 2005, 48: 519-535.

❹ Meal Gray and JanFook. The Quest for a Universal Social Work: Some Issues and Implications [J]. Social Work Education, 2004, 5: 625-644.

作的进出口国，他们通过平等对话与交流随时提供自己国家正在形成的社会工作知识和经验，这些知识和经验需要经过别国的转化与再转化，这样经过彼此的交流与循环形成一种专业模式、土生化模式、本土化模式互动的灵活框架，各国可根据本国实际弹性使用这些模式。

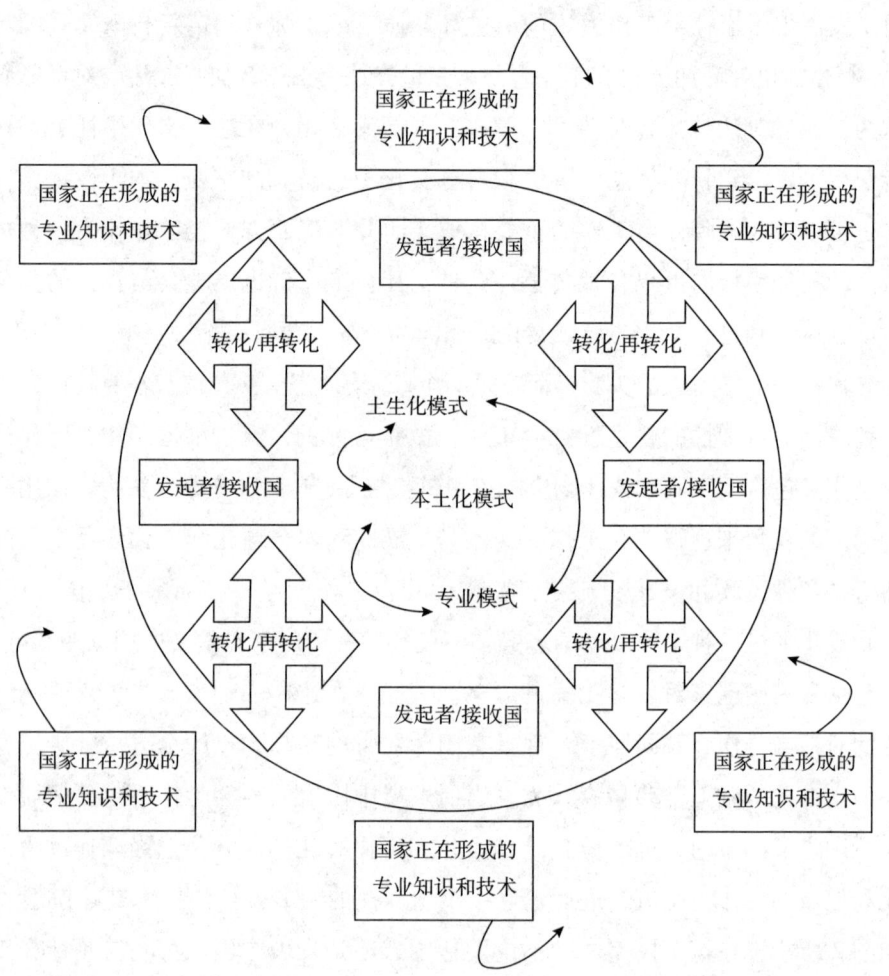

图2 社会工作专业化、本土化和土生化多维模式转化与再转化循环模型

参考文献

［1］Abraham Flexner. Is Social Work a Profession［C］. Proceedings of the National Conference on Charities，1915.

［2］秦炳杰，陈沃聪，钟剑华 . 社会工作基础理论［M］. 香港：香港理工大学出版

社，2002.

[3] 王思斌，何国良. 华人社会——社会工作本质的初探 [M]. 香港：八方文化企业公司，2000.

[4] 何芝君，麦萍施. 本质与典范：社会工作的反思 [M]. 香港：八方文化创作室，2005.

[5] Adrienne S. Chambon，Allan Irving and Laura Epstein. 辐柯与社会工作 [M]. 王增勇译. 台北：心理出版社，2000.

[6] Ronald G. Walton andMedhat M. Abo El Nasr. Indigenization and Authentization in Terms of Social Work in Egypt [J]. International Social Work，1988，31：135 – 144.

[7] 卫小将. 社会工作本土化研究之阐述 [J]. 学习与实践，2012 (5)：86 – 91.

[8] 梁镗烈. 社会工作本色化初探 [EB/OL]. http：//sociology. sysu. edu. cn/show. php? id = 165，(2009 – 07 – 21) [2014 – 08 – 02].

[9] Maria Cheung and Liu Meng. The Self – concept of Chinese Women and theIndigenization of Social Work in China [J]. International Social Work，2004，47：109 – 127.

[10] Thomas D. Watts，Doreen Elliott andNazneen S. Mayadas International Handbook on Social Work Education [M]. Londond：Greenwood Press，1995.

[11] Kristin M. Ferguson. Beyond Indigenization and Reconceptualization：Towards a Global，Multidirectional Model of Technology Transfer [J]. International Social Work，2005，48：519 – 535.

[12] Rodreck Mupedziswa. Africa at the Crossroads：Major Challenges for Social Work Education and Practice towards the Year 2000 [J]. Journal of Social Development in Africa，1992，7：19 – 38.

[13] Kwaku O. Hwedie. The Challenge of Social Work in Africa：Starting the Indigenization Process [J]. Journal of Social Development in Africa，1993，8：19 – 30.

[14] Nazneen S. Mayadas，Thomas D. Watts and Doreen Welliott. International Handbook on Social Work Theory and Practice [C]. Longd：British Library，1997.

[15] Meal Gray and JanFook. The Quest for a Universal Social Work：Some Issues and Implications [J]. Social Work Education，2004，5：625 – 644.

土生化：中国社会工作发展路径之构想[*]

卫小将[**]

（中央民族大学民族学与社会学学院　北京　100081）

专业社会工作是西方现代社会福利制度的重要组成部分，作为一门应用社会科学，它主要承载着预防、缓解和应对转型社会问题的功能。有鉴于此，20 世纪 80 年代末，中国大陆开始逐步引进社会工作，经过 30 年的本土发展，在教育、职业和实务领域均取得了长足发展。然而，在移植西方的过程中普遍存有一种专业理想主义和专业万能主义倾向，致使其出现了"水土不服"现象，即所谓的"绞溢"病象，具体体现在专业身份与本土性助人身份的纠缠不清、理论与实务的断层、专业自我殖民化、表达性与现实性的冲突等。[❶]究其缘由是多方面的，其中最主要是忽略了中西方在文化传统、社会制度、受众需求等诸多方面的差异，没有扎根本土现实发展社会工作。由此，本土化成为近年来的主导性话语，即如何改造专业社会工作使其适应本土开始提上日程。令人吊诡的是，本土化虽然极力倡导社会工作与本土现实的契合性，但其价值、概念、理论、方法和技术等自觉不自觉还是以欧美专业社会工作为中心的，是基于欧美受众的需求为指向的。由此，在现实境遇中，本土化某种程度上只能是调整本土现实、填充欧美既定框架，具有某种"自我专业殖民化"的色彩，这样的本土化依然存在浅层次、表面性和

---

　　* 本文原载于《中南民族大学学报（人文社会科学版）》，2014 年第 6 期，在原文基础上作了修改。该论文荣获 2014 年中国社会工作教育协会年会优秀论文三等奖。

　　** 作者简介：卫小将（1979～），男，山西吕梁人，中央民族大学民族学与社会学学院讲师，社会学博士，日本爱知大学社会人类学博士候选人。

　　❶ 卫小将、李喆、苗艳梅. 我国社会工作的绞溢病象及其诊治的可能路径. 华中科技大学学报（社科版），2008（2）.

难以契合的问题。借此，我们尝试沿引土生化的概念，以期规避本土化存在的问题。

一、社会工作土生化的内涵

土生化由英文 authentization 翻译而来，较早由埃及学者 Walton 和 Abo EI Nasr 所提及。我们这里所指的土生化主要是相对于本土化而言的，其含义主要是确保社会服务真正地和真实地扎根于本土系统，能够指导未来的发展，具有成熟性、契合性和原生风格。换言之，土生化是根据本国的政治、经济、社会和文化特点创建一种社会工作模式，虽然这种做法并不完全排除来自其他国家的理论和经验，但它意味着社会工作理论和实践模式产生的驱动力来源于内部，主要源于回应本国社会发展的实际需求，应对和契合特殊的经济社会发展模式。由此不难理解，本土化与土生化既有联系又有不同，联系在于本土化和土生化都属于广义的本土化范畴，土生化是本土化的高级阶段，是一种深度的本土化。其差异主要集中于八个方面，如表 1 所示：（1）本土化的价值理念、理论技巧等源起于西方欧美国家，而土生化则主要源起于本土境遇；（2）本土化的主要目标是改造欧美模式使其适应本土文化和社会需求，即进口加工，而土生化的主要目标是基于本土的政治、经济、社会和文化构建一种新的社会工作模式，即本土内生；（3）本土化的主要驱动力源自外部，而土生化的驱动力源自内部；（4）对于西方社会工作模式，本土化主要是首先持肯定接受态度，然后调整改造为我所用，而土生化则一直持守质疑、批判和反思的立场；（5）本土化主要集中于探索西方模式对于本土的适用性，而土生化主要基于本土实际提炼社会工作模式；（6）对于本土既有的制度化和非制度化的社会服务方式，本土化主要是参照西方专业化标准和框架进行改造，而土生化主要是深入挖掘，总结本土经验模式，并将其扩展放大；（7）本土化涉及的概念主要是西方专业社会工作、本土背景和文化，土生化主要强调本土性社会工作、土著社会工作和实际工作境遇，等等。

表1 本土化与土生化内涵比较

概念 项目	本土化	土生化
理念、价值、理论、模式	源于西方	源于本土
主要目标	改造西方模式适应 本土文化和社会需求	基于本土政治、经济、文化 和社会发展构建新的模式
驱动力	外衍性本土化	内生性本土化
对于西方模式的态度	肯定—调整—改造—吸收	质疑—批判—参考
关注重点	西方模式对于本土的适应性	提炼本土模式的重要性
本土性社会工作	改造、调适	提炼、放大
相关核心概念	西方社会工作本 土文化背景、知识	土著社会工作 本土性社会工作
阶段性	低级阶段	高级阶段

综上，土生化是一种持续深入的本土化高级阶段，即本土性助人工作融合了专业社会工作的理念、模式和技巧而发展出来了本土的社会工作模式，是以本土的价值理念、知识技巧和受众需求为中心的社会工作，是欧美中心向本土中心的迁移。需要进一步说明的是，土生化是一种社会工作发展的构想，它要求跳出西方社会工作理论模式的束缚，摆脱追随欧美社会工作亦步亦趋的发展态势。当然并非摈弃社会工作的专业化进程，而是要将社会工作的重心转移到本土实践中来，真正立足于受众的实际需求。土生化的主要任务是构建一种灵活而具有创造性的服务传递系统，而不是缩小和复制西方的模式。因此社会工作必须努力发展探索一套对于本土人格发展和社会生活的假设，定位发展专业的基础和理由，提炼实践获得的知识和技巧，定义社会工作的使命形成中国世界观，澄清社会工作专业的领域和专业知识，确定专业价值、理念和知识，提炼升华原有的本土性助人工作模式，总结社会工作者实务、处境、知识等。在中国生态、经济、社会、文化、历史脉络中发展出一种本土契合性的社会工作。

二、社会工作土生化的路径

社会工作在中国大陆的发展是一个循序渐进的过程，经历了从模糊到清晰、从教育到职业、从"自下而上"到"自上而下"，从追随西方到本土化意识觉醒。从某种程度上或许可以说，中国社会工作本土化探索的实质是本土性社会工作不断融合欧美专业社会工作的过程。我们根据这种发展的本质并结合 Walton 和 Abo El Nasr 等学者的观点设想将社会工作本土化发展分为三个阶段，即自我殖民化，本土化和土生化阶段。这里需要说明的是，在现实境遇中，并没有一个精确的时间轴可以将这三个阶段截然分开，也不存在这三个阶段完全独立存在的情形。在此，为了厘清我国社会工作本土化探索路径，并能进一步阐明本土化的未来走向，从而提出社会工作土生化路径的设想，我们拟从学理上并辅之以图标等象征性符号分别对这三个阶段进行阐释。如图 1 所示，左边的金字塔代表欧美的专业社会工作，右边的倒金字塔代表本土性社会工作，二者在社会工作发展的每一个时期，都可能是交织存在的。然而，由于社会工作发展和人们对其认识程度等主客观条件的制约，二者在本土化探索各个阶段的融合程度和所占比例也不尽相同。

在社会工作发展初期。由于中国并没有专业的社会工作，因此对社会工作的概念是完全陌生的。这种陌生的跨地域发展环境很容易滋生"光环效应"和专业理想主义，再加上欧美强势文化的扩张性，进而形成一种简单的复制式发展路径。这种复制式发展路径具体落实在教育、职业和实务领域中是通过大量引进西方专业价值、伦理、理论、技巧和实务模式等来解决中国本土社会问题。对于专业社会工作自身的局限性和在中国本土发展的局限并没有过多去考量。从图 1 可知，这个阶段专业社会工作占有绝对的优势，本土性助人工作受到较大冲击并逐步萎缩，二者形成一种"专业与非专业、科学与非科学、先进与落后、有效与无用"的对立话语图式，本土性社会工作被淹没在这种建构的话语图式中。因此，本土性助人工作与专业社会工作的融合是初萌的，或者说尚未开始，整个社会工作发展的框架和重心聚焦于欧美模式，中国本土性社会工作被有意无意地淡化和边缘化。我们将这个阶段称之为是社会工作本土发展的专业自我殖民化阶段。

在社会工作发展中期。随着专业社会工作在中国本土的逐步深入发展，人们对于社会工作的认识程度亦不断深化。一方面，专业社会工作在解决本土问题过程中存在的局限与不足逐步显现出来，其专业价值、伦理、理论和方法等层面的冲突开始呈现，出现了所谓的"绞溢"病象；另一方面，"中国式"社会问题不断地对发展社会工作提出新的挑战和诉求，客观上需要立足

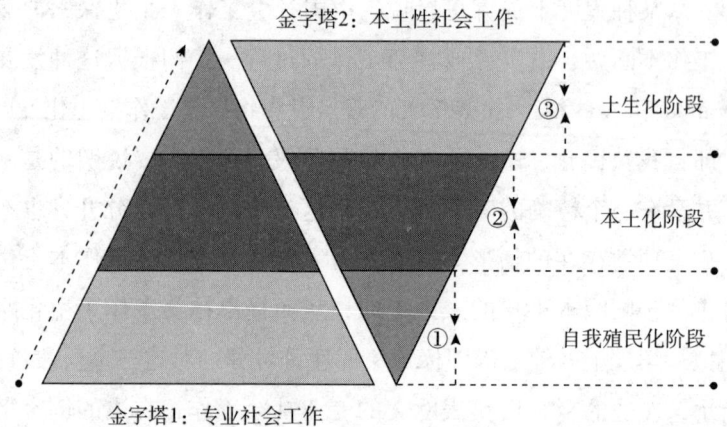

图 1　中国社会工作发展路径

于本土发展社会工作。在这样一种情形下，改造专业社会工作使其与中国本土相契合成为一项重要的议题。因此，这个阶段本土性助人工作开始逐步借鉴和融合专业社会工作，并在社会服务过程中开始发挥积极作用。但由于社会工作本土化还处于探索阶段，本土性社会工作对于专业社会工作的借鉴融合仍然是机械和粗糙的，二者的兼容和排异并没有被充分讨论，还具有强烈的"西方印迹"，没有真正摆脱欧美模式的束缚，亦没有切实关注到受众的实际需求。因此，虽然这个阶段的本土性社会工作发展已具有一定的优势，但太受西方概念与理论工具的束缚，还需要进一步深化，真正将社会工作发展的重心转移到本土情境中来。我们将这个阶段称之为是本土化阶段，或许当前中国的社会工作发展真处于这样一种时期，虽然本土化发展已经取得了一定的成就，本土性社会工作也开始逐步凸显出发展态势，但其与专业社会工作的融合有待进一步成熟和完善。

在社会工作发展后期。社会工作进入深度本土化阶段，即土生化阶段。这个阶段本土性社会工作较好的融合了专业社会工作并呈现出"制度自信"和"理论自觉"的态势，形成了具有本土特色的价值、理论和实务体系，并以本土性需求为轴心切实解决本土性社会问题。当然，土生化阶段离我们尚有一定的距离，在这里还只是一种构想，土生化是本土化发展的高级阶段，在这个阶段我们不妨借鉴 alton 和 Abo El Nasr 的观点结合本土实际着重发展本土性社会工作：● （1）从西方专业社会工作的理论和实务模式的羁绊中解放出来，基于本土实际需要解决的问题来发展社会工作；（2）不要局限于仅从概念和理论上理解社会工作，而要聚焦于本土助人工作者在做什么，从实践层面理解社会工作；（3）各个社会工作领域的实践者和教师都应该用一种科学和程序化的方式记录和总结实践经验；（4）为了清楚认识社会工作的环境和工作背景，必须了解和收集当地实际需要、主要问题和村落文化的资料和数据；（5）社会工作者应该致力于构建源于本国的社会工作模式，而不是进口别的国家的模式；（6）发展中国家应该从根本上转变社会工作教育，应该通过基于实践累积的经验来重新检视课程设置；（7）基于社会最紧迫的问题进行合适的实地培训；（8）维持国际社会工作联合会，为了参与土生化社会工作。在充分考虑各国环境和制度的情况下，第三世界国家加强合作面对共性的问题；（9）必须认识到专业即来源于科学的训练，也得益于个人的实践经验。

三、社会工作土生化的策略

倡导土生化的学者们针对本土化提出一系列假设：西方式的大学培养模式培养出的社会工作者如何能解决本土的问题？基于欧美哲学和价值基础的传统社会工作如何应对贫困、移民、流动人口和文盲等问题？❷ 如果社会工作出口国并没有成功解决他们的国家诸如歧视、失业和贫穷问题，我们还会相信进口国的本土化？❸ 如果西方社会工作的某种理论和方法本身就值得怀疑，而发展中国家却一味地对其进行调整和修改以适应本土，这样的本土化意义何在？以此来反观中国的社会工作，在本土化过程中不断显示出"滞障"和"梗阻"现象，如理论与实务的脱节，成长周期与"大跃进"的矛盾，专业身份的紊乱与危机，各种利益主体的博弈，专业理想主义与现实"无力感"

---

❶ Hwedie, Kwaku O. 1993, "The Challenge of Social Work in Africa: Starting the Indigenisation Process." *Journal of Social Development in Africa* 8.

❷ Nyaribo, J. S. & A. Mugambi 1980, "Social Development: Preventive and Developmental Trends." in *Social Work and Social Action*. Hong Kong: The Sixth International Symposium for the International Federation of Social Workers, pp. 13 – 16.

❸ Ferguson, Kristin M. 2005, "Beyond Indigenization and Reconceptualization: Towards a Global, Multidirectional Model of Technology Transfer." *International Social Work* 48 (5).

的张力，教育与职业的脱轨，等等。对此，再反思、再审视和再批判本土化存在之问题，倡导一种土生化的策略就显得尤为重要。

第一方面，检视中国社会工作本土化存在的问题，将社会工作发展的重心转移到本土性社会工作探索的轨道上来，摆脱欧美专业社会工作模式、框架、术语和概念的束缚。将社会工作建构成一门符合本土实际的科学和专业，主要包括系统提炼和重构本土性社会工作的哲学范式、价值理念、理论支撑、操守准则和实务技巧等。毋庸讳言，中国本土性助人工作相较之专业社会工作具有零散性和随意性等特点。它之所以没有发展成为一种系统性的助人专业和科学，究其原因是多方面的，但缺乏系统的哲学价值、理论基础和工作操守却是最重要的制约因素。当然，这并不是说中国的助人工作没有价值灵魂、理论指导、职业操守和技巧手法，事实上，在本土实际助人工作中或多或少都包含着这些元素，只不过是比较模糊和微弱，没有经过科学系统的总结、提炼和提升。借此，我们初步尝试将这些元素扩大和升华使其凸显出来，从而构建一种系统的土生社会工作体系。首先，本土性社会工作的哲学基础应立足现实，充分挖掘传统和当今主流社会价值体系，构建顺应大众需求的具有中国风格的社会工作价值体系。如表2所示，本土性社会工作的价值基础可以涵盖儒释道信仰、马克思主义、为人民服务思想、和谐社会思想和科学发展观等。当然，这些思想中蕴含着复杂的助人价值观，而且与专业社会工作的哲学基础存在诸多的差异性。这就需要我们进一步挖掘、总结和提炼这些哲学基础并借鉴专业社会工作哲学形成一种土生的社会工作哲学基础。这是一项漫长而又宏大的工程，也是我们今后需要长期努力方向；其次，本土性社会工作的理论基础较为薄弱，这是一个不争的事实。当前我国社会工作使用的理论多引进于欧美，其核心思想是强调个体的理性、自由和自我能动性，处理的主要问题多为个体的情绪、心理和社会适应等。而当前中国的受众不仅仅需要这些，更需要一种宏大国家力量的包容与庇护。因此，我国的社会工作理论更应该偏向于"制度—结构"层面，一方面我们要借鉴和调适专业社会工作的诸多理论。另一方面更要充分地借鉴其余学科发展出的本土理论，比如哲学、社会学、政治学、心理学、管理学、文化人类学中衍生出的中国人的价值、社会和谐运行论、社会治理和建设理论、华人人格和心理分析理论、社会系统论等具有中国特质的理论形态；再次，伦理操守是规范社会工作者与服务对象、同工和服务机构关系的总则。专业社会工作强调工作者与当事人更多是一种工具关系，显然这一点在中国是行不通的，因为中国交往的差序格局和人情法则等不断形塑着人与人之间的关系。由此，本土性社会工作伦理更多地应该考虑到这些因素。在充分考虑这些因素的同时由社会工作者、专家学者和受众共同参与制定工作伦理操守；最后，本土性社会工作的技巧应从中国人日常交往和本土社会工作者实务经验中总结提炼。

表2　专业社会工作与本土性社会工作哲学基础比较

类别	哲学基础
专业社会工作	犹太教—基督教信仰、人道主义、乌托邦思想、实证主义
本土性社会工作	儒家思想、佛教和道教信仰、马克思主义、为人民服务、三个代表、和谐社会、科学发展观

第二方面，立足本土实际，总结本土实际经验，厘定本土境遇中社会工作的具体服务领域。众所周知，西方社会在经济、政治和文化等方面已经发展到一个相对较高的水平，而且已经建立了较为完善的社会福利制度，社会工作只是一种补缺性福利。因此，发达国家民众的自我实现和尊重等社会性需求相对是一种强需求，其社会工作也被称为"临床个案社会工作"，较多偏重于个体在微观层面（认知、情感、情绪、行为）的多元化需求。而发展中国家的社会问题多为制度转型和结构转轨所引发，是一种宏观性和规模性的问题，这些问题的大量存在导致受众更偏重于物质和安全等较低层次的需求。因此，发展中国家更应关注那些规模性的、制度性和结构性的社会问题。以此看来，中国的社会工作在关注微观性问题的同时，更应该关注那些宏观性的社会问题。图2为中国社会工作的服务范畴，这些服务范畴既有西方专业社会工作的服务领域，如城市社会工作、学校社会工作、矫治社会工作、老年人社会工作、妇女社会工作、青少年社会工作，等等。也有中国本土问题领域，如农民工社会工作、民族社会工作、特殊人群中的留守妇女儿童、流浪儿童、失独家庭，等等。随着本土社会工作的不断完善和成熟，这些服务范畴还可以继续探索和拓展。

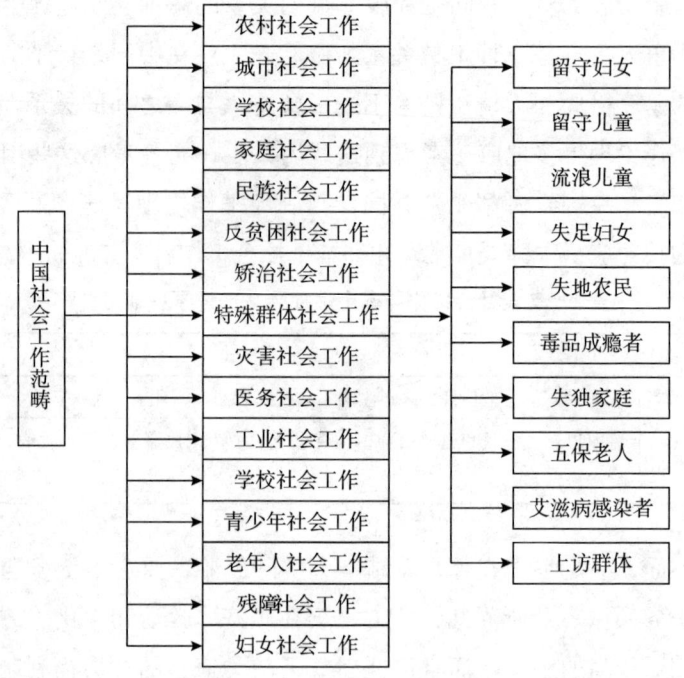

图 2　中国社会工作服务领域

第三方面，再评判和再审视欧美专业社会工作的话语体系，包括表达呈现和知识假设等，并与本土受众的实际需求和话语体系衔接对话。通过转换欧美专业社会工作话语而发展出契合中国本土实际的概念和方法。当前中国社会工作的一系列话语体系仍然是基建于欧美框架体系之上，如我们熟知的危机介入、生命叙事、社会充权、优势视角、非道德评判、同理心、案主至上、小组治疗、社区运动等。这些欧美式的表达对于大多数中国民众来说是陌生的，因为中国是一个发展不均衡的国家，城市与农村、沿海与内陆、开放城市与老少边穷地区差异明显，各类群体在价值理念、文化习俗、教育水平、思维习惯、语言和身份认同等方面也各不相同的。因此，专业社会工作话语很容易导致社会工作者与服务对象难于在同一语境中平等对话，特别是在一些边远的农村地区和少数民族地区。在这样一种情势之下，我们不仅需要培育当地的社会工作者，更需要结合民族学、文化人类学、语言学和农村社会学等知识理论将专业社会工作的理念话语体系调整和转化为适合本土语境的体系，只有这样才有可能发展出土生化的社会工作。

第四方面，重新定位社会工作者的角色担当，廓清专业社会工作与中国原有正式和非正式助人工作的关系。专业社会工作者主要承担了教育者、同行者、资源链接者、政策倡导者、引导者、控制者、赋权者、呼吁者等多种角色。这些角色的担当不仅是建立在欧美国家健全的社会救济和保障制度基础之上，也是建立在社会工作者的专业权威之上的。如早年英美的社会工作者主要开展入户调查和家庭评估，为需要救济者建立档案，政府根据评估情况实施救济等。而中国的现实与欧美有所区分，一方面，我们已经不同程度地建立了社会保障制度，较好地从制度上囊括了广大弱势人群，但由于其还存在诸多问题仍需进一步完善；另一方面，中国的多数民众还依赖于血缘、地缘等体制外的社会保障措施，如家庭互助、邻里支持和各种宗教庇护等。这些正式和非正式的保障措施在民众的日常生活中扮演了重要的角色。在这样一种状态之下，社会工作者如何定位？如何与这些制度性和非制度性保障体系衔接？如何树立专业身份将是我们未来需要探讨的重要议题，其中有一点中国社会工作者必须成为一个"问题解决者"，否则难以获得受众的身份认同。

第五方面，立足本国国情，构建一种有中国特色和中国气派的土生化的社会工作模式。前文已经有所述，发达国家与发展中国家在经济状况、政治制度、社会形态和受众需求方面还存在诸多的差异。因此，机械的复制欧美社会工作模式难以解决中国的问题，中国的社会工作需要源于本土的实务经验，融合欧美的专业元素，形成自己的风格，其主体应该是构建一种"政府行政主导，广泛动员民间力量，以各种项目为载体，满足多数弱势群体基本物质需求为主的宏观社会工作实务模式"。土生化社会工作的模式构建是一个宏大和长期的工程，它需要广大的社会工作教育研究者和实务者协作起来共同探索。一方面，高校的课程设置中除了专业社会工作课程之外还应增设本土性社会工作内容，如民政工作概论、中国社会问题、社会工作本土化探索、中国人的观念与行为、华人心理学、农民工社会工作和民族社会工作等；另一方面，社会工作研究者和社会工作者都同时承担研究者和服务者的双重角色，在具体的行动中总结和提炼本土经验。由此可见，只有将教育、研究和社工实务结合起来，倡导一种行动式的研究才有可能逐步探索出中国土生的社会工作模式。

第六方面，由"引进来"变为"走出去"，探寻与国际社会对话协作解决问题的机制，形成一种包容性的国际社会工作框架。在这个框架中，中国的社会工作应该贡献自身的经验和土生化的社会工作模式。传统上，我们所理解的社会本土化是一种狭隘的本土化，即社会工作由发达国家和地区传入到发展中国家和地区，如图3所示，而社会工作本土化还可以是发展中国家传入到发达国家。因为随着社会工作的全球发展，中国社会工作已经自觉不自觉地成为国际社会工作的一部分。中国社会工作土生化的目标是基于本土，但并不是要局促于本土，而是要积极走向国际社会，与世界各种国交流协作以使本土模式国际化。中国在解决宏观社会问题，如民族问题、农村发展问题、农民工问题、自然灾害问题、城市下岗工人问题等方面宏观社会工作实务模式亦可以为广大发达国家和发展中国家借鉴。

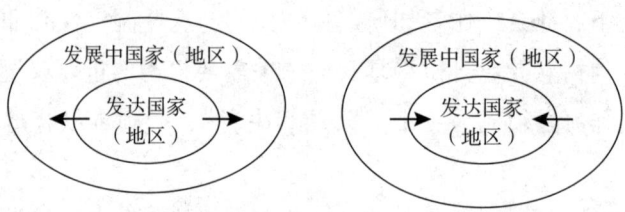

图3　社会工作本土化路径